# La batalla del laberinto

Rick Riordan

# La batalla del laberinto

## Percy Jackson y los dioses del Olimpo
— Libro Cuarto —

salamandra

Traducción del inglés de
Santiago del Rey

Título original: *Percy Jackson and the Olympians IV: The Battle of the Labyrinth*

Ilustración de la cubierta: John Rocco

*Copyright © Rick Riordan, 2008*
*Publicado por acuerdo con Nancy Gallt Literary Agency*
*y Sandra Bruna Agencia Literaria, SL*
*Copyright de la edición en castellano © Ediciones Salamandra, 2009*

Publicaciones y Ediciones Salamandra, S.A.
Almogàvers, 56, 7º 2ª - 08018 Barcelona - Tel. 93 215 11 99
www.salamandra.info

ISBN: 978-84-9838-252-5
Depósito legal: B-20.543-2011

1ª edición, noviembre de 2009
9ª edición, marzo de 2013
*Printed in Spain*

Impresión: Romanyà-Valls, Pl. Verdaguer, 1
Capellades, Barcelona

*a Becky, que siempre me guía*
*a través del laberinto*

# Contenido

# 1

## Me enzarzo en una pelea
## con el equipo de animadoras

Lo último que deseaba hacer durante las vacaciones de verano era destrozar otro colegio. Sin embargo, allí estaba, un lunes por la mañana de la primera semana de junio, sentado en el coche de mamá frente a la Escuela Secundaria Goode de la calle Ochenta y una Este.

Era un edificio enorme de piedra rojiza que se levantaba junto al East River. Delante había aparcados un montón de BMW y Lincoln Town Car de lujo. Mientras contemplaba el historiado arco de piedra, me pregunté cuánto tiempo iban a tardar en expulsarme de allí a patadas.

—Tú relájate —me aconsejó mamá, aunque ella no me pareció demasiado relajada—. Es sólo una sesión de orientación. Y recuerda, cariño, que es la escuela de Paul. O sea, que procura no... Bueno, ya me entiendes.

—¿Destruirlo?

—Eso.

Paul Blofis, el novio de mamá, estaba en la entrada dando la bienvenida a los futuros alumnos de primero de secundaria que iban subiendo la escalera. Con el pelo entrecano, la ropa tejana y la chaqueta de cuero, a mí me parecía un actor de televisión, pero en realidad no era más que profesor de Lengua. Se las había arreglado para convencer a la escuela Goode de que me aceptaran en primero, a pesar de que me habían expulsado de todos los colegios a los que había asistido. Yo ya le había advertido de que no era buena idea, pero no sirvió de nada.

Miré a mamá.

—No le has contado la verdad sobre mí, ¿verdad?

Ella se puso a dar golpecitos nerviosos en el volante. Iba de punta en blanco, con su mejor vestido, el azul, y sus zapatos de tacón. Tenía una entrevista de trabajo.

—Me pareció que era mejor esperar un poco —reconoció.

—Para que no salga corriendo del susto.

—Estoy segura de que todo irá bien, Percy. Es sólo una mañana.

—Genial —mascullé—. No pueden expulsarme antes de haber empezado el curso siquiera.

—Sé positivo: ¡mañana te vas al campamento! Después de la sesión de orientación tienes esa cita...

—¡No es ninguna cita! —protesté—. ¡Es sólo Annabeth, mamá!

—Viene a verte expresamente desde el campamento.

—Vale, sí.

—Os vais al cine.

—Ya.

—Los dos solos.

—¡Mamá!

Alzó las manos, como si se rindiera, pero noté que estaba conteniendo la risa.

—Será mejor que entres, cariño. Nos vemos esta noche.

Ya estaba a punto de bajarme cuando eché otro vistazo a la escalera y vi a Paul Blofis saludando a una chica de pelo rojizo y rizado. Llevaba una camiseta granate y unos tejanos andrajosos personalizados con dibujos hechos con rotulador. Cuando se volvió, vislumbré su cara un segundo y se me erizó el vello de los brazos.

—Percy —dijo mi madre—, ¿qué pasa?

—Na...da —tartamudeé—. ¿Hay alguna entrada lateral?

—Al final del edificio, a la derecha. ¿Por qué?

—Nos vemos luego.

Mi madre iba a decirme algo, pero yo bajé del coche y eché a correr con la esperanza de que la pelirroja no me viese.

¿Qué hacía aquella chica allí? Ni siquiera yo podía tener tan mala suerte.

Sí, seguro. Estaba a punto de descubrir que sí, que mi suerte podía llegar a ser mucho peor.

Colarme a hurtadillas en la escuela no fue una buena idea. En la entrada lateral se habían apostado dos animadoras con uniforme morado y blanco para acorralar a los novatos.

—¡Hola! —me saludaron con una sonrisa. Supuse que era la primera y última vez que unas animadoras iban a mostrarse tan simpáticas conmigo. Una era una rubia de ojos azules y mirada glacial. La otra, una afroamericana, tenía el pelo oscuro y ensortijado, igual que la Medusa (sé de lo que hablo, créeme). Ambas llevaban su nombre bordado en el uniforme, pero debido a mi dislexia las letras me parecieron una ristra de espaguetis carente de significado.

—Bienvenido a Goode —me dijo la rubia—. Te va a encantar.

Sin embargo, mientras me miraba de arriba abajo su expresión parecía decir: «Pero ¿quién es este desgraciado?»

La otra chica se acercó a mí hasta hacerme sentir incómodo. Examiné el bordado de su uniforme y descifré «Kelli». Olía a rosas y otra cosa que me recordó las clases de equitación del campamento: la fragancia de los caballos recién lavados. Era un olor un poco chocante para una animadora. Quizá tenía un caballo o algo así. El caso es que se me acercó tanto que tuve la sensación de que iba a empujarme por las escaleras.

—¿Cómo te llamas, pazguato?

—¿Pazguato?

—Novato.

—Ah... Percy.

Las chicas se miraron.

—Ajá. Percy Jackson —dijo la rubia—. Te estábamos esperando.

Sentí un escalofrío. Ay, ay, ay... Me bloqueaban la entrada sonriendo de un modo ya no tan simpático. Me llevé instintivamente la mano al bolsillo, donde guardaba mi bolígrafo letal, *Contracorriente*.

Entonces se oyó otra voz procedente del interior del edificio.

—¿Percy?

Era Paul Blofis, que me llamaba desde el vestíbulo. Nunca me había alegrado tanto de oír su voz.

Las animadoras retrocedieron. Tenía tantas ganas de dejarlas atrás que sin querer le di a Kelli un rodillazo en el muslo.

*Clonc.*

Su pierna produjo un ruido hueco y metálico, como si le hubiese dado una patada a una farola.

—Ayyy —murmuró entre dientes—. Anda con ojo... pazguato.

Bajé la mirada, pero la chica parecía completamente normal y yo estaba demasiado asustado para hacer preguntas. Llegué corriendo al vestíbulo, mientras ellas se reían a mis espaldas.

—¡Aquí estás! —exclamó Paul—. ¡Bienvenido a Goode!

—Hola, Paul... esto... señor Blofis. —Lancé una mirada atrás, pero las extrañas animadoras ya habían desaparecido.

—Cualquiera diría que acabas de ver un fantasma.

—Sí, bueno...

Paul me dio una palmada en la espalda.

—Oye, ya sé que estás nervioso, pero no te preocupes. Aquí hay un montón de chicos con Trastorno Hiperactivo por Déficit de Atención y dislexia. Los profesores conocen el problema y te ayudarán.

Casi me daban ganas de reír. Como si el THDA y la dislexia fuesen mis mayores problemas... O sea, ya me daba cuenta de que Paul quería ayudarme, pero, si le hubiera contado la verdad sobre mí, habría creído que estaba loco o habría salido corriendo dando alaridos.

Aquellas animadoras, por ejemplo. Tenía un mal presentimiento sobre ellas.

Luego eché un vistazo por el vestíbulo y recordé que me aguardaba otro problema. La chica pelirroja que había visto antes en las escaleras acababa de aparecer por la entrada principal.

«Que no me vea», recé.

Pero me vio. Y abrió unos ojos como platos.

—¿Dónde es la sesión de orientación? —le pregunté a Paul.

—En el gimnasio. Aunque...

—Hasta luego.

—¡Percy! —gritó mientras yo echaba a correr.

Creí que la había despistado.

Un montón de chavales se dirigían al gimnasio y enseguida me convertí en uno más de los trescientos alumnos de catorce años que se apretujaban en las gradas. Una banda de música interpretaba desafinando un himno de batalla; sonaba como si estuvieran golpeando un saco lleno de gatos con un bate de béisbol. Algunos chavales mayores, probablemente miembros del consejo escolar, se habían colocado delante y exhibían el uniforme de Goode con aire engreído, en plan «somos unos tipos guays». Los profesores circulaban de acá para allá, sonriendo y estrechando la mano a los alumnos. Las paredes del gimnasio estaban cubiertas de carteles enormes de color morado y blanco que rezaban: «BIENVENIDOS, FUTUROS ALUMNOS DE PRIMERO. GOODE ES GUAY. SOMOS UNA FAMILIA», y otras consignas similares que me daban ganas de vomitar.

Ninguno de los futuros alumnos parecía muy entusiasmado. Tener que asistir a una sesión de orientación en pleno junio, cuando las clases no empezaban hasta septiembre, no era un plan demasiado apetecible. Pero en Goode «¡Nos preparamos para ser los mejores cuanto antes!». Al menos eso afirmaba uno de los carteles.

La banda de música terminó de maullar por fin y un tipo con traje a rayas se acercó al micrófono y empezó a hablar. Había mucho eco en el gimnasio y yo no me enteraba de nada. Por mí, podría haber estado haciendo gárgaras.

De pronto alguien me agarró del hombro.

—¿Qué haces tú aquí?

Era ella: mi pesadilla pelirroja.

—Rachel Elizabeth Dare —dije.

Se quedó boquiabierta, como si le pareciese increíble que recordara su nombre.

—Y tú eres Percy no sé qué. No oí bien tu nombre en diciembre, cuando estuviste a punto de matarme.

—Oye, yo no era... no fui... ¿Qué estás haciendo aquí?

—Lo mismo que tú, supongo. Asistir a la sesión de orientación.

—¿Vives en Nueva York?

—¿Creías que vivía en la presa Hoover?

Nunca se me había ocurrido. Siempre que pensaba en esa chica (y no estoy diciendo que pensase en ella; sólo me acordaba fugazmente de vez en cuando, ¿vale?), me figuraba que viviría por la zona de la presa Hoover, ya que fue allí donde nos conocimos. Pasamos juntos quizá unos diez minutos y, aunque durante ese tiempo la amenacé con mi espada (pero fue sin querer), ella me salvó la vida y yo me apresuré a huir de una pandilla de criaturas mortíferas sobrenaturales. En fin, ya sabes a qué me refiero: el típico encuentro casual.

A nuestras espaldas, un chico nos susurró:

—Eh, cerrad el pico, que van a hablar las animadoras.

—¡Hola, chicos! —dijo una muchacha con excitación. Era la rubia de la entrada—. Me llamo Tammi y mi compañera es Kelli.

Esta última hizo la rueda.

Rachel soltó un gritito, como si alguien la hubiese pinchado con una aguja. Varios chavales la observaron, riéndose con disimulo, pero ella se limitaba a mirar horrorizada a las animadoras. Tammi no parecía haber advertido el pequeño alboroto y había empezado a exponer las numerosas maneras de participar, todas ellas geniales, que podíamos escoger durante nuestro primer año en la escuela.

—Corre —me dijo Rachel—. Rápido.

—¿Por qué?

No me lo explicó. Se abrió paso a empujones hasta el final de las gradas sin hacer caso de las miradas enfurruñadas de los profesores ni de los gruñidos de los alumnos a los que iba propinando pisotones.

Yo vacilé. Tammi estaba diciendo que íbamos a repartirnos en pequeños grupos para visitar la escuela. Kelli me miró y me dirigió una sonrisa divertida, como si estuviese deseando ver qué iba a hacer. Quedaría fatal si me largaba en aquel momento. Paul Blofis estaba abajo con los demás profesores y se preguntaría qué pasaba.

Luego pensé en Rachel Elizabeth Dare y en la especial habilidad que había demostrado el invierno anterior en la presa Hoover. Había sido capaz de ver a un grupo de guardias de seguridad que no eran guardias: ni siquiera eran humanos. Con el corazón palpitante, me levanté para seguirla y salí del gimnasio.

Encontré a Rachel en la sala de la banda de música. Se había escondido detrás de un bombo de la sección de percusión.

—¡Ven aquí! —susurró—. ¡Y agacha la cabeza!

Me sentía bastante idiota allí metido, detrás de un montón de bongos, pero me acuclillé a su lado.

—¿Te han seguido? —preguntó.

—¿Te refieres a las animadoras?

Ella asintió, nerviosa.

—No creo —respondí—. ¿Qué son? ¿Qué es lo que has visto?

Sus ojos verdes relucían de miedo. En la cara tenía un montón de pecas que me hacían pensar en las constelaciones de estrellas. En su camiseta granate ponía «DEPARTAMENTO DE ARTE DE HARVARD».

—No... no me creerías.

—Uf, sí, desde luego que sí —le aseguré—. Ya sé que eres capaz de ver a través de la Niebla.

—¿De qué?

—De la Niebla. Es... como si dijéramos, ese velo que oculta lo que son las cosas en realidad. Algunos mortales nacen con la capacidad de ver a través de ella. Como tú.

Me observó con atención.

—Hiciste exactamente lo mismo en la presa Hoover. Me llamaste mortal. Como si tú no lo fueras.

Me entraron ganas de darle un puñetazo a un bongo. ¿En qué estaría yo pensando? Nunca podría explicárselo. Ni siquiera debía intentarlo.

—Dime —me rogó—: ¿tú sabes lo que significan todas estas cosas horribles que veo?

—Mira, te parecerá un poco extraño, pero... ¿te suenan los mitos griegos?

—¿Como... el Minotauro y la Hidra?

—Eso, aunque procura no pronunciar esos nombres cuando yo esté cerca, ¿vale?

—Y las Furias —prosiguió, entusiasmándose—. Y las Sirenas, y...

—¡Ya basta! —Eché un vistazo por la sala de la banda de música, temiendo que Rachel acabara logrando que saliera de las paredes una legión de monstruos sedientos de sangre. Al fondo del pasillo, una multitud de chavales salían del gimnasio. Estaban empezando la visita en grupos pequeños. No nos quedaba mucho tiempo para hablar—. Todos esos monstruos y todos los dioses griegos... son reales.

—¡Lo sabía!

Me habría sentido más reconfortado si me hubiese tachado de mentiroso, pero me dio la impresión de que acababa de confirmarle sus peores sospechas.

—No sabes lo duro que ha sido —dijo—. Durante años he creído que estaba volviéndome loca. No podía contárselo a nadie. No podía... —Me miró entornando los ojos—. Un momento: ¿y tú quién eres? Quiero decir de verdad.

—No soy un monstruo.

—Eso ya lo sé. Lo vería si lo fueras. Tú te pareces... a ti. Pero no eres humano, ¿verdad?

Tragué saliva. A pesar de que había tenido tres años para acostumbrarme a lo que era, nunca lo había hablado con un mortal normal y corriente... Es decir, salvo con mi madre, pero ella ya lo sabía todo. No sé por qué, pero decidí arriesgarme.

—Soy un mestizo —declaré—. Medio humano...

—¿Y medio qué?

Justo en ese momento entraron Tammi y Kelli en la sala. Las puertas se cerraron tras ellas con gran estrépito.

—Aquí estás, Percy Jackson —dijo Tammi—. Ya es hora de que nos ocupemos de tu orientación.


—¡Son horribles! —exclamó Rachel, sofocando un grito.

Tammi y Kelli iban aún con su uniforme morado y blanco de animadoras y con pompones en las manos.

—¿Qué aspecto tienen? —pregunté, pero Rachel parecía demasiado atónita para responder.

—Bah, no te preocupes por ella. —Tammi me dirigió una sonrisa radiante y empezó a acercarse. Kelli permaneció junto a las puertas para bloquear la salida.

Nos habían atrapado. Sabía que tendríamos que pelear para salir de allí, pero la sonrisa de Tammi resultaba tan deslumbrante que me distraía. Sus ojos azules eran preciosos y el pelo le caía por los hombros de una manera que...

—Percy —me advirtió Rachel.

Yo dije algo inteligente, del tipo: «¿Aaah?»

Tammi se acercaba blandiendo los pompones.

—¡Percy! —me alertó Rachel, aunque su voz parecía llegar de muy lejos—. ¡Espabila!

Necesité toda mi fuerza de voluntad, pero logré sacar el bolígrafo del bolsillo y le quité el tapón. *Contracorriente* creció hasta convertirse en una espada de bronce de casi un metro. Su hoja brillaba con una tenue luz dorada. La sonrisa de Tammi se transformó en una mueca de desdén.

—Venga ya —protestó—. Eso no te hace falta. ¿Qué tal un beso?

Olía a rosas y al pelaje limpio de un animal: un olor extraño, pero curiosamente embriagador.

Rachel me pellizcó con fuerza en el brazo.

—¡Percy, quiere morderte! ¡Cuidado!

—Está celosa. —Tammi se volvió hacia Kelli—. ¿Puedo proceder, señora?

Ella seguía frente a la puerta, relamiéndose como si estuviera hambrienta.

—Adelante, Tammi. Vas muy bien.

La susodicha avanzó otro paso, pero yo le apoyé la punta de la espada en el pecho.

—Atrás.

Ella soltó un gruñido.

—Novato —me dijo con repugnancia—. Esta escuela es nuestra, mestizo. ¡Aquí nos alimentamos con quien nosotras queremos!

Entonces empezó a transformarse. El color de su rostro y sus brazos se esfumó. La piel se le puso blanca como la cera y los ojos completamente rojos. Los dientes se convirtieron en colmillos.

—¡Un vampiro! —balbuceé. Entonces me fijé en las piernas de Tammi. Por debajo de la falda de animadora se le veía la pata izquierda peluda y marrón, con una pezuña de burro; en cambio, la derecha parecía una pierna humana, pero hecha de bronce—. Aj, un vampiro con...

—¡Ni una palabra sobre mis piernas! —me espetó ella—. ¡Es una grosería reírse!

Avanzó con aquellas raras extremidades desiguales. Tenía una pinta extrañísima, sobre todo con los pompones en las manos, pero no podía reírme, al menos mientras tuviera delante aquellos ojos rojos, por no mencionar los afilados colmillos.

—¿Un vampiro, dices? —Kelli se echó a reír—. Esa estúpida leyenda se inspiró en nuestra apariencia, idiota. Nosotras somos *empusas*, servidoras de Hécate.

—Hummm... —murmuró Tammi, que estaba cada vez más cerca—. La magia negra nos creó como una mezcla de bronce, animal y fantasma. Nos alimentamos con la sangre de hombres jóvenes. Y ahora, ven, ¡y dame ese beso de una vez!

Me mostró los colmillos. Yo estaba paralizado, no podía mover ni una ceja, pero Rachel le arrojó un tambor a la cabeza.

La diabólica criatura soltó un silbido y apartó de un golpe el tambor, que rodó entre los atriles y fue resonando atropelladamente al chocar con las patas de éstos. Rachel le lanzó un xilofón, pero el monstruo lo desvió con otro golpe.

—Normalmente no mato chicas —gruñó Tammi—. Pero contigo, mortal, voy a hacer una excepción. ¡Tienes una vista demasiado buena!

Y se lanzó sobre Rachel.

—¡No! —grité, asestando una estocada. Tammi trató de esquivar el golpe, pero la hoja de *Contracorriente* la atravesó de lado a lado, rasgando su uniforme de animadora. Con un espantoso alarido, la criatura estalló formando una nube de polvo sobre Rachel.

Ésta empezó a toser. Parecía como si acabara de caerle encima un saco de harina.

—¡Qué asco!

—Es lo que tienen los monstruos —comenté—. Lo siento.

—¡Has matado a mi becaria! —chilló Kelli—. ¡Necesitas una buena lección de auténtico espíritu escolar, mestizo!

También ella empezó a transformarse. Su pelo áspero se convirtió en una temblorosa llamarada. Sus ojos adquirieron un fulgor rojizo y le crecieron unos tremendos colmillos. Caminó hacia nosotros a grandes zancadas, aunque el pie de cobre y la pezuña de burro golpeaban el suelo con un ritmo irregular.

—Soy una *empusa* veterana —refunfuñó— y ningún héroe me ha vencido en mil años.

—¿Ah, sí? —respondí—. ¡Entonces ya va tocando!

Kelli era más rápida que Tammi. Esquivó con un quiebro el primer tajo que le lancé y rodó por la sección de los metales, derribando con monumental estruendo toda una ristra de trombones. Rachel se apartó a toda prisa. Me situé entre ella y la *empusa*, que había empezado a dar vueltas a nuestro alrededor sin perdernos de vista ni a mí ni a mi espada.

—Una hoja tan hermosa... —dijo—. ¡Qué lástima que se interponga entre nosotros!

Su forma vibraba y retemblaba de tal manera que por momentos parecía un demonio y otras veces una animadora. Procuré mantener la concentración, pero debía esforzarme mucho para no distraerme.

—Pobre muchacho —dijo Kelli con una risita—. Ni siquiera sabes lo que pasa, ¿verdad? Muy pronto tu pequeño y precioso campamento arderá en llamas y tus amigos se habrán convertido en esclavos del señor del Tiempo. Y tú no puedes hacer nada para impedirlo. Sería un acto de misericordia acabar con tu vida ahora, antes de que tengas que presenciarlo.

Oí voces procedentes del pasillo. Se acercaba un grupo que estaba haciendo la visita a la escuela. Un profesor hablaba de las taquillas y las combinaciones para cerrarlas.

Los ojos de la *empusa* se iluminaron.

—¡Estupendo! Tenemos compañía.

Agarró una tuba y me la lanzó con fuerza. Rachel y yo nos agachamos justo antes de que el instrumento pasara volando por encima de nuestras cabezas e hiciera trizas el cristal de la ventana.

Las voces del pasillo enmudecieron en el acto.

—¡Percy! —gritó Kelli, fingiendo un tono asustado—. ¿Por qué has tirado eso?

Me quedé demasiado estupefacto para responder. La falsa animadora tomó un atril, lo agitó en el aire y se llevó por delante una fila entera de flautas y clarinetes, que cayeron junto con las sillas y armaron un tremendo escándalo.

—¡Basta! —grité.

Los pasos se aproximaban por el pasillo.

—¡Ya es hora de que entren nuestros invitados! —Kelli mostró sus colmillos y corrió hacia las puertas. Me lancé tras ella blandiendo a *Contracorriente*. Tenía que impedir que lastimara a los mortales.

—¡No, Percy! —chilló Rachel. Pero no comprendí lo que tramaba Kelli hasta que ya fue demasiado tarde.

Bruscamente, abrió las puertas. Paul Blofis y un montón de alumnos de primero retrocedieron asustados. Alcé mi espada.

En el último momento, la *empusa* se volvió hacia mí como si fuese una víctima muerta de miedo.

—¡No, por favor! —gritó.

Yo estaba lanzado y no pude parar mi mandoble.

Justo antes de que el bronce celestial la tocara, Kelli explotó entre llamaradas como un cóctel molotov y el fuego se esparció en rápidas oleadas por todas partes. Nunca había visto que un monstruo hiciera algo parecido, pero no tenía tiempo de preguntarme cómo lo había conseguido. Retrocedí hacia el fondo de la sala porque el fuego se había adueñado de la entrada.

—¡Percy! —gritó Paul Blofis, mirándome patidifuso a través de las llamas—. ¿Qué has hecho?

Todos los chavales chillaban y huían corriendo por el pasillo, mientras la alarma de incendios aullaba enloquecida. Los rociadores del techo cobraron vida con un silbido.

En medio del caos, Rachel me tiró de la manga.

—¡Debes salir de aquí!

Tenía razón. La escuela ardía en llamas y me echarían la culpa a mí. Los mortales no veían a través de la Niebla. Para ellos, había atacado a una animadora indefensa ante un montón de testigos. No tenía modo de explicarlo. Le di la espalda a Paul y eché a correr hacia la ventana hecha añicos.


Salí a toda prisa desde el callejón a la calle Ochenta y una Este y fui a tropezarme directamente con Annabeth.

—¡Qué pronto has salido! —dijo, riéndose y agarrándome de los hombros para impedir que me cayese de morros—. ¡Cuidado por dónde andas, sesos de alga!

Durante una fracción de segundo la vi de buen humor y todo pareció perfecto. Iba con unos tejanos, la camiseta naranja del campamento y su collar de cuentas de arcilla.

Llevaba el pelo rubio recogido en una coleta. Sus ojos grises brillaban ante la perspectiva de ver una peli y pasar una tarde guay los dos juntos.

Entonces Rachel Elizabeth Dare, todavía cubierta de polvo, salió en tromba del callejón.

—¡Espera, Percy! —gritó.

La sonrisa de Annabeth se congeló. Miró a Rachel y luego a la escuela. Por primera vez, pareció reparar en la columna de humo negro y en el aullido de la alarma.

Frunció el ceño.

—¿Qué has hecho esta vez? ¿Quién es ésta?

—Ah, sí. Rachel... Annabeth. Annabeth... Rachel. Hummm, es una amiga. Supongo.

No se me ocurría otra manera de llamarla. Apenas la conocía, pero después de superar juntos dos situaciones de vida o muerte, no podía decir que fuese una desconocida.

—Hola —saludó Rachel. Se volvió hacia mí—. Te has metido en un lío morrocotudo. Y todavía me debes una explicación.

Las sirenas de la policía se acercaban por la avenida Franklin D. Roosevelt.

—Percy —dijo Annabeth fríamente—. Tenemos que irnos.

—Quiero que me expliques mejor eso de los mestizos —insistió Rachel—. Y lo de los monstruos. Y toda esa historia de los dioses. —Me agarró del brazo, sacó un rotulador permanente y me escribió un número de teléfono en la mano—. Me llamarás y me lo explicarás, ¿de acuerdo? Me lo debes. Y ahora, muévete.

—Pero...

—Ya me inventaré alguna excusa —aseguró—. Les diré que no ha sido culpa tuya. ¡Lárgate!

Salió corriendo otra vez hacia la escuela, dejándonos a Annabeth y a mí en la calle.

Mi amiga me observó un instante. Luego dio media vuelta y echó a andar a paso vivo.

—¡Eh! —Corrí tras ella—. Había dos *empusas* ahí dentro. Eran del equipo de animadoras y han dicho que el campamento iba a ser pasto de las llamas, y...

—¿Le has hablado a una mortal de los mestizos?

—Esa chica ve a través de la Niebla. Ha visto a los monstruos antes que yo.

—Y le has contado la verdad.

—Me ha reconocido de la otra vez, cuando nos vimos en la presa Hoover...

—¿La habías visto antes?

—Pues... el invierno pasado. Pero apenas la conozco, en serio.

—Es bastante mona.

—No... me había fijado.

Annabeth siguió caminando hacia la avenida York.

—Arreglaré lo de la escuela —prometí, deseoso de cambiar de tema—. De verdad, todo se arreglará.

Ella ni siquiera me miró.

—Supongo que nuestra salida se ha ido al garete. Tenemos que largarnos, la policía debe de estar buscándote.

A nuestra espalda, una gran columna de humo se alzaba de la Escuela Secundaria Goode. Entre la oscura nube de ceniza, casi me pareció ver un rostro: una mujer demonio de ojos rojos que se reía de mí.

«Tu precioso campamento en llamas —había dicho Kelli—. Tus amigos convertidos en esclavos del señor del Tiempo.»

—Tienes razón —le dije a Annabeth, desolado—. Debemos ir al Campamento Mestizo. Ya.

# 2

## Me llaman desde el inframundo a cobro revertido

No hay nada mejor para rematar una mañana perfecta que un largo trayecto en taxi con una chica furiosa.

Intenté hablar con Annabeth, pero ella se comportaba como si yo acabase de darle un puñetazo a su abuela. Lo único que logré arrancarle fue que en San Francisco habían tenido una primavera plagada de monstruos. Había vuelto al campamento dos veces desde las Navidades, aunque no quiso contarme por qué (lo cual me molestó, porque ni siquiera me había avisado de que estaba en Nueva York); y no había averiguado nada sobre el paradero de Nico di Angelo (es una larga historia).

—¿Alguna noticia de Luke? —pregunté.

Negó con la cabeza. Yo sabía que era un tema delicado para ella. Annabeth siempre había admirado a Luke, el antiguo líder de la cabaña de Hermes que nos había traicionado para unirse a Cronos, el malvado señor de los titanes. Y aunque ella lo habría negado, yo estaba seguro de que aún le gustaba. Habíamos luchado con Luke el invierno anterior en el monte Tamalpais; increíblemente, él había logrado sobrevivir a una caída por un precipicio de quince metros. Ahora, por lo que yo sabía, seguía navegando en su crucero cargado de monstruos, mientras su señor Cronos, hecho pedazos durante siglos, se volvía a formar poco a poco en el interior de un sarcófago de oro y aguardaba a reunir fuerzas suficientes para desafiar a los dioses del Olimpo. En la jerga de los semidioses, a esto lo llamamos un «problema».

—El monte Tamalpais todavía está infestado de monstruos —dijo Annabeth—. No me atreví a acercarme, pero no creo que Luke siga allá arriba. Si estuviera, ya me habría enterado.

A mí eso no me tranquilizaba demasiado.

—¿Y Grover?

—En el campamento —contestó—. Hoy mismo lo veremos.

—¿Ha tenido suerte? En su búsqueda de Pan, quiero decir.

Annabeth jugueteó con su collar de cuentas, como suele hacer cuando está preocupada.

—Ya lo verás —dijo. No quiso explicarme más.

Mientras cruzábamos Brooklyn, le pedí el móvil para llamar a mamá. Los mestizos procuramos no usar teléfonos móviles si podemos evitarlo, porque difundir nuestra voz por ese medio es como mandar a los monstruos una señal luminosa: «¡Eh, estoy aquí! ¡Venid a devorarme!» Pero consideré que aquella llamada era importante. Dejé un mensaje en el contestador de casa, tratando de explicar lo ocurrido en Goode. Seguramente no me salió demasiado bien. La idea era transmitir a mi madre que me encontraba perfectamente, que no se preocupase y que me quedaría en el campamento hasta que las cosas se calmaran. También le pedí que le dijera a Paul Blofis que lo sentía.

Luego continuamos el trayecto en silencio. Dejamos atrás la ciudad, entramos en la autopista y empezamos a recorrer los campos del norte de Long Island, donde abundaban huertos, bodegas y tenderetes de productos frescos.

Miré el número que Rachel Elizabeth Dare me había garabateado en la mano. Ya sé que era una locura, pero sentí la tentación de llamarla. A lo mejor me ayudaba a comprender lo que había dicho la *empusa*: lo del campamento en llamas y mis amigos apresados. Y también por qué había estallado Kelli.

Sabía muy bien que los monstruos nunca morían del todo. Al cabo de un tiempo —unas semanas, unos meses o unos años—, Kelli volvería a formarse a partir de la asquerosa materia primordial que burbujeaba en el inframundo. De todos modos, los monstruos no se dejaban destruir tan fácilmente... Habría que ver si había sido destruida.

El taxi salió por la carretera 25A. Cruzamos los bosques que bordean North Shore hasta que una cadena de colinas bajas apareció a nuestra izquierda. Annabeth indicó al taxista que se detuviera en el número 3141 de la avenida Farm, al pie de la Colina Mestiza.

El hombre frunció el ceño.

—Aquí no hay nada, señorita. ¿Seguro que quiere bajar?

—Sí, por favor. —Annabeth le tendió unos cuantos billetes de dinero mortal y el taxista no discutió.

Subimos a pie hasta la cima de la colina. El joven dragón que hacía la guardia dormitaba enroscado alrededor del pino, pero alzó la cabeza cobriza cuando nos acercamos y dejó que Annabeth le rascara bajo la quijada. Enseguida soltó un sibilante chorro de humo por las narices, como un calentador de agua, y bizqueó de placer.

—Hola, Peleo —dijo Annabeth—. ¿Todo bajo control?

La última vez que había visto al dragón medía dos metros de largo. Ahora tendría por lo menos el doble y el grosor del pino. Por encima de su cabeza, en la rama más baja del árbol, relucía el Vellocino de Oro, cuya magia protegía los límites del campamento de cualquier invasión. El dragón parecía tranquilo, como si todo estuviera en orden. A nuestros pies, el Campamento Mestizo, con sus campos verdes, su bosque y sus relucientes edificios blancos de estilo griego, tenía un aire la mar de pacífico. La granja de cuatro pisos que llamábamos la Casa Grande se erguía orgullosamente en mitad de los campos de fresas. Al norte, más allá de la playa, las aguas de Long Island Sound refulgían al sol.

Y no obstante... había algo raro. Se percibía cierta tensión en el aire, como si la colina misma estuviera conteniendo el aliento y esperando que sucediera algo malo.

Descendimos al valle y vimos que la temporada de verano estaba en su apogeo. La mayoría de los campistas habían llegado el viernes anterior, lo cual me hizo sentir un tanto desplazado. Los sátiros tocaban la flauta en los campos de fresas, haciendo que las plantas crecieran con la magia de los bosques. Los campistas recibían clases de equitación aérea y descendían en picado sobre los bosques a lomos de sus pegasos. Salían columnas de humo de las fraguas y nos llegaba el martilleo de los chavales que fabricaban sus propias armas en la clase de artes y oficios. Los equipos de Atenea y Deméter estaban haciendo una carrera de carros alrededor de la pista y, en el lago de las canoas, un grupo de chicos combatían en un trirreme griego con una enorme serpiente marina de color naranja. En fin, un día típico en el campamento.

—Tengo que hablar con Clarisse —anunció Annabeth.

La miré como si acabase de decir: «Tengo que comerme una enorme bota apestosa.»

—¿Para qué?

Clarisse, de la cabaña de Ares, era una de las personas que peor me caían. Era una abusona ingrata y malvada. Su padre, el dios de la guerra, quería matarme. Y ella trataba de machacarme continuamente. Aparte de eso, una chica estupenda.

—Hemos estado trabajando en una cosa —explicó Annabeth—. Nos vemos luego.

—¿Trabajando en qué?

Annabeth volvió la vista hacia el bosque.

—Voy a comunicarle a Quirón que has llegado —dijo—. Querrá hablar contigo antes de la audiencia.

—¿Qué audiencia?

Ella ya había echado a correr hacia el campo de tiro al arco sin mirar atrás.

—Vale —murmuré—. A mí también me ha encantado hablar contigo.


Mientras cruzaba el campamento, fui saludando a algunos de mis amigos. En el sendero de la Casa Grande, Connor y Travis Stoll, de la cabaña de Hermes, estaban haciéndole el puente al coche del campamento. Silena Beauregard, la líder de Afrodita, me saludó desde su pegaso mientras pasaba de largo. Busqué a Grover, pero no lo encontré. Finalmente, me di una vuelta por el ruedo de arena, adonde suelo ir cuando estoy de mal humor. Practicar con la espada siempre me ayuda a serenarme. Será porque la esgrima es una de las cosas que sí comprendo.

Al entrar en el anfiteatro por poco se me para el corazón del susto. En mitad del ruedo se alzaba el perro del infierno más grande con el que me había tropezado en mi vida. Y conste que he visto algunos bastante grandes. Uno del tamaño de un rinoceronte intentó matarme cuando tenía doce años. Pero ése era incluso mayor que un tanque. No tenía ni idea de cómo habría atravesado los límites mágicos del campamento. Parecía muy a sus anchas allí echado sobre la arena, gruñendo satisfecho mientras le arrancaba la cabeza a un maniquí de combate. Aún no había captado mi presencia, pero el más mínimo ruido bastaría para alertarlo. No había tiempo de pedir ayuda. Saqué a *Contracorriente* e inicié el ataque.

—¡Yaaaaaaa!

Lancé un tajo al lomo del enorme monstruo, pero otra espada surgió como de la nada y detuvo el golpe.

*¡CLONC!*

El perro del infierno alzó las orejas.

—¡¡¡Guau!!!

Retrocedí de un salto y le asesté instintivamente un mandoble al dueño de la espada, un hombre de cabello gris con armadura griega. Él lo esquivó sin problemas.

—¡Quieto ahí! —dijo—. Hagamos una tregua.

—¡¡Guau!!

El ladrido de la fiera volvió a sacudir la arena.

—¡Es un perro del infierno! —grité.

—Es inofensiva —aseguró el hombre—. Es la *Señorita O'Leary*.

Parpadeé, incrédulo.

—¿La *Señorita O'Leary*?

Nada más decirlo, el animal ladró de nuevo. Me di cuenta de que no estaba enfadada, sólo excitada. Con suavidad, empujó el maniquí mordido y empapado de babas hacia el hombre de la espada.

—¡Buena chica! —dijo él. Con la mano libre, agarró por el cuello el maniquí, que llevaba una armadura, y lo lanzó con esfuerzo hacia las gradas—. ¡Atrapa al griego! ¡Atrapa al griego!

La *Señorita O'Leary* dio un par de saltos, se abalanzó sobre el maniquí, aplastándole la armadura, y empezó a masticar el casco.

El hombre sonrió torvamente. Andaría por los cincuenta, supuse, a juzgar por el pelo y la barba grises, ambos muy cortos. Parecía en buena forma para su edad. Llevaba unos pantalones negros de alpinismo y un peto de bronce sujeto con correas sobre la camiseta naranja del campamento. En la base del cuello tenía una marca extraña, una mancha morada que quizá fuera parte de un tatuaje o una marca de nacimiento. Pero, antes de que pudiera averiguarlo, el hombre se ajustó las correas de la armadura y la mancha desapareció de mi vista.

—La *Señorita O'Leary* es mi mascota —me explicó—. No podía permitir que le clavases una espada en el trasero, ¿entiendes? Tal vez se habría asustado.

—¿Quién es usted?

—¿Prometes no matarme si bajo la espada?

—Supongo que sí.

Envainó el arma y me tendió la mano.

—Quintus —se presentó.

Le estreché la mano, áspera como papel de lija.

—Percy Jackson —dije—. Lo siento... ¿Cómo consiguió...?

—¿Domesticar a un perro del infierno? Es una larga historia: con muchos lances a vida o muerte y una buena provisión de juguetes para perro de tamaño extragrande. Soy el nuevo instructor de combate a espada, por cierto. Le echo una mano a Quirón mientras el señor D está fuera.

—Ah. —La vista se me iba hacia la *Señorita O'Leary*, que le había arrancado al maniquí el escudo, con brazo incluido, y lo zarandeaba como si fuese un Frisbee—. Un momento... ¿el señor D está fuera?

—Sí, bueno... son tiempos difíciles; incluso Dioniso tiene que ayudar un poco. Ha ido a visitar a unos viejos amigos para asegurarse de que se mantienen en el lado correcto. Me parece que no debo añadir más.

Que Dioniso se hubiera ido era la mejor noticia que había recibido en todo el día. Sólo era director de nuestro campamento porque Zeus lo había destinado allí en castigo por perseguir a una ninfa de los bosques más allá de los límites permitidos. Él odiaba a los campistas y procuraba hacernos la vida imposible. Si no estaba en el campamento, el verano quizá resultara una delicia. Aunque, por otro lado, el hecho de que Dioniso se hubiera visto obligado a mover el trasero para ayudar a los dioses a reclutar fuerzas contra la amenaza de los titanes significaba que las cosas pintaban bastante mal.

De repente sonó un estrépito a mi izquierda. Me fijé en seis cajones de madera, cada uno del tamaño de una mesa de picnic, apilados allí cerca. Se estremecían y traqueteaban unos sobre otros. La *Señorita O'Leary* ladeó un poco la cabeza y dio un par de saltos hacia ellos.

—¡Eh, amiga! —dijo Quintus—. Ésos no son para ti. —Intentó distraerla con el escudo de bronce convertido en un Frisbee.

Los cajones se sacudían y daban golpetazos. Tenían un rótulo impreso pegado a los lados, pero debido a mi dislexia tardé varios minutos en descifrarlo.

RANCHO TRIPLE G

FRÁGIL

ESTE LADO ARRIBA

En la base, en letra más pequeña, ponía: «ABRIR CON PRECAUCIÓN. EL RANCHO TRIPLE G NO SE HACE RESPONSABLE DE LOS DESPERFECTOS MATERIALES, DE LAS MUTILACIONES NI DE LAS MUERTES EXTREMADAMENTE DOLOROSAS QUE PUEDAN PRODUCIRSE.»

—¿Qué hay en esas cajas? —pregunté.

—Una sorpresita —respondió Quintus—. Para los ejercicios de entrenamiento de mañana por la noche. Te van a encantar.

—Ah, vale —dije, aunque no me quedaba muy claro lo de las «muertes extremadamente dolorosas».

Quintus lanzó el escudo de bronce y la *Señorita O'Leary* avanzó pesadamente hacia él.

—A los jóvenes os hacen falta más desafíos. No había campamentos como éste cuando yo era chico.

—¿Usted... es un mestizo? —No era mi intención demostrar tanta sorpresa, pero nunca había visto a un semidiós tan viejo.

Quintus rió entre dientes.

—Algunos sobrevivimos y llegamos a la edad adulta, ¿sabes? No todos nos hallamos sometidos a terribles profecías.

—¿Está enterado de lo de mi profecía?

—Algo he oído.

Quería preguntarle a qué parte se refería, pero justo entonces apareció Quirón, pisando la arena con sus cascos.

—¡Percy!, ¡conque estás aquí!

Supuse que acababa de dar la clase de tiro, porque llevaba un arco y un carcaj colgados sobre su camiseta de «YO, CENTAURO». Se había recortado la barba y también su rizado pelo castaño para la temporada de verano. La mitad inferior de su cuerpo, que era el de un semental blanco, estaba salpicada de hierba y barro.

—Veo que ya has conocido a nuestro nuevo instructor —me dijo en tono informal, aunque con una expresión inquieta en la mirada—. Quintus, ¿te importa si me llevo un rato a Percy?

—En absoluto, maestro Quirón.

—No hace falta que me llames «maestro» —repuso, aunque daba la impresión de sentirse complacido—. Vamos, Percy, tenemos mucho de que hablar.

Le eché un último vistazo a la *Señorita O'Leary*, que ahora arrancaba a bocados las piernas del maniquí.

—Bueno, ya nos veremos —le dije a Quintus.

Mientras nos alejábamos, me acerqué a Quirón.

—Parece algo...

—¿Misterioso? —sugirió él—. ¿Indescifrable?

—Eso.

Asintió.

—Un mestizo muy dotado. Y excelente con la espada. Ojalá pudiera entender...

Ignoro qué iba a decir. Fuese lo que fuese, cambió de idea.

—Lo primero es lo primero, Percy. Annabeth me ha dicho que te has encontrado con unas *empusas*.

—Así es. —Le conté la pelea en Goode y la forma en que Kelli había estallado en llamas.

—Hummm... —murmuró—. Eso pueden hacerlo las más poderosas. No ha muerto, Percy. Simplemente, se ha escapado. No es buena señal que las mujeres demonio anden por ahí.

—¿Y qué hacían en la escuela? —pregunté—. ¿Estaban esperándome?

—Seguramente —confirmó, frunciendo el ceño—. Es asombroso que hayas sobrevivido. Su capacidad para engañar... Cualquier otro héroe varón habría sucumbido a su hechizo y habría sido devorado.

—Yo también —reconocí—, de no ser por Rachel.

Quirón asintió.

—Resulta irónico que te haya salvado una mortal, pero estamos en deuda con ella. Lo que te ha dicho la *empusa* sobre un ataque al campamento... hay que hablarlo más a fondo. Pero, por ahora, ven. Hemos de ir al bosque. Grover querrá que estés presente.

—¿Dónde?

—En la audiencia que está a punto de celebrarse —respondió con aire lúgubre—. El Consejo de los Sabios Ungulados se ha reunido para decidir su destino.

Quirón dijo que teníamos que apresurarnos, así que accedí a montarme sobre su lomo. Mientras pasábamos al galope frente a las cabañas, eché un vistazo a la zona del comedor: un pabellón al aire libre de estilo griego situado en una colina desde la que se divisaba el mar. No había visto el pabellón desde el verano anterior y me trajo malos recuerdos.

Quirón se internó en el bosque. Las ninfas se asomaron desde los árboles para mirarnos pasar. Entre la maleza se agitaron sombras enormes: los monstruos que se conservaban allí para poner a prueba a los campistas.

Creía conocer muy bien aquel bosque porque en los dos últimos veranos había jugado allí a capturar la bandera, pero Quirón me llevó por un camino que no reconocí, recorrió un túnel de viejos sauces y pasó junto a una cascada hasta llegar a un gran claro alfombrado con flores silvestres.

Había un montón de sátiros sentados en círculo sobre la hierba. Grover permanecía de pie, en el centro, frente a tres sátiros orondos y viejísimos que se habían aposentado en unos tronos confeccionados con rosales recortados. Nunca había visto a aquellos tres sátiros ancianos, pero supuse que serían el Consejo de Sabios Ungulados.

Grover parecía contarles una historia. Se retorcía el borde de la camiseta y desplazaba nerviosamente su peso de una pezuña a otra. No había cambiado mucho desde el invierno anterior, quizá porque los sátiros envejecen sólo la mitad de rápido que los humanos. Se le había reavivado el acné y los cuernos le habían crecido un poco, de manera que asomaban entre su pelo rizado. Advertí con sorpresa que me había vuelto más alto que él.

En un lado, fuera del círculo de sátiros, observaban la escena Annabeth, una desconocida y Clarisse. Quirón me dejó junto a ellas.

Clarisse llevaba su áspero pelo castaño recogido con un pañuelo de camuflaje. Se la veía más corpulenta que nunca, como si hubiese estado entrenando. Me lanzó una mirada asesina y murmuró: «Gamberro», lo cual debía de significar que estaba de buen humor. Su manera de saludarme más habitual consiste en intentar matarme.

Annabeth rodeaba con el brazo a la otra chica, que parecía estar llorando. Era bajita —menuda, supongo que debería decir—, con un pelo lacio color ámbar y una carita muy mona de estilo elfo. Llevaba una túnica verde de lana y sandalias con cordones, y se estaba secando los ojos con un pañuelo.

—Esto va fatal —gimió.

—No, no —dijo Annabeth, dándole palmaditas en el hombro—. No le pasará nada, Enebro, ya lo verás.

Annabeth me miró y me dijo moviendo los labios: «La novia de Grover.»

O al menos eso entendí, aunque no tenía sentido. ¿Grover con novia? Luego examiné a Enebro con más atención y reparé en que tenía las orejas algo puntiagudas. Sus ojos no se veían enrojecidos por el llanto: estaban teñidos de verde, del color de la clorofila. Era una ninfa del bosque, una dríada.

—¡Maestro Underwood! —gritó el miembro del consejo que se hallaba a la derecha, cortando a Grover en seco—. ¿De veras espera que creamos eso?

—Pe... pero, Sileno —tartamudeó Grover—, ¡es la verdad!

El tipo del consejo, Sileno, se volvió hacia sus colegas y dijo algo entre dientes. Quirón se adelantó trotando y se situó junto a ellos. Entonces recordé que era miembro honorario del consejo, aunque yo nunca lo había tenido muy presente. Los ancianos no causaban una gran impresión. Me recordaban a las cabras de un zoo infantil, con aquellas panzas enormes, su expresión soñolienta y su mirada vidriosa, que no parecía ver más allá del siguiente puñado de manduca. No lograba entender por qué Grover estaba tan nervioso.

Sileno se estiró su polo amarillo para cubrirse la panza y se reacomodó en su trono de rosales.

—Maestro Underwood, durante seis meses, ¡seis!, hemos tenido que oír esas afirmaciones escandalosas según las cuales usted oyó hablar a Pan, el dios salvaje.

—¡Es que lo oí!

—¡Qué insolencia! —protestó el anciano de la izquierda.

—A ver, Marón, un poco de paciencia —intervino Quirón.

—¡Mucha paciencia es lo que hace falta! —replicó Marón—. Ya estoy hasta los mismísimos cuernos de tanto disparate. Como si el dios salvaje fuera a hablar... con ése.

Enebro parecía dispuesta a abalanzarse sobre el anciano y darle una paliza, pero entre Clarisse y Annabeth lograron sujetarla.

—Eso sería un error —murmuró Clarisse—. Espera.

No sé cuál de las dos cosas me sorprendía más: que Clarisse impidiera a alguien meterse en una pelea o que ella y Annabeth, que no se soportaban, estuvieran como quien dice colaborando.

—Durante seis meses —prosiguió Sileno—, le hemos consentido todos sus caprichos, maestro Underwood. Le hemos permitido viajar. Hemos dado nuestra autorización para que conservara su permiso de buscador. Hemos aguardado a que nos trajera pruebas de su absurda afirmación. ¿Y qué ha encontrado?

—Necesito más tiempo —suplicó Grover.

—¡Nada! —lo interrumpió el anciano sentado en medio—. ¡No ha encontrado nada!

—Pero Leneo...

Sileno alzó la mano. Quirón se inclinó y les dijo algo a los sátiros, que no parecían muy contentos: murmuraban y discutían entre ellos. Pero Quirón añadió algo y Sileno, con un suspiro, asintió a regañadientes.

—Maestro Underwood —anunció—, le daremos otra oportunidad.

Grover se animó.

—¡Gracias!

—Una semana más.

—¿Cómo? Pero ¡señor, es imposible!

—Una semana más, maestro Underwood. Si para entonces no ha podido probar sus afirmaciones, será momento de que inicie otra carrera. Algo que se adapte mejor a su talento dramático. Teatro de marionetas, tal vez. O zapateado.

—Pero, señor... no... no puedo perder mi permiso de buscador. Toda mi vida...

—La reunión del consejo queda aplazada temporalmente —declaró Sileno—. ¡Y ahora vamos a disfrutar de nuestro almuerzo!

Los viejos sátiros dieron unas palmadas y un montón de ninfas se desprendieron de los árboles con grandes bandejas llenas de verdura, fruta, latas y otras exquisiteces para el paladar de una cabra. El círculo de sátiros se deshizo y todos se abalanzaron sobre la comida. Grover se acercó a nosotros, desanimado. En su camiseta descolorida se veía el dibujo de un sátiro y un rótulo: «¿TIENES PEZUÑAS?»

—Hola, Percy —dijo, tan deprimido que ni siquiera me tendió la mano—. Me ha ido de maravilla, ¿no os parece?

—¡Esas viejas cabras! —masculló Enebro—. ¡Ay, Grover, ellos no tienen ni idea de cuánto te has esforzado!

—Hay una alternativa —intervino Clarisse con aire sombrío.

—No, no. —Enebro movió enérgicamente la cabeza—. No te lo permitiré, Grover.

Él se puso lívido.

—Tengo... que pensarlo. Pero ni siquiera sabemos dónde buscar.

—¿De qué estáis hablando? —pregunté.

Una caracola sonó a lo lejos.

Annabeth apretó los labios.

—Luego te lo explico, Percy. Ahora será mejor que volvamos a las cabañas. Está empezando la inspección.

• • •

No me parecía justo tener que pasar la inspección cuando acababa de llegar al campamento, pero así funcionaba la cosa. Cada tarde, uno de los líderes veteranos se paseaba por las cabañas con una lista escrita en un rollo de papiro. La mejor cabaña conseguía el primer turno de las duchas, lo cual implicaba agua caliente garantizada. La peor había de ocuparse de la cocina después de la cena.

Lo malo era que yo solía ser el único ocupante de la cabaña de Poseidón, aparte de que no soy lo que se dice una persona muy pulcra. Las arpías de la limpieza se limitaban a hacer un repaso el último día de verano, así que mi cabaña estaría seguramente tal como la había dejado en las vacaciones de invierno. Es decir, con envoltorios de caramelos y bolsas de patatas sobre la litera y con las piezas de mi armadura, la que usaba para capturar la bandera, esparcidas por todas partes.

Corrí a la zona comunitaria, donde las doce cabañas, una por cada dios olímpico, formaban una U alrededor del césped central. Los chicos de Deméter barrían la suya y hacían crecer flores en los tiestos de sus ventanas. Les bastaba con chasquear los dedos para que florecieran madreselvas sobre el dintel de la puerta y para que el tejado quedara cubierto de margaritas. Lo cual era otra injusticia. No creo que hubieran quedado nunca los últimos en una inspección. Los de la cabaña de Hermes corrían despavoridos de acá para allá, tratando de esconder la ropa sucia bajo las camas y acusándose mutuamente de haberse birlado las cosas que echaban en falta. Eran bastante dejados, pero aun así me sacaban ventaja.

Silena Beauregard acaba de salir de la cabaña de Afrodita y estaba marcando en su rollo de papiro los distintos puntos de la inspección. Solté una maldición entre dientes. Silena era estupenda, pero también una obsesiva de la limpieza, o sea, la peor inspectora posible. Le gustaban las cosas «monas», y ésas no eran mi especialidad precisamente. Ya casi podía sentir en mis brazos el peso de la montaña de platos que habría de fregar aquella noche.

La cabaña de Poseidón era la última de la hilera de la derecha, la correspondiente a los «dioses masculinos». Construida con rocas marinas cubiertas de caparazones de molusco, era larga y achaparrada como un búnker, aunque tenía ventanas orientadas al mar y en su interior siempre se disfrutaba de una buena brisa.

Entré corriendo, preguntándome si tendría tiempo de esconderlo todo debajo de la cama, como mis colegas de Hermes, cuando me tropecé con Tyson, mi hermanastro, barriendo el suelo.

—¡Percy! —aulló.

Soltó la escoba y corrió a mi encuentro. Ser asaltado por un cíclope entusiasta, provisto de un delantal floreado y guantes de goma, es un sistema ultrarrápido para espabilarte.

—¡Eh, grandullón! —dije—. ¡Cuidado con mis costillas!

Logré salir vivo de su abrazo de oso. Me depositó en el suelo, sonriendo como un poseso y con un brillo de excitación en su único ojo castaño. Tenía los dientes tan retorcidos y amarillentos como siempre y su pelo parecía el nido de una rata. Llevaba unos vaqueros XXXL y una camisa andrajosa de franela bajo el delantal floreado. Pero aun así me alegré de verlo. Hacía casi un año que no nos encontrábamos, desde que se había ido a trabajar a las fraguas submarinas de los cíclopes.

—¿Estás bien? —me preguntó—. ¿No te han devorado los monstruos?

—Ni un pedacito. —Le mostré que aún conservaba los dos brazos y las dos piernas, y Tyson aplaudió con júbilo.

—¡Yuju! —exclamó—. ¡Ahora podremos comer bocadillos de mantequilla de cacahuete y montar ponis pez! ¡Y luchar con monstruos y ver a Annabeth y hacer BUUUM con los malos!

Confiaba en que no quisiera hacerlo todo a la vez, pero le dije que sí, por supuesto, que nos lo pasaríamos bomba aquel verano. No pude evitar una sonrisa ante su entusiasmo.

—Pero primero —le advertí— hemos de ocuparnos de la inspección. Tendríamos que...

Eché una ojeada alrededor y descubrí que había trabajado de lo lindo. Había barrido el suelo y hecho las literas. Había fregado a fondo la fuente de agua salada del rincón y los corales se veían relucientes. En los alféizares había colocado floreros llenos de agua con anémonas marinas y con unas extrañas plantas del fondo oceánico que resplandecían y resultaban más bonitas que cualquiera de los ramos improvisados de los chicos de Deméter.

—Tyson, la cabaña... ¡está increíble!

Me dirigió una sonrisa radiante.

—¿Has visto los ponis pez? ¡Los he puesto en el techo!

Había colgado de unos alambres un rebaño en miniatura de hipocampos de bronce. Daban la impresión de nadar por el aire. No podía creer que, con aquellas manazas, Tyson fuese capaz de hacer algo tan delicado. Miré hacia mi litera y vi mi viejo escudo colgado de la pared.

—¡Lo has arreglado!

El escudo había quedado muy dañado el invierno anterior, cuando luché con una mantícora, pero ahora se veía perfecto y sin un solo rasguño. Los relieves en bronce de mis aventuras con Tyson y Annabeth en el Mar de los Monstruos aparecían pulidos y relucientes.

Miré a Tyson fijamente. No sabía cómo darle las gracias.

Entonces alguien dijo a mis espaldas:

—¡Caramba!

Silena Beauregard estaba en el umbral con el papiro de la inspección. Entró, dio una vuelta sobre sí misma y alzó las cejas, con los ojos fijos en mí.

—Bueno, confieso que tenía mis dudas, pero veo que la has dejado preciosa. Lo tendré en cuenta.

Me guiñó un ojo y salió.


Tyson y yo nos pasamos la tarde poniéndonos al día y dando una vuelta, lo cual resultó agradable después del ataque de las animadoras diabólicas de esa mañana.

Fuimos a la fragua y echamos una mano a Beckendorf, de la cabaña de Hefesto, que estaba fundiendo metales. Tyson nos demostró que había aprendido a forjar armas mágicas: confeccionó un hacha de guerra llameante de doble hoja a tal velocidad que incluso Beckendorf se quedó impresionado.

Mientras trabajaba, nos habló del año que había pasado bajo el océano. Su ojo se iluminó al describir las fraguas de los cíclopes y el palacio de Poseidón, pero también nos contó que el ambiente estaba muy tenso. Los antiguos dioses del mar, que habían gobernado en la época de los titanes, habían iniciado una guerra contra nuestro padre. Cuando Tyson se marchó, había batallas en marcha por todo el Atlántico. Me inquietó oír aquello, porque quizá yo debería estar echando una mano, pero él me aseguró que papá quería que los dos permaneciéramos en el campamento.

—También hay montones de malos por encima del mar —dijo Tyson—. Podemos hacerles BUUUM.

Después de pasar por la fragua, estuvimos un rato en el lago de las canoas con Annabeth, quien se alegró mucho de ver a Tyson, aunque parecía distraída. No paraba de mirar hacia el bosque, como si estuviera pensando en el problema de Grover con el consejo. No podía culparla, la verdad. A Grover no se le veía por ningún lado. Me sentía fatal por él. Encontrar al dios Pan había sido el objetivo de toda su vida. Su padre y su tío habían desaparecido persiguiendo ese mismo sueño. El invierno anterior, Grover había oído una voz en el interior de su cabeza: «Te espero.» Estaba seguro de que era la voz de Pan, pero al parecer su búsqueda no había dado resultado. Si el consejo le retiraba su permiso de buscador, quedaría destrozado.

—¿Cuál es «la alternativa»? —le pregunté a Annabeth—. La que mencionó Clarisse.

Mi amiga tomó una piedra y la lanzó con destreza para que rebotara por la superficie del lago.

—Una cosa que descubrió ella. Yo la ayudé un poco esta primavera. Pero sería muy peligroso. Sobre todo para Grover.

—El niño cabra me da miedo —murmuró Tyson.

Lo miré sin poder creerlo. Tyson se había enfrentado con toros que escupían fuego y con gigantes caníbales.

—¿Por qué te da miedo?

—Pezuñas y cuernos —musitó, nervioso—. Y el pelo de cabra me da picor en la nariz.

Y en eso consistió toda la conversación sobre Grover.

Antes de cenar, Tyson y yo bajamos al ruedo de arena. Quintus pareció alegrarse de tener compañía. Aún no quería decirme qué había en los cajones de madera, pero me enseñó un par de trucos con la espada. Sabía un montón. Combatía tal como algunas personas juegan al ajedrez: haciendo un movimiento tras otro sin que pudieras prever qué se proponía hasta que daba el último toque y te ponía la espada en la garganta.

—Buen intento —me dijo—, pero tienes la guardia muy baja.

Me lanzó un mandoble y yo lo paré.

—¿Siempre se ha dedicado a la espada?

Desvió el tajo que le había asestado.

—He sido muchas cosas.

Dio una estocada y me eché a un lado. La correa del peto se le escurrió del hombro y volví a verle aquella marca en la base del cuello: la mancha morada. No era aleatoria, porque tenía una forma definida: un pájaro con las alas plegadas, como una codorniz o algo parecido.

—¿Qué es eso que tiene en el cuello? —le pregunté, lo cual constituía seguramente una falta de educación. Échale si quieres la culpa a mi THDA. Tengo tendencia a soltar las cosas sin más ni más.

Quintus perdió la concentración. Le di un golpe en la empuñadura de la espada, que se le escapó y cayó al suelo.

Se frotó los dedos. Luego volvió a subirse la armadura para ocultar la marca. No era un tatuaje, comprendí por fin, sino una antigua quemadura... Como si lo hubiesen marcado con un hierro candente.

—Es un recordatorio. —Recogió la espada y esbozó una sonrisa forzada—. ¿Seguimos?

Me atacó con brío, sin darme tiempo a hacer más preguntas.

Mientras luchábamos, Tyson jugaba con la *Señorita O'Leary*. La llamaba «perrita» y se lo pasaban en grande forcejeando para agarrar el escudo de bronce y jugando a «atrapa al griego». Al ponerse el sol, Quintus seguía tan fresco; no se le veía ni una gota de sudor, lo cual me pareció algo raro. Tyson y yo estábamos acalorados y pegajosos, de manera que fuimos a ducharnos y prepararnos para la cena.

Me sentía bien. Había sido un día casi normal en el campamento. Llegó la hora de cenar y todos los campistas se alinearon por cabañas y desfilaron hacia el pabellón. La mayoría no hizo caso de la fisura que había en el suelo de mármol de la entrada: una grieta dentada de tres metros de longitud que no estaba el verano pasado. La habían tapado, pero aun así me cuidé de no pisarla.

—Vaya grieta —comentó Tyson cuando llegamos a nuestra mesa—. ¿Un terremoto?

—No. Nada de terremotos. —No sabía si contárselo. Era un secreto que sólo conocíamos Annabeth, Grover y yo. Pero, al mirar el ojo enorme de Tyson, comprendí que a él no podía ocultarle nada—. Nico di Angelo —añadí bajando la voz—. Ese chico mestizo que trajimos al campamento el pasado invierno. Me... me había pedido que vigilara a su hermana durante la búsqueda y le fallé. Ella murió. Y Nico me culpa a mí.

Tyson frunció el ceño.

—¿Y por eso abrió una grieta en el suelo?

—Había unos esqueletos que nos atacaban —expliqué—. Nico les dijo que se fueran y la tierra se abrió y se los tragó. Nico... —eché una mirada alrededor para asegurarme de que nadie nos oía— es hijo de Hades.

Tyson asintió, pensativo.

—El dios de los muertos.

—Eso es.

—¿Y el chico Nico desapareció?

—Me temo que sí. Traté de buscarlo en primavera. Y lo mismo hizo Annabeth. Pero no tuvimos suerte. Todo esto es secreto, Tyson, ¿vale? Si alguien se enterase de que es hijo de Hades, correría un gran peligro. Ni siquiera puedes decírselo a Quirón.

—La mala profecía —asintió Tyson—. Los titanes podrían utilizarlo si lo supieran.

Me quedé mirándolo. A veces se me olvidaba que, por grandullón e infantil que fuera, Tyson era muy listo. Él sabía que el siguiente hijo de los Tres Grandes —Zeus, Poseidón o Hades— que cumpliera los dieciséis años estaba destinado, según la profecía, a salvar o destruir el monte Olimpo. La mayoría daba por supuesto que la profecía se refería a mí, pero, en caso de que yo muriese antes de cumplir los dieciséis, también podía aplicarse perfectamente a Nico.

—Exacto —dije—. O sea que...

—Boca cerrada —me prometió Tyson—. Como esa grieta.

• • •

Esa noche me costó dormirme. Permanecí tumbado en la cama escuchando el rumor de las olas de la playa y los gritos de las lechuzas y los monstruos en el bosque. Me daba miedo tener una pesadilla en cuanto me quedara dormido.

Verás, para un mestizo, los sueños casi nunca son simplemente un sueño. Nosotros recibimos mensajes. Vislumbramos cosas que les ocurren a nuestros amigos o enemigos. A veces incluso vislumbramos el pasado o el futuro. Y en el campamento, yo solía tener sueños frecuentes y muy vívidos.

Aún permanecía despierto alrededor de medianoche, con los ojos fijos en el colchón de la litera de arriba, cuando advertí una luz extraña en la habitación. La fuente de agua salada emitía un resplandor.

Aparté la colcha, me levanté y me acerqué con cautela. Una nube de vapor se elevaba del agua marina. Aunque no había luz en la habitación, salvo los rayos de luna que se colaban por las ventanas, los colores del arco iris temblaban entre el vaho. Oí entonces una agradable voz femenina que parecía provenir de su espesor: «Deposite un dracma, por favor.»

Miré hacia la cama de Tyson; continuaba roncando. Y es que tiene un sueño más profundo que el de un elefante anestesiado.

No sabía qué pensar. Nunca había recibido un mensaje Iris a cobro revertido. Un dracma dorado relucía al fondo de la fuente. Lo recogí, lo lancé a través del vapor y se desvaneció.

—Oh, diosa del arco iris —susurré—. Muéstrame... eh, lo que tengas que mostrarme.

El vapor tembló. Vi la orilla oscura de un río. Había jirones de niebla desplazándose sobre el agua negra. Los márgenes estaban cubiertos de afiladas rocas volcánicas. Un chico vigilaba en cuclillas una hoguera junto al río. Las llamas ardían con un extraño resplandor azul. Entonces le vi la cara. Era Nico di Angelo. Estaba tirando unos trozos de papel al fuego... Los cromos de Mitomagia que formaban parte del juego con que tan obsesionado había estado el pasado invierno.

Nico sólo tenía diez años, o tal vez fuesen once ahora, pero parecía mucho mayor. El pelo, más largo que antes y muy desgreñado, le llegaba casi al hombro. Sus ojos oscuros brillaban con el reflejo de las llamas. Su piel olivácea se veía más pálida. Llevaba unos tejanos negros desgarrados y una chaqueta de aviador muy estropeada que le venía grande (tres o cuatro tallas, por lo menos). Por la cremallera entreabierta asomaba una camisa negra. Tenía una expresión lúgubre y la mirada algo enloquecida. Parecía uno de esos chicos que viven en la calle.

Aguardé a que me mirase. Se pondría hecho una furia, seguro, y empezaría acusarme de dejar que muriera su hermana. Pero no parecía advertir mi presencia.

Permanecí en silencio; no me atrevía a moverme siquiera. Si él no me había enviado el mensaje Iris, ¿quién habría sido?

Nico echó otro cromo a las llamas azules.

—Inútil —murmuró—. No puedo creer que estas cosas me gustaran.

—Un juego infantiloide, amo —asintió otra voz. Parecía venir de muy cerca, pero no podía ver quién era.

Nico miró al otro lado del río. La orilla opuesta estaba oscura y cubierta con un sudario de niebla. Reconocí el lugar: era el inframundo. Nico había acampado junto al río Estigio.

—He fracasado —dijo entre dientes—. Ya no hay modo de recuperarla.

La otra voz permaneció en silencio.

Nico se volvió hacia ella, indeciso.

—¿O sí lo hay? Habla.

Algo tembló. Creí que era sólo la luz de la lumbre. Luego advertí que era la forma de un hombre: una voluta de humo azul, una sombra. Mirando de frente, no la veías. Pero si mirabas con el rabillo del ojo, identificabas la silueta. Un fantasma.

—Nunca se ha hecho —dijo éste—. Pero tal vez haya un modo.

—Dime cómo —le ordenó Nico. Sus ojos tenían un brillo feroz.

—Un intercambio —dijo el fantasma—. Un alma por otra alma.

—¡Yo me ofrezco!

—La vuestra no. No podéis ofrecerle a vuestro padre un alma que de todos modos acabará siendo suya. Ni creo que esté deseoso de ver muerto a su hijo. Me refiero a un alma que ya debería haber sucumbido. Que ha burlado a la muerte.

El rostro de Nico se ensombreció.

—Otra vez no. Me estás hablando de un asesinato.

—Os hablo de justicia —precisó el fantasma—. De venganza.

—No son lo mismo.

El fantasma soltó una risa irónica.

—Descubriréis otra cosa cuando seáis viejo.

Nico contempló las llamas.

—¿Por qué no puedo al menos convocarla? Quiero hablar con ella. Sé que... que ella me ayudaría.

—Yo os ayudaré —prometió el fantasma—. ¿No os he salvado ya muchas veces? ¿No os he guiado por el laberinto y os he enseñado a utilizar vuestros poderes? ¿Queréis vengar a vuestra hermana, sí o no?

No me gustaba su tono. Me recordaba a un chaval de mi antiguo colegio, un matón que solía convencer a los demás para que hicieran cosas estúpidas, como robar material del laboratorio o destrozar los coches de los profesores. Aquel matón nunca se metía en un aprieto, pero consiguió que un montón de chicos fueran expulsados.

Nico desvió la cara del fuego para que el fantasma no pudiera vérsela. Pero yo sí podía. Una lágrima le caía por la mejilla.

—Muy bien. ¿Tienes un plan?

—Claro —dijo el fantasma—. Tenemos muchos caminos oscuros que recorrer. Hemos de empezar...

La imagen tembló y se desvaneció. La voz de la mujer salió otra vez de la nube de vapor: «Por favor, deposite un dracma para otros cinco minutos.»

No había más monedas en la fuente. Me llevé la mano al pantalón, pero no tenía bolsillo: llevaba el pijama puesto. Corrí a la mesilla para ver si tenía algo suelto, pero el mensaje Iris ya se había extinguido con un parpadeo y la habitación volvió a quedarse a oscuras. Se había cortado la comunicación.

Me quedé en medio de la cabaña, escuchando el gorgoteo del agua de la fuente y el rumor de las olas que venía del exterior.

Nico estaba vivo. Quería recuperar a su hermana de entre los muertos. Y yo tenía la sensación de saber con qué alma pretendía intercambiar la de su hermana. El alma de alguien que había burlado a la muerte. Una venganza.

Nico di Angelo vendría por mí.

# 3

## Jugamos con escorpiones
## al corre que te pillo

Al día siguiente, durante el desayuno, había mucho revuelo en el comedor.

Al parecer, a las tres de la madrugada se había localizado un dragón etíope en la frontera del campamento. Yo estaba tan exhausto que había seguido durmiendo pese al alboroto. Los límites mágicos habían mantenido al monstruo a raya, pero éste siguió merodeando por las colinas intentando encontrar algún punto débil en nuestras defensas y no pareció dispuesto a marcharse hasta que Lee Fletcher, de la cabaña de Apolo, y dos de sus camaradas se pusieron a perseguirlo. Cuando el dragón tuvo una docena de flechas alojadas en las grietas de su armadura, captó el mensaje y se retiró.

—Debe de seguir ahí fuera —nos advirtió Lee durante los anuncios de la mañana—. Tiene clavadas veinte flechas en el pellejo y lo único que hemos conseguido es enfurecerlo. Es de un color verde intenso y mide nueve metros. Sus ojos... —Se estremeció.

—Buen trabajo, Lee —dijo Quirón, dándole una palmada en el hombro—. Que todo el mundo permanezca alerta, pero sin perder la calma. Esto ya ha sucedido otras veces.

—Así es —intervino Quintus desde la mesa principal—. Y volverá a ocurrir. Cada vez con más frecuencia.

Hubo un murmullo general.

Todos habían oído los rumores: Luke y su ejército de monstruos planeaban invadir el campamento. Muchos de nosotros creíamos que el ataque se produciría aquel verano, pero nadie sabía cómo ni cuándo. Que el número de campistas fuera más bien bajo no ayudaba mucho. Sólo éramos unos ochenta. Tres años atrás, cuando yo había empezado, había más de cien. Ahora, en cambio, unos habían muerto, otros se habían unido a Luke y algunos habían desaparecido.

—Un buen motivo para practicar nuevos ejercicios de guerra —prosiguió Quintus, con un brillo especial en los ojos—. Esta noche veremos qué tal lo hacéis.

—Sí —convino Quirón—. Bueno... ya está bien de anuncios. Vamos a bendecir la mesa y a comer. —Alzó su copa—. ¡Por los dioses!

Todos levantamos nuestras copas y repetimos la bendición.

Tyson y yo llevamos los platos al brasero de bronce y arrojamos a las llamas una parte de nuestra comida. Esperaba que a los dioses les gustara el pudin de pasas y los cereales.

—Poseidón —dije, bajando la voz—, échame una mano con Nico y Luke. Y con el problema de Grover...

Había tanto de que preocuparse que podría haberme pasado allí la mañana, pero volví a sentarme.

Cuando todos habían empezado a comer, Quirón y Grover se acercaron a nuestra mesa. Este último tenía cara de sueño y la camisa mal remetida. Deslizó su plato sobre la mesa y se desplomó a mi lado.

Tyson se removió incómodo.

—Voy a... pulir mis ponis pez.

Se alejó pesadamente, dejando su desayuno a medias.

Quirón trató de sonreír. Seguramente quería resultar tranquilizador, pero con su forma de centauro se alzaba muy por encima de mí y proyectaba una sombra alargada sobre la mesa.

—Bueno, Percy, ¿qué tal has dormido?

—Eh... perfecto. —No entendía a qué venía la pregunta. ¿Era posible que supiera algo del extraño mensaje Iris que había recibido?

—Me he traído a Grover —dijo Quirón—, porque he pensado que quizá queráis, eh... discutir la situación. Ahora, si me disculpáis, he de enviar unos cuantos mensajes Iris. Nos vemos más tarde. —Dirigió una mirada cargada de intención a Grover y salió trotando del pabellón.

—¿De qué está hablando? —pregunté.

Grover masticaba sus huevos. Me di cuenta de que estaba distraído porque arrancó de un mordisco las púas del tenedor y se las tragó también.

—Quiere que me convenzas —musitó.

Alguien se sentó a mi lado en el banco. Annabeth.

—Te diré de qué estamos hablando —dijo ella—. Del laberinto.

No me resultaba fácil concentrarme en sus palabras, porque todos los presentes nos echaban miradas furtivas y murmuraban. Y también porque Annabeth estaba a mi lado. Quiero decir, pegada a mí.

—Se supone que no deberías estar aquí —señalé.

—Tenemos que hablar —insistió.

—Pero las normas...

Ella sabía tan bien como yo que los campistas no podían cambiarse de mesa. En el caso de los sátiros no era así porque ellos en realidad no eran semidioses. Pero los mestizos debían sentarse con la gente de su cabaña. No sabía cuál era el castigo por cambiar de mesa. No había presenciado ningún caso. Si el señor D hubiera estado allí, habría estrangulado a Annabeth con ramas de vid mágicas o algo así. Pero no estaba. Y Quirón ya había salido del pabellón. Quintus nos miró desde lejos y arqueó una ceja, pero no dijo nada.

—Mira —dijo Annabeth—, Grover está metido en un buen aprieto. Sólo se nos ocurre un modo de ayudarlo. El laberinto. Eso es lo que Clarisse y yo hemos estado investigando.

Desplacé un poco mi peso, tratando de pensar con claridad.

—¿Te refieres al laberinto donde tenían encerrado al Minotauro en los viejos tiempos?

—Exacto.

—O sea... que ya no está debajo del palacio del rey de Creta —deduje—, sino aquí en Nortemérica, bajo algún edificio.

¿Qué te parece? Sólo había tardado unos pocos años en entender cómo iba aquello. Ahora sabía que los sitios importantes se iban desplazando por el planeta junto con la civilización occidental, de manera que el monte

Olimpo se hallaba encima del Empire State y la entrada del inframundo en Los Ángeles. Me sentía orgulloso de mí mismo.

Annabeth puso los ojos en blanco.

—¿Bajo un edificio? ¡Por favor, Percy! El laberinto es enorme. No cabría debajo de una ciudad, no digamos de un solo edificio.

Recordé mi sueño sobre Nico en el río Estigio.

—Entonces... ¿el laberinto forma parte del inframundo?

—No. —Annabeth frunció el ceño—. Bueno, quizá haya pasadizos que bajen desde el laberinto al inframundo. No estoy segura. Pero el inframundo está muchísimo más abajo. El laberinto está inmediatamente por debajo de la superficie del mundo de los mortales, como si fuera una segunda piel. Durante miles de años ha ido creciendo, abriéndose paso bajo las ciudades occidentales y conectando todas sus galerías bajo tierra. Puedes llegar a cualquier parte a través de laberinto.

—Si no te pierdes —apuntó Grover entre dientes—. Ni sufres una muerte horrible.

—Tiene que haber un modo de hacerlo, Grover —dijo Annabeth. Me daba la impresión de que ya habían mantenido la misma conversación otras veces—. Clarisse salió viva.

—¡Por los pelos! —protestó Grover—. Y el otro tipo...

—Se volvió loco. No murió.

—¡Ah, estupendo! —A Grover le temblaba el labio inferior—. ¡Eso me tranquiliza mucho!

—¡Hala! —dije—. Rebobinemos. ¿Qué es eso de Clarisse y del tipo que se volvió loco?

Annabeth miró hacia la mesa de Ares. Clarisse nos observaba como si supiera exactamente de qué hablábamos, pero enseguida bajó la vista al plato.

—El año pasado —dijo mi amiga con un hilo de voz—, Clarisse emprendió una misión que Quirón le había encargado.

—Lo recuerdo —comenté—. Era un secreto.

Ella asintió. Pese a la seriedad con que se comportaba, me alegraba ver que ya no estaba enfadada conmigo. Y más bien me gustaba que hubiera transgredido las normas para venir a sentarse a mi lado.

—Era un secreto —dijo—, porque encontró a Chris Rodríguez.

—¿El de la cabaña de Hermes? —Lo recordaba de hacía un par de años. Habíamos oído su voz a hurtadillas cuando estábamos a bordo del *Princesa Andrómeda*, el barco de Luke. Chris era uno de los mestizos que habían abandonado el campamento para unirse al ejército del titán.

—Sí —dijo Annabeth—. El verano pasado apareció en Phoenix, Arizona, cerca de la casa de la madre de Clarisse.

—¿Cómo que apareció?

—Estaba vagando por el desierto, con un calor de cuarenta y ocho grados, equipado con una armadura griega completa y farfullando algo sobre un hilo.

—¿Un hilo?

—Se había vuelto loco de remate. Clarisse lo llevó a casa de su madre para que los mortales no lo internaran en un manicomio. Le prodigó toda clase de cuidados para ver si se recuperaba. Quirón viajó hasta allí y habló con él, pero tampoco sirvió de mucho. Lo único que le sacaron fue que los hombres de Luke habían estado explorando el laberinto.

Me estremecí, aunque en realidad no sabía exactamente por qué. Pobre Chris... Tampoco era tan mal tipo. ¿Qué le habría ocurrido para acabar enloqueciendo? Miré a Grover, que ahora masticaba el resto de su tenedor.

—Vale —dije—. ¿Y por qué estaban explorando el laberinto?

—No teníamos ni idea —respondió Annabeth—. Por eso Clarisse emprendió esa misión exploratoria. Quirón lo mantuvo en secreto, no quería sembrar el pánico. Y me involucró a mí porque... bueno, el laberinto siempre ha sido uno de mis temas favoritos. Como obra arquitectónica... —Adoptó una expresión soñadora—. Dédalo, el constructor, era un genio. Pero lo más importante es que el laberinto tiene entradas por todas partes. Si Luke averiguara cómo orientarse, podría trasladar a su ejército a una velocidad increíble.

—Pero resulta que es un laberinto, ¿no?

—Lleno de trampas —asintió Grover—. Callejones sin salida. Espejismos. Monstruos psicóticos devoradores de cabras.

—Si tuvieras el hilo de Ariadna, no —adujo Annabeth—. Antiguamente ese hilo guió a Teseo y le permitió salir del laberinto. Era una especie de instrumento de navegación inventado por Dédalo. Chris Rodríguez se refería a ese hilo.

—O sea, que Luke está intentando encontrar el hilo de Ariadna —deduje—. ¿Para qué? ¿Qué estará tramando?

Annabeth movió la cabeza.

—No lo sé. Yo creía que quería invadir el campamento a través del laberinto, pero eso no tiene sentido. Las entradas más cercanas que encontró Clarisse están en Manhattan, de modo que no le servirían para atravesar nuestras fronteras. Clarisse exploró un poco por los túneles, pero... resultaba demasiado peligroso. Se salvó de milagro varias veces. He estudiado toda la información que he encontrado sobre Dédalo, pero me temo que no me ha servido de mucho. No entiendo qué está planeando Luke. Pero una cosa sí sé: el laberinto podría ser la clave para resolver el problema de Grover.

Parpadeé, sorprendido.

—¿Crees que Pan está oculto bajo tierra?

—Eso explicaría por qué ha resultado imposible encontrarlo.

Grover se estremeció.

—Los sátiros no soportan los subterráneos. Ningún buscador se atrevería a bajar a ese sitio. Sin flores. Sin sol. ¡Sin cafeterías!

—El laberinto —prosiguió Annabeth— puede conducirte prácticamente a cualquier parte. Te lee el pensamiento. Fue concebido para despistarte, para engañarte y acabar contigo. Pero si consiguieras que el laberinto trabajase a tu favor...

—Te llevaría hasta el dios salvaje —concluí.

—No puedo hacerlo. —Grover se agarró el estómago—. Sólo de pensarlo me entran ganas de vomitar la cubertería.

—Quizá sea tu última oportunidad, Grover —advirtió nuestra amiga—. El consejo no hablaba en broma. Una semana más o tendrás que aprender zapateado...

Quintus, en la mesa principal, tosió en señal de advertencia. Me dio la impresión de que no quería armar un escándalo, pero Annabeth estaba tensando demasiado la cuerda al permanecer tanto rato en mi mesa.

—Luego hablamos —dijo. Me dio un apretón más fuerte de la cuenta en el brazo—. Convéncelo, ¿vale?

Regresó a la mesa de Atenea sin hacer caso de todas las miradas fijas en ella.

Grover se tapó la cara con las manos.

—No puedo hacerlo, Percy. Mi permiso de buscador. Pan. Voy a perderlo todo. Tendré que poner un teatro de marionetas.

—¡No digas eso! Ya se nos ocurrirá algo.

Me miró con ojos llorosos.

—Percy, eres mi mejor amigo. Tú me has visto en un subterráneo. En la caverna del cíclope. ¿De verdad crees que podría...?

Le falló la voz. Recordé nuestra aventura en el Mar de los Monstruos, cuando quedó atrapado en la caverna del cíclope. A él nunca le habían gustado los subterráneos, eso para empezar. Pero ahora los odiaba. Los cíclopes, además, le daban repelús, incluido Tyson... A mí no podía ocultármelo aunque lo intentara, porque Grover y yo percibíamos mutuamente nuestras emociones debido a la conexión por empatía que él había establecido entre los dos. Yo sabía cómo se sentía. El grandullón de Tyson le daba pánico.

—Tengo que irme —dijo apesadumbrado—. Enebro me espera. Es una suerte que encuentre atractivos a los cobardes.

En cuanto se hubo marchado, eché una mirada a Quintus. Él asintió gravemente, como si compartiéramos un oscuro secreto. Luego continuó cortando su salchicha con una daga.


Por la tarde, fui al establo de los pegasos a visitar a mi amigo *Blackjack*.

«¡Eh, jefe! —Se puso a dar brincos y agitar sus alas negras—. ¿Me ha traído terrones de azúcar?»

—Sabes que no te convienen, *Blackjack*.

«Ya, bueno. O sea, que me ha traído unos cuantos, ¿no?»

Sonreí y le puse un puñado en la boca. Teníamos una vieja amistad. Yo había contribuido a rescatarlo del crucero diabólico de Luke unos años atrás y, desde entonces, él se empeñaba en pagármelo haciéndome favores.

«¿Tenemos alguna búsqueda a la vista? —me preguntó—. ¡Estoy listo para volar, jefe!»

Le acaricié el morro.

—No estoy seguro, amigo. La gente no para de hablar de laberintos subterráneos.

*Blackjack* relinchó, nervioso.

«Nanay. ¡No será este caballo quien vaya! Usted, jefe, no estará tan loco como para meterse en un laberinto, ¿verdad? ¡O acabará en una fábrica de salchichas!»

—Quizá tengas razón, *Blackjack*. Ya veremos.

Masticó los terrones. Luego agitó las crines como si tuviera una subida de azúcar.

«¡Uaf! ¡Material de primera! Bueno, jefe, si recupera el juicio y quiere ir volando a algún sitio, sólo ha de silbar. ¡El viejo *Blackjack* y sus colegas se llevarán por delante a quien haga falta!»

Le dije que lo tendría en cuenta. Luego entró en los establos un grupo de jóvenes campistas para empezar sus clases de equitación aérea y decidí que era hora de marcharse. Tenía el presentimiento de que no vería a *Blackjack* en mucho tiempo.


Aquella noche, después de cenar, Quintus indicó que nos pusiéramos todos la armadura, como si fuéramos a jugar a capturar la bandera, aunque el estado de ánimo general era más bien sombrío. Los cajones de madera habían desaparecido de la arena en algún momento del día y yo tenía la impresión de que su contenido, fuese lo que fuese, estaba en el bosque.

—Muy bien —dijo Quintus en la mesa principal, al tiempo que se ponía en pie—. Situaos alrededor.

Iba todo cubierto de bronce y cuero negro. A la luz de las antorchas, su pelo gris le confería un aspecto fantasmal. La *Señorita O'Leary* saltaba a su lado y daba buena cuenta de las sobras de la cena.

—Os repartiréis en grupos de dos —anunció Quintus. Y cuando todos empezaban a hablar y escoger a sus amigos, gritó—: ¡Grupos que ya han sido elegidos!

—¡Uuuuuuh! —protestó todo el mundo.

—Vuestro objetivo es sencillo: encontrar los laureles de oro sin perecer en el intento. La corona está envuelta en un paquete de seda, atado a la espalda de uno de los monstruos. Hay seis monstruos. Cada uno lleva un paquete de seda, pero sólo uno contiene los laureles. Debéis encontrar la corona de oro antes que nadie. Y naturalmente... habréis de matar al monstruo para conseguirla. Y salir vivos.

Todo el mundo empezó a murmurar con excitación. La tarea parecía bastante sencilla. Qué caramba, ya habíamos matado a muchos monstruos. Para eso nos entrenábamos.

—Ahora anunciaré quiénes serán vuestros compañeros —prosiguió Quintus—. No se aceptarán cambios, permutas ni quejas.

—¡Arrrffff! —La *Señorita O'Leary* había hundido todo el morro en un plato de pizza.

Quintus sacó un rollo de papiro y empezó a recitar nombres. A Beckendorf le tocó con Silena Beauregard, cosa que pareció dejarlo más que contento. Los hermanos Stoll, Travis y Connor, iban juntos. Ninguna sorpresa; siempre lo hacían todo unidos. A Clarisse le tocó con Lee Fletcher, de la cabaña de Apolo: la refriega brutal y el combate táctico combinados; formarían un equipo difícil de superar. Quintus continuó leyendo la lista hasta que dijo: «Percy Jackson y Annabeth Chase.»

—Fantástico —dije, sonriendo a Annabeth.

—Tienes la armadura torcida —fue su único comentario, y se puso a arreglarme las correas.

—Grover Underwood —dijo Quintus— con Tyson.

Grover dio tal brinco que poco le faltó para salirse de su pelaje y quedarse en cueros.

—¿Qué? Pe... pero...

—No, no —gimió Tyson—. Ha de ser un error. El niño cabra...

—¡Sin quejas! —ordenó Quintus—. Ve con tu compañero. Tienes dos minutos para prepararte.

Tyson y Grover me miraron a la vez con aire de súplica. Les hice un gesto para animarlos y les indiqué que se pusieran juntos. Tyson estornudó. Grover empezó a mosdisquear nerviosamente su porra de madera.

—Les irá bien, ya lo verás —dijo Annabeth—. Será mejor que nos preocupemos de nosotros mismos. A ver cómo nos las arreglamos para salir vivos.

Aún había luz cuando nos internamos en el bosque, pero con las sombras de los árboles casi parecía medianoche. Hacía frío, además, aunque estuviéramos en verano. Annabeth y yo encontramos huellas casi de inmediato: marcas muy seguidas hechas por una criatura con un montón de patas. Seguimos su pista.

Saltamos un arroyo y oímos cerca un restallido de ramas. Nos agazapamos detrás de una roca, pero sólo eran los hermanos Stoll, que avanzaban por el bosque dando traspiés y soltando maldiciones. Su padre sería el dios de los ladrones, pero ellos eran tan sigilosos como un búfalo de agua.

Cuando los Stoll pasaron de largo, nos adentramos en las profundidades de los bosques del oeste, donde se ocultaban los monstruos más salvajes. Nos habíamos asomado a un saliente desde el que se dominaba una zona pantanosa cuando Annabeth se puso tensa.

—Aquí es donde dejamos de buscar.

Me costó un segundo entender a qué se refería. Había sido allí donde nos habíamos dado por vencidos el invierno anterior, cuando salimos en busca de Nico di Angelo. Grover, Annabeth y yo nos habíamos detenido en aquella roca, y entonces los convencí para que no le contaran a Quirón la verdad, o sea, que Nico era hijo de Hades. En aquel momento me pareció lo correcto. Quería preservar su identidad, ser yo quien lo encontrara y arreglase las cosas en compensación por lo que le había sucedido a su hermana. En ese momento, seis meses más tarde, la realidad era que no había avanzado ni un paso en su búsqueda. Sentí un regusto amargo en la boca.

—Anoche lo vi —dije.

Annabeth arqueó las cejas.

—¿Qué quieres decir?

Le conté lo del mensaje Iris. Cuando concluí, mi amiga se quedó mirando el bosque sumido en sombras.

—¿Está convocando a los muertos? Me da muy mala espina.

—El fantasma lo orientaba en la peor dirección —añadí—. Le aconsejaba que se vengara.

—Ya... Los espíritus nunca son buenos consejeros. Tienen sus propios intereses. Viejos rencores. Y odian a los vivos.

—Vendrá por mí —vaticiné—. Ese espíritu habló de un laberinto.

Ella asintió.

—Está bien claro. Tenemos que encontrar el secreto del laberinto.

—Tal vez —dije, incómodo—. Pero ¿quién me envió ese mensaje Iris? Si Nico no sabía que yo estaba allí...

En el bosque se oyó el chasquido de una rama y un rumor de hojas secas. Algo enorme avanzaba entre los árboles, justo delante del saliente rocoso.

—Ese ruido no lo han hecho los Stoll —susurró Annabeth.

Ambos sacamos nuestra espada.


Llegamos al Puño de Zeus, un montón de rocas descomunal en mitad de los bosques del oeste. Era un punto de referencia donde se reunían con frecuencia los campistas durante las expediciones de caza, pero en ese momento no había nadie.

—Allá —susurró Annabeth.

—No. Detrás de nosotros.

Era muy raro. El rumor de pisadas parecía proceder de varios puntos. Estábamos rodeando el montón de rocas con las espadas enarboladas, cuando alguien dijo a nuestras espaldas:

—Hola.

Nos volvimos precipitadamente y vimos a Enebro, la ninfa de los bosques, que soltó un chillido.

—¡Bajad las espadas! —protestó—. A las dríadas no nos gustan las hojas afiladas, ¿vale?

—Enebro —suspiró Annabeth—. ¿Qué haces aquí?

—Yo vivo aquí.

Bajé la espada.

—¿En las rocas?

Señaló el borde del claro.

—En el enebro. Dónde iba a ser, si no.

Era lógico. Me sentí como un estúpido. Había vivido años rodeado de dríadas, pero nunca hablaba con ellas. Sabía, eso sí, que no podían alejarse demasiado de su árbol, que era su fuente de vida. Pero no mucho más.

—¿Estáis ocupados? —preguntó.

—Bueno —dije—, estamos en medio de un juego con un puñado de monstruos, tratando de salir vivos.

—No, no estamos ocupados —dijo Annabeth—. ¿Qué pasa, Enebro?

Ella gimió y se secó los ojos con su manga de seda.

—Es Grover. Parece muy trastornado. Se ha pasado un año fuera buscando a Pan. Y cuando vuelve, las cosas aún van peor. Al principio pensé que quizá estaba saliendo con otro árbol.

—No —dijo Annabeth, mientras Enebro empezaba a llorar—. Estoy segura de que no es eso.

—Una vez se enamoró de un arbusto de arándano —musitó ella con tristeza.

—Enebro, Grover ni siquiera miraría a otro árbol. Está muy alterado por lo de su permiso de búsqueda, nada más.

—¡No puede meterse bajo tierra! —protestó—. ¡No podéis permitírselo!

Annabeth parecía incómoda.

—Quizá sea la única forma de ayudarle. Si supiéramos por dónde empezar...

—Ah —repuso Enebro, enjugándose una lágrima verde de la mejilla—. Si es por eso...

Del bosque nos llegó un crujido de hojas y la dríada gritó:

—¡Escondeos!

Antes de que pudiera preguntarle por qué, ella hizo *¡puf!* y se desvaneció en una niebla verde.

Cuando Annabeth y yo nos dimos la vuelta vimos salir entre los árboles a un ser de color ámbar reluciente, de tres metros de longitud, con pinzas dentadas, una cola acorazada y un aguijón tan largo como mi espada. Un escorpión. Llevaba atado a la espalda un paquete de seda roja.

—Uno lo distrae —dijo Annabeth, mientras la cosa se nos acercaba traqueteando—. El otro se pone detrás y le corta la cola.

—Yo lo distraigo —repliqué—. Tú ponte la gorra de invisibilidad.

Asintió. Habíamos combatido juntos tantas veces que ya conocíamos nuestros recursos. Parecía tarea fácil. Hasta que surgieron otros dos escorpiones entre la maleza.

—¿Tres? —dijo Annabeth—. ¡No es posible! ¿Tienen el bosque entero y la mitad viene por nosotros?

Tragué saliva. Con uno podríamos. Con dos también, con un poco de suerte. Pero ¿con tres? Muy dudoso.

Los escorpiones arremetieron contra nosotros, agitando su cola erizada de púas y decididos a matarnos. Annabeth y yo pegamos la espalda a la roca más cercana.

—¿Escalamos? —sugerí.

—No hay tiempo.

Tenía razón. Los escorpiones nos rodeaban ya. Los teníamos tan cerca que veía sus espantosas bocas echando espumarajos ante el jugoso banquete que les esperaba.

—¡Cuidado! —Annabeth desvió un aguijón, golpeándolo con el plano de la espada.

Yo lancé una estocada con *Contracorriente*; el escorpión retrocedió y se puso fuera de mi alcance. Trepamos de lado por las rocas, aunque los escorpiones nos seguían. Asesté un mandoble a otro, pero cualquier maniobra de ataque implicaba un gran peligro. Si intentabas herirlos en el cuerpo, te descargaban desde arriba el aguijón de la cola. Si por el contrario pretendías darles un tajo en la cola, trataban de agarrarte con sus pinzas desde ambos lados. Nuestra única opción era defendernos, pero no lograríamos aguantar mucho tiempo.

Di otro paso de lado y de repente descubrí que no había nada detrás. Era una grieta entre dos rocas enormes. Seguramente había pasado por allí un millón de veces sin fijarme.

—Aquí —dije.

Annabeth lanzó una estocada y luego me miró como si me hubiese vuelto loco.

—¿Ahí? Es demasiado estrecho.

—Yo te cubro. ¡Venga!

Se agazapó a mi espalda y empezó a apretujarse entre las dos rocas. Entonces soltó un grito y se agarró de las correas de mi armadura. Noté que me arrastraba y caí en un pozo que, habría jurado, no estaba allí un momento antes. Desde abajo, vi los escorpiones, el cielo cárdeno y las sombras de los árboles; luego el agujero se cerró como el obturador de una cámara y nos quedamos a oscuras.

Sólo se oía el eco de nuestra respiración agitada. La roca estaba húmeda y fría. Me había quedado sentado en un suelo lleno de huecos que parecía hecho de ladrillo.

Alcé a *Contracorriente*. El leve resplandor de su hoja iluminó el rostro asustado de Annabeth y las paredes cubiertas de musgo.

—¿Dón... de estamos? —dijo Annabeth.

—A salvo de los escorpiones, al menos. —Procuré aparentar serenidad, pese a que estaba muerto de miedo. Aquella grieta no podía ser la entrada de una cueva. Si hubiera habido una cueva allí, lo habría sabido, de eso estaba seguro. Era como si la tierra se hubiese abierto y nos hubiera tragado. En ese momento sólo podía pensar en la fisura del pabellón del comedor por donde habían desaparecido los esqueletos el verano anterior. Me preguntaba si nos habría ocurrido lo mismo a nosotros.

Levanté la espada para iluminar mejor.

—Es una caverna muy grande —murmuré.

Annabeth se aferró de mi brazo.

—No es una cueva. Es un pasadizo.

Tenía razón. Sentí que la oscuridad frente a nosotros estaba vacía. Me llegaba una brisa caliente, como en los túneles del metro, sólo que aquélla parecía más rancia, más antigua, quizá más peligrosa.

Empecé a avanzar, pero ella me detuvo.

—No des ni un paso —me advirtió—. Hemos de encontrar la salida.

Ahora parecía asustada de verdad.

—Está bien —le prometí—. Es sólo...

Levanté la vista y comprobé que no podía ver desde dónde habíamos caído. El techo era de piedra maciza y el pasadizo parecía extenderse interminablemente en ambas direcciones.

La mano de Annabeth se deslizó en la mía. En otras circunstancias me habría resultado embarazoso, pero allí, en medio de la oscuridad, me reconfortaba tener la seguridad de que estaba a mi lado. Era lo único de lo que estaba seguro.

—Dos pasos hacia atrás —me indicó.

Retrocedimos lentamente, como si estuviéramos en un campo de minas.

—Vale —dijo—. Déjame examinar las paredes.

—¿Para qué?

—La marca de Dédalo —respondió, como si eso tuviera algún sentido.

—Ah, bueno. ¿Qué clase de...?

—¡La tengo! —exclamó aliviada. Colocó la mano en la pared y apretó una delgada fisura, que empezó a emitir un resplandor azul. Surgió un símbolo griego: Δ, la letra delta.

El techo se deslizó sobre nuestras cabezas y volvimos a ver el cielo cubierto de estrellas, aunque más oscuro que antes. Aparecieron a un lado unos peldaños de metal que subían y oímos voces que nos llamaban a gritos.

—¡Percy! ¡Annabeth! —La voz de Tyson era la que sonaba con más fuerza, aunque se oían muchas otras.

Miré nervioso a Annabeth y empezamos a subir.


Tras rodear las rocas nos tropezamos con Clarisse y un montón de campistas que portaban antorchas.

—¿Dónde os habíais metidos? —preguntó ésta—. Hace una burrada de tiempo que os estamos buscando.

—Pero si sólo han sido unos minutos —repliqué.

Quirón se acercó al trote, seguido de Tyson y Grover.

—¡Percy! —exclamó Tyson—. ¿Estás bien?

—Perfectamente —aseguré—. Nos hemos caído en un agujero.

Todos los demás me miraron con aire escéptico y luego se volvieron para observar a Annabeth.

—¡En serio! —insistí—. Nos perseguían tres escorpiones, así que echamos a correr y nos escondimos entre las rocas. Pero fue sólo un minuto...

—Habéis desaparecido durante casi una hora —declaró Quirón—. El juego ha terminado.

—Sí —masculló Grover—. Habríamos ganado, pero un cíclope se me ha sentado encima.

—¡Ha sido un accidente! —protestó Tyson, y estornudó.

Clarisse llevaba los laureles de oro, pero ni siquiera había alardeado de ello, cosa nada normal en ella.

—¿Un agujero? —dijo, suspicaz.

Annabeth respiró hondo. Miró a los demás campistas.

—Quirón... tal vez tendríamos que hablar en la Casa Grande.

Clarisse sofocó un grito.

—Lo has encontrado, ¿verdad?

Annabeth se mordió el labio.

—Yo... Sí. Bueno, los dos.

Todos los campistas empezaron a hacer preguntas, tan desconcertados como yo mismo, pero Quirón alzó una mano para imponer silencio.

—Ni esta noche es el momento ni éste el lugar adecuado. —Observó las rocas, como si acabara de descubrir lo peligrosas que eran—. Regresad a las cabañas. Dormid un poco. Habéis jugado bien, pero ya ha pasado el toque de queda hace rato.

Se alzaron murmullos y quejas, pero todos se fueron retirando poco a poco, hablando entre ellos y lanzándome miradas suspicaces.

—Esto lo explica todo —dijo Clarisse—. Explica lo que Luke anda buscando.

—A ver, un momento —intervine—. ¿A qué te refieres? ¿Qué hemos encontrado?

Annabeth se volvió hacia mí con una sombra de inquietud en la mirada.

—Una entrada al laberinto. Una posible vía de invasión en el corazón mismo del campamento.

# 4

# Annabeth quebranta
# las antiguas leyes

Quirón había insistido en que habláramos por la mañana, lo cual era como decirnos: «Vuestra vida corre un peligro mortal, chicos. ¡Que durmáis bien!» Me resultó difícil conciliar el sueño, pero, cuando lo hice por fin, soñé con una cárcel.

Veía a un joven, vestido con túnica griega y sandalias, acuclillado en el interior de una grandiosa estancia. El techo se hallaba descubierto y dejaba ver el cielo nocturno, pero los muros, de mármol pulido y liso, tenían una altura de seis metros. Había cajas de madera esparcidas por el suelo; algunas medio rotas y volcadas, como si las hubiesen arrojado brutalmente. De una de ellas asomaba una serie de instrumentos de bronce: un compás, una sierra y otros que no identifiqué.

El chico se había acurrucado en un rincón, temblando de frío o tal vez de miedo. Estaba cubierto de salpicaduras de barro y tenía las piernas, los brazos y la cara llenos de arañazos, como si lo hubieran arrastrado hasta allí junto con las cajas.

Entonces se oía un crujido y las puertas de roble se abrían. Entraban dos guardias con armadura de bronce, sujetando a un anciano al que arrojaban al suelo, hecho un guiñapo.

—¡Padre! —gritaba el chico, corriendo hacia él.

El viejo tenía la ropa hecha jirones, el pelo gris y una barba larga y rizada. Le habían roto la nariz y le sangraban los labios.

—¿Qué te han hecho? —decía el chico, sosteniéndole la cabeza. Y gritaba a los guardias—: ¡Os mataré!

—No creo que sea hoy —respondía una voz.

Los guardias se hacían a un lado. Detrás, aparecía un hombre muy alto ataviado con una túnica blanca y una fina diadema de oro. Tenía la barba puntiaguda como la hoja de una lanza. Sus ojos centelleaban de crueldad.

—Has ayudado a los atenienses a matar a mi minotauro, Dédalo. Has vuelto a mi hija contra mí.

—Eso lo hicisteis vos mismo, majestad —graznaba el anciano.

Uno de los guardias le propinaba una patada en las costillas, arrancándole un grito de dolor.

—¡Basta! —gritaba el chico.

—Amas tanto tu laberinto —decía el rey— que he decidido permitir que permanezcas aquí. Éste será tu taller. Idea otras maravillas para mí. Diviérteme. Todo laberinto precisa un monstruo. ¡Y tú serás el mío!

—No me dais miedo —replicaba el anciano.

El rey sonreía fríamente y fijaba su mirada en el chico.

—Pero cualquier hombre se preocupa por su hijo, ¿no? Dame un nuevo disgusto, anciano, y el próximo castigo que deban infligir mis soldados... ¡se lo aplicarán a él!

El rey salía majestuosamente de la estancia, seguido de los guardias, y las puertas se cerraban con estruendo, dejando solos al chico y a su padre en medio de la oscuridad.

—¿Qué vamos a hacer? —gemía el joven—. ¡Te matarán, padre!

El anciano tragaba saliva e intentaba sonreír, lo cual le daba un aspecto espantoso con sus labios ensangrentados.

—Ten coraje, hijo mío. —Alzaba los ojos hacia las estrellas—. Ya encontraré una salida.

Un barrote descendía y atrancaba las puertas con un golpetazo tremendo.

Me desperté bañado en un sudor frío.


Aún me sentía algo tembloroso a la mañana siguiente, cuando Quirón convocó un consejo de guerra. Nos reunimos en el ruedo de arena, cosa que encontré muy extraña: es decir, tratar de discutir el destino del campamento mientras la *Señorita O'Leary* mascaba un yak de goma rosa de tamaño natural, arrancándole crujidos y pitidos, resultaba un poco raro.

Quirón y Quintus ocupaban la cabecera de la mesa. Clarisse y Annabeth se habían sentado juntas y se encargaron de resumir la situación. Tyson y Grover se acomodaron lo más lejos posible el uno del otro. También se hallaban en torno a la mesa Enebro, la ninfa del bosque, Silena Beauregard, Travis y Connor Stoll, Beckendorf, Lee Fletcher e incluso el mismísimo Argos, nuestro jefe de seguridad dotado de cien ojos. La presencia de este último me confirmó que la cosa era seria, porque raramente asiste a las reuniones, salvo que suceda algo muy grave. Mientras Annabeth hablaba, Argos mantuvo su centenar de ojos azules fijos en ella con tal intensidad que todo su cuerpo quedó inyectado en sangre.

—Luke debía de conocer la entrada del laberinto —dijo mi amiga—. Se conocía al dedillo el campamento.

Me pareció detectar cierto orgullo en su voz, como si todavía sintiera respeto por aquel tipo, por malvado que fuera.

Enebro carraspeó.

—Eso trataba de decirte anoche. La entrada de esa cueva ha estado allí desde hace mucho. Luke solía utilizarla.

Silena Beauregard frunció el ceño.

—¿Conocías la entrada del laberinto y no dijiste nada?

La cara de Enebro se puso verde.

—No sabía que fuera importante. Sólo es una cueva. Y a mí no me gustan esas repulsivas cavernas antiguas.

—Tiene buen gusto —opinó Grover.

—No le habría prestado ninguna atención de no ser... bueno, porque era Luke. —Se ruborizó con un verde aún más intenso.

Grover resopló.

—Retiro lo del buen gusto.

—Interesante. —Quintus pulía su espada mientras hablaba—. ¿Y creéis que ese joven, Luke, se atrevería a usar el laberinto como vía de entrada para su invasión?

—Sin duda —intervino Clarisse—. Si lograra meter a un ejército de monstruos en el Campamento Mestizo y presentarse de repente en mitad del bosque sin tener que preocuparse de nuestras fronteras mágicas, no tendríamos la menor posibilidad. Nos aniquilaría fácilmente. Debe de llevar meses planeándolo.

—Ha estado enviando exploradores al laberinto —apuntó Annabeth—. Lo sabemos... porque encontramos a uno.

—Chris Rodríguez —dijo Quirón. Dirigió a Quintus una mirada significativa.

—Ah —dijo él—. El que estaba en... Ya, entiendo.

—¿El que estaba dónde? —pregunté.

Clarisse me lanzó una mirada furibunda.

—La cuestión es que Luke ha estado buscando la manera de orientarse en el interior del laberinto. Quiere encontrar el taller de Dédalo.

Recordé mi sueño de esa noche: el anciano ensangrentado y con la ropa hecha jirones.

—El tipo que creó el laberinto.

—Sí —confirmó Annabeth—. El mayor arquitecto e inventor de todos los tiempos. Si las leyendas son ciertas, su taller está en el centro del laberinto. Él es el único que sabía orientarse por los pasadizos. Si Luke encontrara el taller y convenciera a Dédalo para que lo ayudase, no tendría que andar buscando a tientas el camino ni arriesgarse a perder su ejército en las trampas del laberinto. Podría dirigirse a donde quisiera: deprisa y sin correr peligro. Primero al Campamento Mestizo para acabar con nosotros. Y luego... al Olimpo.

Todos los presentes se quedaron en silencio, salvo el yak de goma que la *Señorita O'Leary* estaba destripando y que no paraba de soltar silbidos.

Finalmente, Beckendorf apoyó sus manazas sobre la mesa.

—Un momento, Annabeth. ¿Has dicho «convencer a Dédalo»? ¿Es que no está muerto?

Quintus soltó un gruñido.

—Sería de esperar. Vivió hace... ¿cuánto? ¿Tres mil años? E incluso si estuviera vivo, ¿no dicen las viejas historias que huyó del laberinto?

Quirón removió sus cascos.

—Ése es el problema, mi querido Quintus. Que nadie lo sabe. Hay algún rumor... bueno, muchos rumores inquietantes sobre Dédalo. Pero uno de ellos dice que hacia el final de su vida regresó al laberinto y desapareció. Quizá esté allá abajo todavía.

Pensé en el anciano que había visto en mi sueño. Parecía tan frágil que resultaba difícil creer que pudiera durar una semana, no digamos ya tres mil años.

—Tenemos que bajar allí —resolvió Annabeth—. Hemos de encontrar el taller antes que Luke. Si Dédalo está vivo, lo convenceremos para que nos ayude a nosotros y no a él. Y si el hilo de Ariadna existe, nos encargaremos de que no caiga en manos de Luke.

—Un momento —tercié—. Si lo que nos preocupa es un ataque, ¿por qué no volamos la entrada y sellamos el túnel?

—¡Qué gran idea! —exclamó Grover—. ¡Yo me ocuparé de la dinamita!

—No es tan fácil, estúpido —rezongó Clarisse—. Ya lo intentamos en la entrada que encontramos en Phoenix. No salió bien.

Annabeth asintió.

—El laberinto es arquitectura mágica, Percy. Se necesitaría una potencia enorme para sellar una sola de sus entradas. En Phoenix, Clarisse derribó un edificio entero con un martillo de demolición y la entrada apenas se desplazó unos centímetros. Lo que hemos de hacer es impedir que Luke aprenda a orientarse.

—También podríamos combatir —sugirió Lee Fletcher—. Ahora ya sabemos dónde está la entrada. Podríamos levantar una línea defensiva y esperarlos. Si un ejército intenta atravesarla, nos encontrará aguardando con nuestros arcos.

—Por supuesto que levantaremos defensas —asintió Quirón—. Pero me temo que Clarisse tiene razón. Las fronteras mágicas han mantenido este campamento a salvo durante cientos de años. Si Luke consigue meter un gran ejército en el corazón del campamento, traspasando nuestras fronteras... no tendremos fuerzas suficientes para derrotarlo.

Nadie parecía muy contento con tales noticias. Quirón siempre procuraba ser animoso y optimista. Si él decía que no podríamos contener un ataque, era para preocuparse.

—Debemos llegar nosotros primero al taller de Dédalo —insistió Annabeth—. Encontrar el hilo de Ariadna e impedir que Luke lo utilice.

—Pero si nadie sabe orientarse en esos túneles —aduje—, ¿qué posibilidades tenemos?

—Llevo años estudiando arquitectura —respondió ella—. Conozco mejor que nadie el laberinto de Dédalo.

—A través de tus lecturas.

—Bueno, sí.

—No es suficiente.

—¡Habrá de serlo!

—¡No lo es!

—¿Vas a ayudarme o no?

Todo el mundo nos estaba mirando como si jugáramos un partido de tenis. El yak de la *Señorita O'Leary* hizo «¡hiiic!» cuando ésta le arrancó la cabeza de goma.

Quirón carraspeó.

—Lo primero es lo primero. Hemos de organizar una búsqueda. Alguien debe bajar al laberinto, encontrar el taller de Dédalo e impedir que Luke utilice esa vía para invadir el campamento.

—Todos sabemos quién ha de encabezar esa búsqueda —dijo Clarisse—. Annabeth.

Hubo un murmullo de asentimiento. Yo sabía que ella llevaba años esperando la ocasión de llevar a cabo su propia búsqueda, pero ahora se la veía incómoda.

—Tú has hecho tanto como yo, Clarisse —señaló—. También tú deberías ir.

Ella meneó la cabeza.

—Yo allí no vuelvo.

Travis Stoll se echó a reír.

—No me digas que tienes miedo. ¿Clarisse, gallina?

Ésta se puso de pie. Pensé que iba a pulverizar al guasón, pero se limitó a decir con voz temblorosa:

—No entiendes nada, idiota. No pienso volver allá. ¡Nunca!

Y se alejó, furiosa.

Travis nos miró a los demás, avergonzado.

—No pretendía...

Quirón alzó la mano.

—La pobre ha tenido un año muy difícil. Bueno, ¿estamos todos de acuerdo en que Annabeth debería liderar la búsqueda?

Todos asentimos, salvo Quintus, que cruzó los brazos y contempló la mesa, aunque no creo que nadie más se fijara.

—Muy bien. —Quirón se volvió hacia Annabeth—. Querida, ha llegado la hora de que visites al Oráculo. Cuando vuelvas, suponiendo que regreses sana y salva de esa visita, discutiremos lo que hay que hacer.

Aguardar a que Annabeth regresara me pareció mucho más difícil que ir a visitar al Oráculo.

Yo lo había oído pronunciar una profecía dos veces. La primera, en el polvoriento desván de la Casa Grande, donde el espíritu de Delfos dormía en el cuerpo momificado de una dama hippy. La segunda, el Oráculo se había dado un pequeño paseo por el bosque. Aún tenía pesadillas sobre aquello.

Yo nunca me había sentido amenazado por la presencia del Oráculo, pero había oído historias de campistas que habían perdido la razón o sufrido visiones tan reales que se habían muerto —literalmente— de miedo.

Caminé de un lado para otro, esperando, mientras la *Señorita O'Leary* devoraba su almuerzo, que consistía en cincuenta kilos de carne picada y un montón de galletas para perro, cada una tan grande como la tapa de un cubo de basura. Me pregunté de dónde sacaría Quintus aquellas provisiones. No me parecía muy posible que se encontraran en cualquier tienda de mascotas.

Quirón se hallaba enfrascado en una conversación con Quintus y Argos. Daba la impresión de que no estaban de acuerdo. El primero no paraba de mover la cabeza.

Al otro lado del ruedo, Tyson y los hermanos Stoll jugaban con unos carros de bronce en miniatura que mi hermanastro había fabricado con unos trozos viejos de armadura.

Dejé de dar vueltas. Escruté a través de los campos la ventana del desván de la Casa Grande, donde no se veía ninguna luz ni el menor movimiento. ¿A qué se debía su tardanza? Estaba casi seguro de que yo nunca había necesitado tanto tiempo para obtener una respuesta del Oráculo.

—Percy —susurró una voz femenina.

Enebro se asomó entre los arbustos. Era curioso cómo se volvía casi invisible cuando estaba rodeada de plantas.

Me indicó por señas que me acercara con urgencia.

—Tienes que saberlo: Luke no ha sido el único al que he visto rondando cerca de esa cueva.

—¿Qué quieres decir?

Ella se volvió hacia el ruedo.

—Tenía intención de contarlo, pero él estaba delante.

—¿Quién?

—El instructor de espada —dijo—. Estuvo fisgoneando por las rocas.

—¿Quintus? ¿Cuándo?

—No sé. Yo no me fijo mucho en el tiempo. Tal vez fue hace una semana, cuando se presentó aquí por primera vez.

—Pero ¿qué hacía? ¿Llegó a entrar?

—No... no estoy segura. Me da escalofríos, Percy. Ni siquiera lo vi llegar al claro. De repente, estaba allí. Tienes que decirle a Grover que es demasiado peligroso...

—¿Enebro? —Era Grover quien la llamaba—. ¿Dónde te has metido?

Ella suspiró.

—Será mejor que me vaya. Recuerda lo que te he dicho. ¡No te fíes de ese hombre!

Regresó al ruedo corriendo.

Yo miré la Casa Grande, más inquieto que nunca. Si Quintus andaba tramando algo... Necesitaba conocer la opinión de Annabeth. Quizá ella supiera cómo interpretar lo que Enebro acababa de revelarme. Pero ¿dónde demonios estaba? Pasara lo que pasara con el Oráculo, no era normal que tardara tanto.

Al final, no pude resistirlo más.

Iba contra las normas, pero nadie me vio. Bajé corriendo por la ladera de la colina y crucé los campos.

• • •

En el salón de la Casa Grande reinaba un extraño silencio. Estaba acostumbrado a ver a Dioniso junto a la chimenea, jugando a las cartas, comiendo uvas y despotricando contra los sátiros, pero el señor D no estaba.

Crucé el pasillo, las tablas del suelo crujiendo a cada paso. Al llegar al pie de la escalera, vacilé. Cuatro pisos más arriba había una trampilla que conducía al desván. Annabeth andaría por allá arriba. Me detuve y agucé el oído, pero lo que capté no era lo que esperaba.

Sollozos. Y procedían de abajo.

Rodeé la escalera. La puerta del sótano estaba abierta. Ni siquiera sabía que hubiera un sótano en la Casa Grande. Atisbé en su interior y vislumbré en el rincón más alejado dos figuras sentadas entre grandes pilas de cajas de ambrosía y de fresas en conserva. Una era Clarisse. La otra, un adolescente de aspecto latino con unos pantalones de camuflaje andrajosos y una camiseta negra muy sucia. Tenía el pelo revuelto y grasiento. Se abrazaba los hombros y sollozaba sin parar. Era Chris Rodríguez, el mestizo que se había ido con Luke.

—Está bien —le decía Clarisse—. Toma un poco más de néctar.

—¡Eres un espejismo, Mary! —Chris retrocedía hacia el rincón—. ¡Apártate!

—No me llamo Mary. —La voz de Clarisse era amable, aunque muy triste. Nunca habría imaginado que pudiera hablar con ese tono—. Me llamo Clarisse. Recuerda. Por favor.

—¡Está oscuro! —chilló Chris—. ¡Demasiado oscuro!

—Ven fuera —dijo ella, tratando de persuadirlo—. La luz del sol te ayudará.

—Un... un millar de calaveras. La tierra lo cura una y otra vez.

—Chris —suplicó Clarisse, que parecía al borde de las lágrimas—. Has de recuperarte. Por favor. El señor D volverá pronto. Él es un experto en locura. Resiste.

Los ojos de Chris tenían la expresión desesperada y salvaje de una rata acorralada.

—No hay salida, Mary. No la hay.

Entonces me vio por un instante y soltó un ruido ahogado y despavorido.

—¡El hijo de Poseidón! ¡Es horrible!

Retrocedí con la esperanza de que Clarisse no me hubiese visto. Me detuve a escuchar, creyendo que saldría furiosa y dando gritos, pero siguió hablándole a Chris con voz suplicante e insistiéndole en que tomara un poco de néctar. Quizá pensara que sólo había sido una alucinación más de Chris, aunque... «¿hijo de Poseidón?» Él me había mirado, sin duda. Sin embargo, ¿por qué tenía la sensación de que no se refería a mí?

En cuanto a la ternura de Clarisse... nunca se me habría ocurrido que pudiera gustarle alguien. Por su modo de pronunciar el nombre de Chris, deduje que lo había conocido antes de que cambiara de bando. Y mucho mejor de lo que yo habría podido suponer. Pero ahora él estaba temblando en un sótano oscuro, sin atreverse a salir y murmurando incoherencias sobre una tal Mary. No era de extrañar que Clarisse no quisiera ni oír hablar del laberinto. ¿Qué le habría sucedido a Chris allá abajo?

Oí un crujido procedente de arriba —la trampilla del desván quizá— y corrí hacia la puerta. Tenía que salir de la casa.

—¡Querida niña! —dijo Quirón—. Lo has conseguido.

Annabeth llegó al ruedo, se sentó en un banco de piedra y miró el suelo.

—¿Y bien? —preguntó Quintus.

Levantó la vista y me miró a mí. No sabía si pretendía advertirme o si aquella expresión de sus ojos era puro y simple miedo. Luego se fijó en Quintus.

—He escuchado la profecía. Yo dirigiré la búsqueda para encontrar el taller de Dédalo.

Nadie mostró la menor alegría. Es decir, Annabeth nos caía bien y queríamos que le encargaran una búsqueda, pero aquélla parecía entrañar un peligro demencial. Después de ver a Chris, no quería ni imaginarme a Annabeth descendiendo otra vez a aquel extraño laberinto.

Quirón arañó la arena con un casco.

—¿Qué dice exactamente la profecía, querida? Los términos precisos del Oráculo tienen mucha importancia.

Annabeth inspiró profundamente.

—Yo... Bueno, ha dicho: «Rebuscarás en la oscuridad del laberinto sin fin...»

Todos aguardamos.

—«El muerto, el traidor y el desaparecido se alzan.»

Grover pareció animarse.

—¡El desaparecido! ¡Ha de referirse a Pan! ¡Es genial!

—Con el muerto y el traidor —añadí—. No tan genial.

—¿Y qué más? —dijo Quirón—. Cuéntanos el resto.

—«Te elevarás o caerás de la mano del rey de los fantasmas —añadió Annabeth—. El último refugio de la criatura de Atenea.»

Todos se miraron incómodos. Annabeth era hija de Atenea, y eso del «último refugio» no sonaba muy bien.

—Eh... no hemos de precipitarnos en sacar conclusiones —dijo Silena—. Annabeth no es la única criatura de Atenea, ¿no?

—¿Y quién puede ser el rey de los fantasmas? —preguntó Beckendorf.

Nadie respondió. Recordé el mensaje Iris en el que había visto a Nico invocando a los espíritus. Tenía el funesto presentimiento de que la profecía estaba relacionada con eso.

—¿Nada más? —dijo Quirón—. La profecía no parece completa.

Annabeth vaciló.

—No recuerdo exactamente.

Quirón arqueó una ceja. Mi amiga era bien conocida por su memoria. Nunca olvidaba lo que oía.

Ahora se removió en el banco.

—Algo así como: «Destruye un héroe con su último aliento.»

—¿Y? —insistió Quirón.

Annabeth se puso en pie.

—La cuestión es que he de entrar en el laberinto. Encontraré el taller y le pararé los pies a Luke. Y necesito ayuda. —Se volvió hacia mí—. ¿Vendrás?

Ni siquiera lo dudé.

—Cuenta conmigo.

Ella sonrió por primera vez en varios días y, solamente con eso, sentí que todo lo demás valía la pena.

—¿Tú también, Grover? El dios salvaje te está esperando.

Grover pareció olvidar lo mucho que odiaba los subterráneos. La alusión al «desaparecido» lo había llenado de energía.

—¡Me llevaré provisiones extra de aperitivo!

—Y Tyson —dijo Annabeth—. También a ti te necesito.

—¡Yuju! ¡Hora de hacer BUUUM! —Aplaudió con tanta fuerza que despertó a la *Señorita O'Leary*, que dormitaba en un rincón.

—¡Espera, Annabeth! —dijo Quirón—. Esto va contra las antiguas leyes. A un héroe sólo se le permiten dos acompañantes.

—Los necesito a los tres —insistió ella—. Es importante, Quirón.

No entendía por qué estaba tan segura, pero me alegraba de que hubiera incluido a Tyson. No contemplaba la posibilidad de dejarlo en el campamento. Era grande y fuerte, y tenía una asombrosa destreza para los artefactos mecánicos. A los cíclopes, a diferencia de los sátiros, no les creaba ningún problema estar bajo tierra.

—Annabeth. —Quirón sacudía la cola, muy inquieto—. Piénsalo bien. Vas a quebrantar las antiguas leyes y eso siempre acarrea consecuencias. El pasado invierno salieron cinco en busca de Artemisa y sólo regresaron tres. Piénsalo. El tres es un número sagrado. Hay tres Moiras, tres Furias, tres hijos olímpicos de Cronos. Es un buen número, un número fuerte que se mantiene firme frente a los peligros. Cuatro... es arriesgado.

Annabeth suspiró.

—Lo sé. Pero hemos de hacerlo así. Por favor.

A Quirón aquello no le gustaba, me daba cuenta. Quintus nos estudiaba como si quisiera descubrir quiénes de nosotros regresaríamos vivos.

Quirón suspiró.

—Muy bien. Suspendamos aquí la sesión. Los que van a participar en la búsqueda deben prepararse. Mañana al amanecer os enviaremos al Laberinto.

Quintus me llevó aparte mientras la reunión empezaba a disolverse.

—Tengo un mal presentimiento —me dijo.

La *Señorita O'Leary* se me acercó, meneando la cola alegremente. Me puso su escudo a los pies y se lo lancé. Quintus la observó mientras la perra corría a buscarlo. Recordé lo que me había contado Enebro: que lo había visto merodeando cerca de la entrada del laberinto. No me fiaba de él, pero cuando volvió a mirarme, creí ver auténtica preocupación en sus ojos.

—No me gusta la idea de que bajéis —dijo—. Ninguno de vosotros. Pero, si debéis hacerlo, ten presente una cosa: la razón de ser del laberinto es engañarte, distraer tu atención. Lo cual es un gran peligro para los mestizos. A nosotros es fácil distraernos.

—¿Tú has estado allí?

—Hace mucho —respondió con voz cansada—. Salí con vida por los pelos. La mayoría de los que entran no tienen tanta suerte.

Me agarró del hombro.

—Percy, mantén la mente centrada en lo que más importa. Si eres capaz de hacerlo así, tal vez halles el camino. Y ahora quiero darte una cosa.

Me tendió un tubito de plata. Estaba tan frío que poco faltó para que se me cayera de las manos.

—¿Un silbato? —pregunté.

—Un silbato para perros —explicó Quintus—. Para la *Señorita O'Leary*.

—Ah, gracias, pero...

—¿De qué va a servir dentro del laberinto? No estoy seguro de que funcione, pero la *Señorita O'Leary* es un perro del infierno; es capaz de presentarse cuando la llaman sin importar lo lejos que esté. Me sentiré mejor sabiendo que lo llevas encima. Cuando realmente necesites ayuda, úsalo. Pero ten cuidado, el silbato está hecho con hielo estigio.

—¿Cómo?

—Del río Estigio. Es muy difícil de trabajar. Muy delicado. No se derrite, pero se hará añicos en cuanto soples por él, de manera que sólo podrás usarlo una vez.

Pensé en Luke, mi viejo enemigo. Justo antes de emprender mi primera búsqueda, también me había hecho un regalo: unos zapatos mágicos diseñados para arrastrarme a la muerte. Quintus parecía tan buena persona, tan preocupado... Y la *Señorita O'Leary* estaba muy apegada a él, lo cual también había de tenerse en cuenta. En ese momento regresó con el escudo lleno de babas, lo dejó a mis pies y ladró excitada.

Me sentí avergonzado por recelar de Quintus. Pero en su momento también había confiado en Luke.

—Gracias —dije. Me deslicé el silbato helado en el bolsillo, prometiéndome a mí mismo que no lo usaría, y corrí en busca de Annabeth.


En todos los años que llevaba en el campamento, nunca había entrado en la cabaña de Atenea.

Era un edificio plateado, aunque sin nada especial, con unas simples cortinas blancas y una lechuza tallada en piedra sobre el dintel. Los ojos de ónice de la lechuza parecían seguirme a medida que me acercaba.

—¡Hola! —grité.

Nadie respondió. Di un paso y contuve el aliento. Aquello era un verdadero taller para cerebritos. Las literas estaban todas pegadas a una pared, como si dormir no tuviese la menor importancia. La mayor parte de la estancia se hallaba ocupada con bancos, mesas de trabajo, herramientas y armas. Al fondo había una enorme biblioteca llena de viejos rollos de pergamino, libros encuadernados en piel y ediciones en rústica. Había una mesa de dibujo con infinidad de reglas y transportadores junto a algunas maquetas en tres dimensiones. El techo estaba cubierto de mapas enormes de guerras antiguas. Había armaduras colgadas bajo las ventanas y sus planchas de bronce destellaban al sol.

Annabeth estaba al fondo, hurgando entre los viejos rollos.

—Toc, toc —dije.

Se volvió, sobresaltada.

—Ah... hola. No te había oído.

—¿Estás bien?

Ella examinó con el ceño fruncido el rollo que tenía en las manos.

—Intento investigar un poco. El laberinto de Dédalo es tan descomunal que los relatos que hay sobre él no se ponen de acuerdo en casi nada. Los mapas no parecen conducir a ninguna parte.

Pensé en lo que había dicho Quintus: que el laberinto intenta distraerte. Me pregunté si Annabeth lo sabría.

—Nos las arreglaremos —le prometí.

Se le había soltado el pelo y le caía alrededor de la cara en una enmarañada cascada rubia. Sus ojos grises parecían casi negros.

—Desde que tenía siete años deseo dirigir una búsqueda —dijo.

—Lo vas a hacer de maravilla.

Me miró agradecida, pero enseguida bajó la vista y se concentró en los libros y rollos que había sacado de los estantes.

—Estoy preocupada, Percy. Quizá no tendría que haberte pedido que vinieras. Y tampoco a Tyson y Grover.

—¡Eh!, ¡somos tus amigos! No nos lo perderíamos por nada del mundo.

—Pero... —Se interrumpió.

—¿Qué ocurre? —pregunté—. ¿Es la profecía?

—Seguro que todo irá bien —dijo con un hilo de voz.

—¿Cuál es el último verso?

Entonces hizo algo que me sorprendió de verdad. Pestañeó para reprimir las lágrimas y extendió los brazos hacia mí.

Me acerqué y la abracé. Sentí un enloquecido revoloteo de mariposas en el estómago.

—Eh... ¡que todo va de maravilla! —Le di unas palmaditas en la espalda.

Adquirí de pronto una aguda percepción de la habitación entera. Tenía la sensación de que podía leer el rótulo más diminuto de cualquier libro de las estanterías. El pelo de Annabeth olía a champú al limón. Estaba temblando.

—Tal vez Quirón tenga razón —musitó—. Estoy quebrantando las leyes. Pero no sé qué hacer. Os necesito a los tres. Me da la sensación de que eso es lo correcto.

—Entonces no te preocupes —acerté a decir—. Nos hemos enfrentado a muchos problemas otras veces y los hemos superado.

—Esto es diferente. No quiero que os pase nada... a ninguno de vosotros.

Alguien carraspeó a mis espaldas.

Era Malcolm, uno de los hermanastros de Annabeth. Tenía la cara como un tomate.

—Esto... perdón —balbuceó—. Las prácticas de tiro al arco empiezan ahora, Annabeth. Quirón me ha pedido que viniese a buscarte.

Me separé de ella.

—Estábamos buscando unos mapas —dije como un estúpido.

Malcolm me miró.

—Vale.

—Dile a Quirón que voy enseguida —le indicó Annabeth.

Malcolm se alejó corriendo. Ella se restregó los ojos.

—Tú sigue con lo tuyo, Percy. Será mejor que yo me prepare para la práctica de tiro.

Asentí, aunque nunca me había sentido tan confuso. Quería salir corriendo de la cabaña... pero no lo hice.

—Annabeth —dije—. En cuanto a la profecía, ese verso sobre el héroe y su último aliento...

—¿Te preguntas qué héroe podría ser? No lo sé.

—No. Otra cosa. Estaba pensando que «último aliento» suena... ¿No terminará la profecía con la palabra «muerto»?

Ella bajó la vista y se concentró en sus pergaminos.

—Será mejor que vayas a prepararte, Percy. Nos... nos vemos por la mañana.

La dejé allí, estudiando mapas que no conducían a ninguna parte. No podía desprenderme de la sensación de que uno de nosotros no regresaría vivo de aquella búsqueda.

## 5

## Nico sirve a los muertos
## el menú infantil

Al menos me merecía dormir bien una noche antes de emprender la búsqueda, ¿verdad?

Pues no.

Aquella noche me encontré en mi sueño en el camarote principal del *Princesa Andrómeda*. Las ventanas estaba abiertas y se veía el mar iluminado por la luna. Un viento frío agitaba las cortinas de terciopelo.

Luke se hallaba sentado sobre una alfombra persa frente al sarcófago de oro de Cronos. El resplandor de la luna teñía de blanco su pelo rubio. Iba con una antigua túnica griega llamada *chiton* y con un *himation*, una especie de capa que le caía por la espalda. Esas vestiduras blancas le daban un aire intemporal, casi irreal, como si fuese uno de los dioses menores del monte Olimpo. La última vez que lo había visto, tras su pavorosa caída desde el monte Tamalpais, estaba descoyuntado e inconsciente. Ahora parecía en perfectas condiciones. Incluso demasiado sano.

—Según informan nuestros espías, hemos tenido éxito, mi señor —decía—. El Campamento Mestizo está a punto de enviar un grupo de búsqueda, tal como habíais previsto. Y nosotros casi hemos cumplido nuestra parte del trato.

«Excelente. —La voz de Cronos, más que sonar, me taladraba el cerebro como una daga. Me dejaba helado con su crueldad—. Una vez que tengamos los medios para orientarnos por el laberinto, yo mismo guiaré a la vanguardia del ejército.»

Luke cerraba los ojos como si estuviera ordenando sus ideas.

—Mi señor, quizá sea demasiado pronto. Tal vez Críos o Hiperión debieran encabezar la marcha...

«No. —Aunque tranquila, la voz mostraba gran firmeza—. Yo guiaré al ejército. Un corazón más se unirá a nuestra causa y con eso bastará. Por fin me alzaré completo del Tártaro.»

—Pero la forma, mi señor... —A Luke empezaba a temblarle la voz.

«Muéstrame tu espada, Luke Castellan.»

Con un repentino sobresalto, me percaté de que hasta ese momento no sabía el apellido de Luke. Ni siquiera se me había ocurrido preguntarlo.

Luke sacaba su espada. El doble filo de *Backbiter* —la mitad de acero, la mitad de bronce celestial— tenía un fulgor malvado. Había estado muchas veces a punto de sucumbir ante aquella espada. Era un arma perversa, capaz de matar por igual a monstruos y humanos; su hoja era la única que me daba miedo de verdad.

«Te entregaste a mí por entero —le recordaba Cronos—. Tomaste esa espada en prueba de tu juramento.»

—Sí, mi señor. Es sólo...

«Querías poder. Te lo di. Ahora estás más allá de todo daño. Muy pronto gobernarás el mundo de los dioses y los mortales. ¿No deseas vengarte? ¿No quieres ver destruido el Olimpo?»

Un escalofrío recorría el cuerpo de Luke.

—Sí.

El ataúd emitía un resplandor y su luz dorada inundaba la habitación.

«Entonces prepara la fuerza de asalto. En cuanto se cierre el trato, nos pondremos en marcha. Primero reduciremos a cenizas el Campamento Mestizo. Y una vez eliminados esos héroes engorrosos, marcharemos hacia el Olimpo.»

Alguien llamaba a las puertas del camarote principal. El resplandor del ataúd se desvanecía. Luke se incorporaba, envainaba su espada, se arreglaba sus blancos ropajes y respiraba hondo.

—Adelante.

Las puertas se abrían de golpe. Dos *dracaenae* —mujeres-reptil con doble cola de serpiente en lugar de piernas— se deslizaban en el interior del camarote. Entre ambas iba Kelli, la *empusa* y animadora de la escuela Goode.

—Hola, Luke. —Kelli sonreía. Iba con un vestido rojo y tenía un aspecto impresionante, pero yo había visto su forma real y sabía lo que ocultaba: piernas desiguales, ojos rojos, aguzados colmillos y un pelo llameante.

—¿Qué quieres, demonio? —preguntaba Luke fríamente—. Te he dicho que no me molestaras.

Kelli hacía un mohín.

—Qué poco amable. Pareces muy tenso. ¿Qué te parecería un buen masaje en los hombros?

Luke retrocedía.

—Si tienes que informar de algo, suéltalo ya. ¡Y si no, fuera!

—No entiendo por qué estás tan enfurruñado últimamente. Antes eras más divertido.

—Eso fue antes de ver lo que le hiciste a ese chico en Seattle.

—Pero él no significaba nada para mí —aducía Kelli—. Sólo era un aperitivo. Tú ya sabes que mi corazón te pertenece, Luke.

—Gracias, pero no. Muchas gracias. Ahora, informa o lárgate.

Kelli se encogía de hombros.

—Muy bien. La avanzadilla está lista, tal como ordenaste. Ya podemos partir... —Frunció el ceño.

—¿Qué pasa? —preguntaba Luke.

—Una presencia —decía ella—. Se te han embotado los sentidos, Luke. Nos están observando.

La *empusa* recorría el camarote con la vista. Sus ojos me enfocaban; su cara se arrugaba hasta convertirse en la de una bruja. Mostraba sus colmillos y se abalanzaba sobre mí.

Desperté de golpe con el corazón palpitante. Habría jurado que tenía los colmillos de la *empusa* a unos centímetros de la garganta.

Tyson roncaba en la litera de al lado. Ese sonido me calmó un poco.

No entendía cómo podía haber percibido Kelli mi presencia en un sueño, pero ya había oído más de lo que deseaba saber. Habían preparado un ejército que encabezaría el mismísimo Cronos. Lo único que les faltaba para poder invadir y destruir el Campamento Mestizo era un sistema de orientación en el laberinto y, al parecer, Luke creía que dispondrían de él muy pronto.

Me sentí tentado de ir a despertar a Annabeth para contárselo, aunque fuese en plena noche. Entonces reparé en que había en la habitación más luz de la que tendría que haber a esa hora. De la fuente de agua salada se elevaba un fulgor verde azulado que parecía más intenso y acuciante que la noche anterior. Casi como si el agua estuviera hirviendo.

Me levanté de la cama y me acerqué.

Esta vez no salió del agua ninguna voz pidiéndome una moneda. Me dio la sensación de que la fuente esperaba que yo diese el primer paso.

Tendría que haberme vuelto a la cama, pero me quedé pensando en lo que había visto la noche anterior: aquella extraña imagen de Nico en la orilla del río Estigio.

—Estás tratando de decirme algo —dije.

No salió ninguna respuesta de la fuente.

—Muy bien. Muéstrame a Nico di Angelo.

Ni siquiera arrojé una moneda, pero esta vez no fue necesario. Era como si, aparte de Iris, la diosa mensajera, hubiera otra fuerza que dominase la fuente. El agua tembló y enseguida surgió la imagen de Nico. Ya no estaba en el inframundo, sino en un cementerio bajo el cielo estrellado. Unos sauces gigantescos se alzaban a su alrededor.

Nico miraba trabajar a unos sepultureros. Oí el ruido de las palas y vi la tierra que salía despedida de una fosa. Él iba con una capa negra. La noche era brumosa, húmeda y cálida; las ranas croaban sin parar. A los pies de Nico reposaba una bolsa enorme de Wal-Mart.

—¿Ya es bastante hondo? —quiso saber. Parecía irritado.

—Casi, mi señor. —Era el mismo fantasma que había visto con él la otra vez: la imagen tenue y temblorosa de un hombre—. Pero os digo que esto no es necesario, mi señor. Ya me tenéis a mí para buscar consejo.

—¡Quiero una segunda opinión! —Nico chasqueó los dedos y el ruido de las palas se detuvo. Dos figuras emergieron de la fosa. No eran personas, sino esqueletos vestidos con harapos—. Retiraos —ordenó Nico—. Y gracias.

Los esqueletos se desmoronaron y quedaron convertidos en una pila de huesos.

—Sería lo mismo darles las gracias a las palas —comentó el fantasma—. No tienen más juicio unos que otras.

Nico hizo caso omiso. Hurgó en la bolsa de Wal-Mart y sacó un paquete de doce latas de Coca-Cola. Entonces abrió una con un chasquido y, en lugar de bebérsela, la vertió en la fosa.

—Que los muertos sientan otra vez el sabor de la vida —musitó—. Que se alcen y acepten esta ofrenda. Que recuerden de nuevo.

Vertió el contenido de las demás latas en la tumba y sacó una bolsa blanca de papel adornada con tiras cómicas. No la había visto desde hacía años, pero la reconocí: un menú infantil de McDonald's.

Le dio la vuelta y la sacudió hasta que las patatas fritas y la hamburguesa cayeron en la fosa.

—En mis tiempos usábamos sangre animal —murmuró el fantasma—. Pero con esto es más que suficiente. Tampoco notan la diferencia.

—Voy a tratarlos con respeto —dijo Nico.

—Al menos dejad que me quede el muñeco —rogó el fantasma.

—¡Silencio! —exigió Nico. Vació otro paquete de doce latas de soda y tres menús infantiles más, y luego empezó a cantar en griego antiguo. Sólo capté alguna que otra palabra sobre los muertos, la memoria y volver de la tumba. En fin, un rollo de lo más alegre.

La fosa empezó a borbotear. Un líquido pardusco y espumoso asomó por los bordes como si el agujero entero se hubiese llenado de soda. La espuma se espesó y las ranas dejaron de croar. Entre las tumbas empezaron a aparecer docenas de figuras: formas azuladas vagamente humanas. Nico había invocado a los muertos con Coca-Cola y hamburguesas con queso.

—Hay demasiados —observó el fantasma con nerviosismo—. No eres consciente de tus propios poderes.

—Lo tengo controlado —declaró Nico, aunque con voz insegura. Sacó su espada: una hoja corta de metal negro macizo. Nunca había visto nada igual. No era acero ni bronce celestial. ¿Hierro, tal vez? La multitud de sombras retrocedió al verla.

—De uno en uno —ordenó Nico.

Una figura avanzó flotando, se arrodilló junto a la fosa y se puso a beber, sorbiendo ruidosamente. Sus manos fantasmales tomaban patatas fritas de aquel estanque de soda. Cuando se incorporó de nuevo, lo vi con más claridad. Era un adolescente con armadura griega. Tenía los ojos verdes y el pelo rizado. Lucía en su capa un broche en forma de caparazón marino.

—¿Quién eres? —dijo Nico—. Habla.

El joven frunció el ceño como haciendo un esfuerzo para recordar. Luego habló con una voz tan áspera como papel de lija.

—Soy Teseo.

Ni hablar, pensé. Aquél no podía ser el auténtico Teseo. No era más que un crío. Yo había crecido oyendo historias sobre su lucha con el minotauro y demás, pero siempre me lo había imaginado como un tipo enorme y vigoroso. El fantasma que tenía ante mí no era fuerte ni alto. Y tampoco mayor que yo.

—¿Cómo podría recuperar a mi hermana? —preguntó Nico.

Los ojos de Teseo estaban tan desprovistos de vida como un cristal.

—Ni lo intentes. Es una locura.

—¡Dímelo!

—Mi padrastro murió —recordó Teseo—. Se arrojó al mar porque pensaba que yo había muerto en el laberinto. Intenté traerlo de vuelta, pero no lo logré.

El fantasma que acompañaba a Nico soltó un silbido.

—¡El intercambio de almas, mi señor! ¡Preguntadle!

Teseo frunció el ceño.

—Esa voz. Conozco esa voz.

—¡No la conoces, idiota! —se apresuró a replicar el fantasma—. ¡Limítate a responder a las preguntas de mi señor y nada más!

—Te conozco —insistió Teseo, como tratando de recordar.

—Quiero que me hables de mi hermana —pidió Nico—. ¿Esa búsqueda por el laberinto me ayudará a recuperarla?

Teseo buscaba al fantasma, pero al parecer no lograba verlo. Lentamente, volvió la mirada hacia Nico.

—El laberinto es traicionero. Sólo una cosa me ayudó: el amor de una joven mortal. El hilo no fue más que una parte de la solución. Era la princesa quien me guiaba.

—No necesitamos nada de eso —dijo el fantasma—. Yo os guiaré, mi señor. Preguntadle si es cierto lo del intercambio de almas. Él os lo contará.

—Un alma por otra alma —dijo Nico—. ¿Es posible?

—Yo... debo decir que sí. Pero el espectro...

—¡Limítate a contestar, bribón! —intervino el fantasma.

De repente, los demás muertos empezaron a agitarse en torno al estanque. Se removían y murmuraban con nerviosismo.

—¡Quiero ver a mi hermana! —exigió Nico—. ¿Dónde está?

—Él viene —dijo Teseo, atemorizado—. Ha percibido tus invocaciones. Viene hacia aquí.

—¿Quién? —preguntó Nico.

—Viene para descubrir la fuente de este poder —prosiguió Teseo—. ¡Has de liberarnos!

El agua de mi fuente se puso a temblar y burbujear con fuerza. Noté que la cabaña entera vibraba. El ruido aumentó de volumen. La imagen de Nico en el cementerio se fue iluminando con un intenso resplandor que me deslumbraba.

—¡Basta! —grité—. ¡Basta!

La fuente empezó a resquebrajarse. Tyson murmuró en sueños y se dio la vuelta. Una luz morada proyectaba sombras fantasmales sobre las paredes de la cabaña, como si los espectros estuvieran escapando a través de la fuente.

Desesperado, saqué mi espada y le di a la fuente un gran cintarazo, partiéndola en dos. El agua salada se derramó por todas partes y la fuente de piedra se desmoronó. Tyson resopló y murmuró otra vez, pero siguió durmiendo.

Me dejé caer en el suelo, temblando aún por lo que había visto. Tyson me encontró allí por la mañana, todavía contemplando los restos de la fuente de agua salada.

• • •

Al romper el alba, los integrantes del grupo de búsqueda nos reunimos en el Puño de Zeus. Había preparado una mochila con un termo de néctar, una bolsita de ambrosía, un petate, cuerda, ropa, linternas y un montón de pilas de repuesto. Llevaba en el bolsillo a *Contracorriente* y en la muñeca el reloj-escudo mágico que me había hecho Tyson.

Hacía una mañana despejada. La niebla había desaparecido y el cielo estaba azul. Los campistas seguirían asistiendo a clases, volando en pegaso, practicando el arco y escalando la pared de lava. Nosotros, entretanto, nos sumiríamos bajo tierra.

Enebro y Grover se habían apartado un poco del grupo. Ella había estado llorando, pero ahora procuraba dominarse para no entristecer a Grover. No paraba de arreglarle la ropa, de colocarle bien el gorro rasta y sacudirle los pelos de cabra de la camisa. Como no sabíamos con qué íbamos a encontrarnos se había vestido como un humano, o sea, con la gorra para ocultar sus cuernos, con unos vaqueros y unas zapatillas con relleno para esconder sus pezuñas de cabra.

Quirón, Quintus y la *Señorita O'Leary* permanecían junto a los campistas que habían acudido a desearnos buena suerte, pero reinaba demasiado ajetreo para que resultase una despedida feliz. Habían levantado un par de tiendas junto a las rocas para hacer turnos de vigilancia. Beckendorf y sus hermanos estaban construyendo una línea defensiva de estacas y trincheras. Quirón había decidido que era necesario vigilar la entrada del laberinto las veinticuatro horas. Por si acaso.

Annabeth estaba revisando su mochila por última vez. Cuando Tyson y yo fuimos a su encuentro, frunció el ceño.

—Tienes una pinta horrible, Percy.

—Ha matado la fuente esta noche —le susurró Tyson en tono confidencial.

—¿Qué? —dijo ella.

Antes de que pudiera explicárselo, Quirón se acercó al trote.

—Bueno, parece que ya estáis preparados.

Procuraba parecer optimista, aunque noté que estaba muy preocupado. No quería asustarlo más, pero recordé el sueño de esa noche y, antes de que pudiera echarme atrás, le dije:

—Quirón, ¿podrías hacerme un favor mientras estoy fuera?

—Claro, muchacho.

—Enseguida vuelvo, chicos.

Le indiqué el bosque con un gesto. Él arqueó una ceja, pero me siguió hasta un rincón discreto.

—Ayer noche —le conté— soñé con Luke y Cronos.

Le referí mi sueño en detalle. Oír todo aquello pareció ponerle un peso encima.

—Me lo temía —murmuró—. Contra mi padre, Cronos, no tendríamos la menor posibilidad en una batalla.

Quirón raramente se refería a Cronos como su padre. Quiero decir, todo el mundo sabía que lo era. Al fin y al cabo, todos los que formaban parte del mundo griego —dioses, monstruos o titanes— estaban emparentados de un modo u otro. Pero aun así aquel parentesco no era precisamente un detalle del que le gustara alardear. En plan: «Oh, sí, mi padre es el todopoderoso señor de los titanes que quiere destruir la civilización occidental. ¡De mayor me gustaría ser como él!»

—¿Se te ocurre a qué podía referirse cuando habló de un «trato»? —le pregunté.

—No estoy seguro, aunque me temo que querrán llegar a un acuerdo con Dédalo. Si el viejo inventor está vivo de verdad, si no se ha vuelto loco de remate después de tantos milenios en el laberinto... bueno, Cronos sabe cómo doblegar la voluntad de cualquiera.

—De cualquiera, no —le prometí.

Quirón acertó a sonreír.

—No. Tal vez no de cualquiera. Pero ve con cuidado, Percy. Llevo un tiempo preocupado con la idea de que Cronos puede estar buscando a Dédalo por otro motivo, no solamente para orientarse en el laberinto.

—¿Qué otra cosa podría querer?

—Es algo que Annabeth y yo hemos estado hablando. ¿Te acuerdas de lo que me contaste después de subir por primera vez al *Princesa Andrómeda* y ver el ataúd dorado?

Asentí.

—Luke hablaba de rescatar a Cronos del fondo del Tártaro y dijo que, cada vez que alguien se unía a su causa, se añadía en el interior del ataúd un trocito de su cuerpo —contesté.

—¿Y qué dijo que harían cuando Cronos se hubiera alzado por completo?

Un escalofrío me recorrió la espalda.

—Que le harían un cuerpo nuevo digno de las fraguas de Hefesto —declaré.

—En efecto —convino Quirón—. Dédalo era el inventor más grande del mundo. Creó el Laberinto, pero también muchas otras cosas. Autómatas, máquinas de pensar... ¿Y si Cronos quiere que Dédalo le construya una nueva forma?

Era una idea muy agradable, desde luego.

—Hemos de encontrar a Dédalo nosotros primero —dije— y convencerlo para que no se preste a los deseos de Cronos.

Quirón desvió la mirada hacia los árboles.

—Otra cosa que no entiendo... es cuando habla de una última alma que se unirá a su causa. Eso no presagia nada bueno.

Mantuve la boca cerrada, pero me sentía culpable. Había tomado la decisión de no contarle a Quirón que Nico era hijo de Hades. Sin embargo, aquella alusión a las almas... ¿Y si Cronos conocía el secreto de Nico? ¿Y si lograba volverlo malvado? Era casi suficiente para sentir la tentación de contárselo a Quirón, pero no lo hice. Para empezar, no estaba seguro de que él pudiera hacer algo al respecto. Tenía que encontrar a Nico por mí mismo. Debía explicarle cuál era la situación y lograr que me escuchara.

—No lo sé —respondí por fin—. Pero, humm... hay una cosa que me ha contado Enebro que quizá debieras saber. —Le expliqué que la ninfa había visto a Quintus merodeando entre las rocas.

Quirón tensó la mandíbula.

—No me sorprende.

—¿No te...? O sea, ¿ya lo sabías?

—Cuando Quintus se presentó en el campamento ofreciendo sus servicios... bueno, había que ser idiota para no sospechar.

—Entonces, ¿por qué dejaste que se quedara?

—Porque a veces es mejor mantener cerca a una persona de la que no te fías. Así puedes vigilarla. Quizá sea quien afirma ser: un mestizo en busca de un hogar. Desde luego, no ha hecho nada que me haga cuestionar su lealtad. Pero, créeme, permaneceré alerta...

Annabeth se acercó despacito. Quizá sentía curiosidad al ver que tardábamos tanto.

—¿Ya estás listo, Percy?

Asentí. Deslicé la mano en el bolsillo, donde llevaba el silbato de hielo que Quintus me había regalado. Eché un vistazo y vi que éste me observaba desde lejos. Levantó una mano en señal de despedida.

«Según informan nuestros espías, hemos tenido éxito», había dicho Luke. El mismo día que habíamos decidido emprender una búsqueda, él se había enterado.

—Cuidaos —recomendó Quirón—. Y buena caza.

—Tú también —le respondí.

Subimos a las rocas, donde Tyson y Grover nos aguardaban ya. Estudié la grieta entre los dos bloques: aquella entrada que estaba a punto de tragarnos.

—Bueno —dijo Grover, nervioso—. Adiós, luz del sol.

—Hola, rocas —asintió Tyson.

Y los cuatro juntos nos sumimos en la oscuridad.

# 6

## Conocemos al dios de las dos caras

Apenas habíamos caminado treinta metros y ya estábamos totalmente perdidos.

El túnel no se parecía en nada al pasadizo con que Annabeth y yo nos habíamos tropezado. Ahora era redondo como una alcantarilla, tenía paredes de ladrillo rojo y ojos de buey con barrotes de hierro cada tres metros. Por curiosidad, enfoqué uno de aquellos ojos de buey con la linterna, pero no vi nada. Se abría a una oscuridad infinita. Creí oír voces al otro lado, pero tal vez fuese sólo el viento.

Annabeth hizo todo lo que pudo para guiarnos. Pensaba que debíamos pegarnos a la pared de la izquierda.

—Si ponemos todo el rato la mano en el muro de la izquierda y lo seguimos —dijo—, deberíamos encontrar la salida haciendo el trayecto inverso.

Por desgracia, apenas lo hubo dicho la pared izquierda desapareció y, sin saber cómo, nos encontramos en medio de una cámara circular de la que salían ocho túneles.

—Hummm... ¿por dónde hemos venido? —preguntó Grover, nervioso.

—Sólo hay que dar la vuelta —respondió Annabeth.

Cada uno se volvió hacia un túnel distinto. Era absurdo. Ninguno de nosotros era capaz de decir por dónde se regresaba al campamento.

—Las paredes de la izquierda son malas —dijo Tyson—. ¿Ahora por dónde?

Con el haz de luz de su linterna, Annabeth barrió los arcos de los ocho túneles. A mi modo de ver, eran idénticos.

—Por allí —decidió.

—¿Cómo lo sabes? —pregunté.

—Razonamiento deductivo.

—O sea... te lo imaginas.

—Tú sígueme —replicó ella.

El túnel que había elegido se estrechaba rápidamente. Los muros se volvieron de cemento gris y el techo se hizo tan bajo que enseguida tuvimos que avanzar encorvados. Tyson se vio obligado a arrastrarse.

Lo único que se oía era la respiración agitada de Grover.

—No lo soporto más —murmuró éste—. ¿Ya hemos llegado?

—Llevamos aquí cinco minutos —le dijo Annabeth.

—Ha sido más tiempo —insistió Grover—. ¿Y por qué habría de estar Pan aquí abajo? ¡Esto es justo lo contrario de la naturaleza silvestre!

Seguimos arrastrándonos. Cuando ya creía que el túnel iba a volverse tan estrecho que acabaría aplastándonos, se abrió bruscamente a una sala enorme. Enfoqué las paredes con mi linterna y solté una exclamación.

—¡Hala!

Toda la estancia estaba cubierta de mosaicos. Los dibujos se veían mugrientos y descoloridos, pero aún era posible identificar los colores: rojo, azul, verde, dorado. El friso mostraba a los dioses olímpicos en un festín. Mi padre, Poseidón, con su tridente, le daba unas uvas a Dioniso para que las convirtiera en vino. Zeus se divertía con los sátiros y Hermes volaba por los aires con sus sandalias aladas. Eran imágenes bonitas, pero no demasiado fieles. Yo había visto a los dioses. Dioniso no eran tan apuesto y Hermes no tenía la nariz tan grande.

En medio de la estancia se alzaba una fuente con tres gradas. Daba la impresión de que llevaba seca mucho tiempo.

—¿Qué es esto? —musité—. Parece...

—Romano —concluyó Annabeth—. Estos mosaicos deben de tener unos dos mil años de antigüedad.

—Pero ¿cómo pueden ser romanos? —No es que supiera mucho de historia antigua, pero estaba casi seguro de que el Imperio romano nunca llegó a Long Island.

—El laberinto es un conjunto de retazos —explicó Annabeth—. Ya te lo dije. Continuamente se expande e incorpora nuevas piezas. Es la única obra arquitectónica que crece por sí misma.

—Lo dices como si estuviera viva.

Por el túnel que teníamos delante nos llegó el eco de una especie de lamento.

—No hablemos de si está vivo —gimoteó Grover—. Por favor.

—Vale —accedió Annabeth—. Adelante.

—¿Por el pasadizo con ruidos feos? —dijo Tyson. Incluso él parecía nervioso.

—Sí —respondió ella—. El estilo arquitectónico se va volviendo más antiguo. Eso es buena señal. El taller de Dédalo debería estar en la zona más vieja.

Parecía lógico. Pero muy pronto el laberinto empezó a jugar con nosotros. Avanzamos quince metros y el túnel volvió a ser de cemento, con las paredes llenas de tuberías y cubiertas de grafitis hechos con espray.

—Me parece que esto no es romano —dije con amabilidad.

Annabeth respiró hondo y siguió avanzando.

Cada pocos metros, los túneles se curvaban, giraban y se ramificaban. El suelo bajo nuestros pies pasaba del cemento al ladrillo y al barro desnudo, y vuelta a empezar. No había ninguna lógica. Nos tropezamos con una bodega provista de infinidad de botellas polvorientas alineadas en estantes de madera. Como si estuviéramos cruzando el sótano de una casa, con la única diferencia de que no había salida al exterior, sólo más túneles que seguían adelante.

Luego el techo se convirtió en una serie de planchas de madera y oí voces por encima de nuestras cabezas y un crujido de pisadas, como si camináramos por debajo de un bar o algo parecido. Era tranquilizador oír gente, pero —una vez más— no podíamos llegar a ellos. Estábamos atrapados allá abajo sin ninguna salida. Entonces encontramos el primer esqueleto.

Estaba vestido con ropas blancas, como una especie de uniforme. Al lado, había una caja de madera con botellas de vidrio.

—Un lechero —dijo Annabeth.

—¿Qué? —pregunté.

—Repartían la leche de casa en casa.

—Ya, pero... eso debía de ser cuando mi madre era pequeña, hará un millón de años. ¿Qué hace éste aquí?

—Algunas personas entraron por error —dijo Annabeth—. Otras vinieron decididas a explorar y no lograron salir. Hace mucho, los cretenses incluso enviaban gente aquí abajo como si se tratara de un sacrificio humano.

Grover tragó saliva.

—Éste lleva aquí mucho tiempo. —Señaló las botellas, cubiertas de polvo. Los dedos del esqueleto habían quedado aferrados a la pared de ladrillo, se diría que arañándola: como si el hombre hubiese muerto mientras trataba de hallar una salida.

—Sólo huesos —dijo Tyson—. No te preocupes, niño cabra. El lechero está muerto.

—El lechero me tiene sin cuidado —replicó Grover—. Es el olor. A monstruos. ¿No lo notas?

Tyson asintió.

—Montones de monstruos. Pero los subterráneos huelen así. A monstruo y a lechero muerto.

—Ah, genial —gimió Grover—. Creía que tal vez me equivocaba.

—Hemos de internarnos más en el laberinto —dijo Annabeth—. Tiene que haber un camino para llegar al centro.

Nos guió hacia la derecha y luego hacia la izquierda a través de un pasadizo de acero inoxidable, como una especie de respiradero, y llegamos otra vez a la estancia romana con el mosaico y la fuente.

Pero esta vez no estábamos solos.


Lo primero que me llamó la atención de él fueron sus caras. Las dos. Le sobresalían a uno y otro lado de la cabeza y cada una miraba por encima de un hombro, o sea que tenía una cabeza mucho más ancha de lo normal, como una especie de tiburón martillo. De frente, lo único que se veía eran dos orejas superpuestas y dos patillas que parecían un reflejo exacto la una de la otra.

Iba vestido como un conserje de Nueva York, es decir, con un largo abrigo negro, zapatos relucientes y un sombrero de copa negro que lograba sostenerse no sé cómo encima de su ancha cabeza.

—¿Annabeth? —dijo su cara izquierda—. ¡Deprisa!

—No le haga ni caso —intervino la cara derecha—. Es muy grosero. Venga por este lado, señorita.

Annabeth se quedó boquiabierta.

—Eh... yo...

Tyson frunció el ceño.

—Ese tipejo tiene dos caras.

—El tipejo también tiene oídos, ¿sabes? —lo reprendió la cara izquierda—. Venga, señorita.

—No, no —insistió la cara derecha—. Por aquí, señorita. Hable conmigo, por favor.

El hombre de las dos caras observó a Annabeth lo mejor que pudo, o sea, con el rabillo de los ojos. Era imposible mirarlo de frente a menos que te centraras en uno u otro lado. Y de repente comprendí que eso era lo que estaba pidiendo: que Annabeth eligiera.

Detrás de él, había dos salidas con grandes puertas de madera y gruesos cerrojos de hierro. La primera vez que habíamos cruzado la estancia no había ninguna puerta. El conserje de las dos caras sostenía una llave plateada que se iba pasando de la mano izquierda a la derecha, y viceversa. Me pregunté si sería una sala distinta, pero el friso de los dioses parecía idéntico.

A nuestras espaldas, había desaparecido la entrada por la que acabábamos de llegar. Ahora sólo había mosaico. No podíamos volver sobre nuestros pasos.

—Las salidas están cerradas —observó Annabeth.

—¡Todo un descubrimiento! —dijo, burlona, la cara izquierda.

—¿Adónde conducen? —preguntó ella.

—Una lleva probablemente adonde usted quiere ir —dijo la cara derecha de forma alentadora—. La otra, a una muerte segura.

—Ya... ya sé quién es usted —balbuceó Annabeth.

—¡Ah, qué lista! —replicó con desdén la cara izquierda—. Pero ¿sabe qué puerta debe escoger? No tengo todo el día.

—¿Por qué tratan de confundirme? —preguntó Annabeth.

La cara derecha sonrió.

—Ahora usted está al mando, querida. Todas las decisiones recaen sobre sus hombros. Es lo que quería, ¿no?

—Yo...

—La conocemos, Annabeth —dijo la cara izquierda—. Sabemos con qué dilema se debate un día tras otro. Conocemos su indecisión. Tendrá que elegir tarde o temprano. Y la elección quizá acabe matándola.

No entendía de qué hablaban, pero sonaba como si se tratara de elegir entre algo más que dos simples puertas.

Annabeth palideció.

—No... yo no...

—Déjenla tranquila —intervine—. ¿Quiénes son ustedes, al fin y al cabo?

—Soy su mejor amigo —respondió la cara derecha.

—Soy su peor enemigo —aseguró la izquierda.

—Soy Jano —dijeron las dos caras a la vez—. Dios de las puertas. De los comienzos, de los finales. De las elecciones.

—Pronto nos veremos las caras, Perseus Jackson —sentenció la cara derecha—. Pero ahora es el turno de Annabeth. —Se echó a reír con aire frívolo—. ¡Qué divertido!

—¡Cierra el pico! —exigió la cara izquierda—. Esto es muy serio. Una elección equivocada podría arruinar su vida entera. Puede matarla a usted y a todos sus amigos. Pero no se agobie, Annabeth. ¡Escoja!

Con un escalofrío repentino, recordé las palabras de la profecía: «El último refugio de la criatura de Atenea.»

—¡No lo hagas! —rogué.

—Me temo que ha de hacerlo —dijo alegremente la cara derecha.

Annabeth se humedeció los labios.

—Escojo...

Antes de que pudiera señalar una puerta, una luz deslumbrante iluminó la estancia.

Jano alzó las manos a uno y otro lado para protegerse los ojos. Cuando la luz se extinguió, había una mujer junto a la fuente.

Era alta y esbelta, con una cabellera de color chocolate recogida en trenzas y entrelazada con cintas doradas. Llevaba un sencillo vestido blanco, pero la tela temblaba y cambiaba de color al moverse, como la gasolina sobre el agua.

—Jano —dijo—, ¿ya estamos otra vez causando problemas?

—¡N-no, mi señora! —tartamudeó la cara derecha.

—¡Sí! —admitió la izquierda.

—¡Cierra el pico! —masculló la derecha.

—¿Cómo? —preguntó la mujer.

—¡No me refería a vos, mi señora! ¡Hablaba conmigo!

—Ya veo —dijo la dama—. Sabes que tu visita es prematura. La hora de la muchacha no ha llegado. Así que soy yo la que te plantea una elección: déjame estos héroes a mí o te convertiré en una puerta y luego te echaré abajo.

—¿Qué clase de puerta? —quiso saber la cara izquierda.

—¡Cierra el pico! —dijo la derecha.

—Porque las puertas acristaladas son bonitas —adujo la izquierda, pensativa—. Un montón de luz natural.

—¡Cierra el pico! —aulló la derecha—. ¡Vos no, mi señora! Claro que me iré. Sólo estaba divirtiéndome un poco. Es mi trabajo: plantear elecciones.

—Provocar indecisión —corrigió ella—. ¡Ahora, desaparece!

La cara izquierda murmuró «Aguafiestas», alzó la llave plateada, la insertó en el aire y desapareció.

La mujer se volvió hacia nosotros y sentí que se me encogía el corazón. Sus ojos relucían de poder. «Déjame estos héroes a mí.» Aquello tenía muy mala pinta. Por un instante, pensé que casi habría sido preferible correr el riesgo con Jano. Pero entonces la mujer sonrió.

—Debéis de tener hambre —dijo—. Sentaos conmigo y hablemos.

Bastó un ademán suyo para que empezara a manar la fuente romana. Varios chorros de agua clara salieron disparados por el aire. Apareció una mesa de mármol repleta de bandejas de sándwiches y jarras de limonada.

—¿Quién... quién sois? —pregunté.

—Soy Hera. —La mujer sonrió—. La reina de los cielos.

• • •

Había visto una vez a Hera en la Asamblea de los Dioses, pero entonces no le había prestado demasiada atención porque me hallaba rodeado de muchos otros dioses que discutían si debían matarme o no.

No recordaba que tuviese un aspecto tan normal. Claro que los dioses suelen medir seis metros cuando están en el Olimpo, lo cual hace que no parezcan tan normales. Pero la verdad es que Hera parecía ahora una mamá normal y corriente.

Nos sirvió sándwiches y limonada.

—Grover, querido —dijo—, utiliza la servilleta. No te la comas.

—Sí, señora —murmuró él.

—Tyson, te estás consumiendo. ¿No quieres otro sándwich de mantequilla de cacahuete?

El interpelado reprimió un eructo.

—Sí, guapa señora.

—Reina Hera —dijo Annabeth—. No puedo creerlo. ¿Qué hacéis en el laberinto?

Hera sonrió. Dio un golpecito con un dedo y el pelo de Annabeth se peinó por sí solo. Toda la mugre y el polvo desaparecieron de su rostro.

—He venido a veros, desde luego —dijo la diosa.

Grover y yo intercambiamos una mirada de nerviosismo. Normalmente, cuando los dioses te buscan no es a causa de su bondad. Es porque quieren algo.

Lo cual no me impedía seguir zampando bocadillos de pavo con queso y bebiendo limonada. No me había dado cuenta de lo hambriento que estaba. Tyson se tragaba un sándwich de mantequilla de cacahuete tras otro y Grover estaba entusiasmado con la limonada y masticaba los vasos de plástico como si fuesen el cono de un helado.

—No creía... —Annabeth titubeó—. Eh, no creía que os gustasen los héroes.

Hera sonrió con indulgencia.

—¿Por aquella pequeña trifulca con Hércules? ¡Hay que ver la cantidad de mala prensa que he llegado a tener por un solo conflicto!

—¿No intentasteis matarlo, eh... un montón de veces? —preguntó Annabeth.

Hera hizo un gesto desdeñoso.

—Eso ya es agua pasada, querida. Además, él era uno de los hijos que mi amantísimo esposo tuvo con otra mujer. Se me acabó la paciencia, lo reconozco. Pero desde entonces Zeus y yo hemos asistido a unas excelentes sesiones de orientación conyugal. Hemos aireado nuestros sentimientos y llegado a un acuerdo. Sobre todo, después de ese último incidente menor.

—¿Habláis de cuando tuvo a Thalia? —aventuré, pero de inmediato me arrepentí. En cuanto oyó el nombre de nuestra amiga, la hija mestiza de Zeus, los ojos de Hera se volvieron hacia mí con una expresión glacial.

—Percy Jackson, ¿no es eso? Una de las... criaturas de Poseidón. —Tuve la sensación de que tenía otra palabra en la punta de la lengua en lugar de «criaturas»—. Por lo que yo recuerdo, en el solsticio de invierno voté a favor de dejarte vivir. Espero no haberme equivocado.

Se volvió de nuevo hacia Annabeth con una sonrisa radiante.

—A ti, en todo caso, no te guardo ningún rencor, querida muchacha. Comprendo las dificultades de tu búsqueda. Sobre todo cuando tienes que vértelas con alborotadores como Jano.

Annabeth bajó la vista.

—¿Por qué habrá venido aquí? Me estaba volviendo loca.

—Lo intentaba —asintió Hera—. Debes comprenderlo, los dioses menores como él siempre se han sentido frustrados por el papel secundario que desempeñan. Algunos, me temo, no sienten un gran amor por el Olimpo y podrían dejarse influenciar fácilmente y apoyar el ascenso al poder de mi padre.

—¿Vuestro padre? —dije—. Ah, vale.

Había olvidado que Cronos también era el padre de Hera, además de ser el de Zeus, de Poseidón y de los olímpicos más antiguos. Lo cual, supongo, convertía a Cronos en mi abuelo, pero la idea me resultaba tan sumamente extraña que preferí arrinconarla.

—Debemos vigilar a los dioses menores —prosiguió Hera—. Jano, Hécate, Morfeo. Todos ellos defienden el Olimpo de boquilla y no obstante...

—Por eso se ausentó Dioniso —recordé—. Para supervisar a los dioses menores.

—Así es. —Hera contempló los descoloridos mosaicos de los olímpicos—. Verás: en tiempos revueltos hasta los dioses pierden la fe. Y entonces empiezan a depositar su confianza en cosas insignificantes; pierden de vista el cuadro general y se comportan de un modo egoísta. Pero yo soy la diosa del matrimonio, ¿sabes? Conozco las virtudes de la perseverancia. Hay que alzarse por encima de las disputas y el caos, y seguir creyendo. Has de tener siempre presentes tus objetivos.

—¿Cuáles son vuestros objetivos? —preguntó Annabeth.

Ella sonrió.

—Conservar a mi familia unida, naturalmente. A los olímpicos, me refiero. Y por ahora, la mejor manera de hacerlo es ayudaros a vosotros. Zeus no me permite interferir demasiado, la verdad. Pero una vez cada siglo más o menos, siempre que sea en favor de una búsqueda que me importe especialmente, me permite conceder un deseo.

—¿Un deseo?

—Antes de que lo formules, déjame aconsejarte, eso puedo hacerlo gratis. Ya sé que buscas a Dédalo. Su laberinto me resulta tan misterioso a mí como a ti. Pero si quieres conocer su destino, yo en tu lugar iría a ver a mi hijo Hefesto a su fragua. Dédalo fue un gran inventor, un mortal del gusto de Hefesto. No ha habido ningún otro al que haya admirado más. Si alguien se ha mantenido en contacto con Dédalo y conoce su destino, ése tiene que ser Hefesto.

—Pero ¿cómo podemos llegar allí? —preguntó Annabeth—. Eso es lo que deseo. Quiero encontrar el modo de orientarme en el laberinto.

Hera pareció decepcionada.

—Sea. Sin embargo, deseas algo que ya te ha sido concedido.

—No entiendo.

—Ese medio de orientación lo tienes a tu alcance. —Me miró—. Percy conoce la respuesta.

—¿Yo?

—Pero eso no es justo —dijo Annabeth—. ¡No me estáis diciendo qué es!

Hera movió la cabeza.

—Conseguir algo y saber utilizarlo son cosas distintas. Estoy segura de que tu madre, Atenea, coincidiría conmigo.

Algo parecido a un trueno lejano retumbó en la sala. Hera se levantó.

—Debo irme. Zeus empieza a impacientarse. Piensa en lo que te he dicho, Annabeth. Busca a Hefesto. Tendrás que cruzar el rancho, imagino. Pero tú sigue adelante. Y utiliza todos los medios disponibles, por comunes que parezcan.

Señaló las puertas y ambas se disolvieron, mostrando la boca de dos oscuros corredores.

—Una última cosa, Annabeth. Sólo he aplazado el día en que hayas de elegir, no anulado. Pronto, como ha dicho Jano, tendrás que tomar una decisión. ¡Adiós!

Agitó la mano y se transformó en humo blanco. Lo mismo sucedió con la comida, justo cuando Tyson estaba a punto de engullir otro sándwich, que se le esfumó en la boca. La fuente goteó y se detuvo. Los mosaicos de las paredes se difuminaron y se volvieron mugrientos de nuevo. La estancia ya no era un lugar donde te apeteciera celebrar un picnic.

Annabeth pateó el suelo.

—¿Qué clase de ayuda es ésta? «Toma, cómete un sándwich. Pide un deseo. ¡Ah, no puedo ayudarte! ¡Puf!»

—¡Puf! —asintió Tyson con tristeza, mirando su plato vacío.

—Bueno. —Grover respiró hondo—. Ha dicho que Percy conoce la respuesta. Ya es algo.

Todos me miraron.

—Pero no la sé —me lamenté—. No tengo ni idea de qué quería decir.

Annabeth suspiró.

—Muy bien. Entonces vamos a seguir.

—¿Por dónde? —quise saber. Tenía ganas de preguntarle a qué se refería Hera cuando había hablado de la elección que debería hacer. Pero justo entonces Grover y Tyson se pusieron alerta y se levantaron a la vez, como si lo hubiesen ensayado.

—Por la izquierda —dijeron los dos.

Annabeth frunció el ceño.

—¿Cómo estáis tan seguros?

—Porque algo viene por la derecha —contestó Grover.

—Algo grande —asintió Tyson—. Y muy deprisa.

—La izquierda me parece muy bien —decidí.

Y nos zambullimos en el oscuro pasadizo.

# 7

## Tyson dirige una evasión

La buena noticia: el túnel de la izquierda era todo recto, sin ramificaciones, giros ni recodos. La mala: era un callejón sin salida. Después de correr unos cien metros, tropezamos con un bloque de piedra enorme que nos cerraba el paso. A nuestras espaldas, resonaba el eco de algo que avanzaba por el túnel arrastrándose y jadeando ruidosamente. Un ser que no era humano, desde luego, y que nos seguía la pista.

—Tyson —dije—, ¿no podrías...?

—¡Sí! —Embistió la roca con el hombro tan brutalmente que el túnel entero tembló y empezó a caer polvo del techo.

—¡Date prisa! —urgió Grover—. ¡No tires el techo abajo, pero date prisa!

La roca cedió por fin con un horrible crujido. Tyson la hizo girar un poco y entramos corriendo en un espacio más angosto.

—¡Cerremos la entrada! —gritó Annabeth.

Nos pusimos todos detrás de la roca y empujamos. La criatura que nos perseguía aulló de rabia cuando desplazamos el enorme bloque hasta colocarlo en su sitio, tapiando el túnel.

—Lo hemos atrapado —dije.

—O nos hemos atrapado a nosotros mismos —advirtió Grover.

Me volví. Nos encontrábamos en una cámara de cemento de dos metros cuadrados y la pared opuesta estaba cubierta de barrotes de hierro. Nos habíamos metido en una celda.

—¿Qué demonios es esto? —dijo Annabeth, tirando de los barrotes. No se movieron ni un milímetro. A través de ellos, vimos una serie de celdas dispuestas en círculo alrededor de un patio oscuro: tres pisos de puertas con rejas y con pasarelas metálicas.

—Una cárcel —respondí—. Quizá Tyson pueda romper...

—¡Chitón! —susurró Grover—. Escuchad.

Por encima de nosotros, se oía un eco de sollozos que resonaba por todo el edificio. Y se captaba otro sonido: una voz áspera que refunfuñaba, aunque no entendí qué decía. Las palabras eran chirriantes, como guijarros revueltos en un cubo.

—¿Qué lengua es ésa? —cuchicheé.

Tyson abrió unos ojos como platos.

—¡No puede ser!

—¿Qué? —pregunté.

Agarró dos barrotes y los dobló como si nada, dejando espacio suficiente incluso para un cíclope.

—¡Esperad! —dijo Grover.

Tyson no le hizo caso y corrimos tras él. La prisión era muy oscura; sólo unos cuantos fluorescentes parpadeaban arriba.

—Conozco este sitio —me dijo Annabeth—. Es Alcatraz.

—¿La isla que hay cerca de San Francisco?

Ella asintió.

—Vinimos de excursión con el colegio. Es como un museo.

No parecía posible que hubiéramos emergido del laberinto y aparecido en el otro extremo del país, pero Annabeth se había pasado todo el año en San Francisco, vigilando el monte Tamalpais, al otro lado de la bahía. Tenía que saber lo que decía.

—¡No os mováis! —advirtió Grover.

Pero Tyson siguió adelante sin prestarle atención. Grover lo agarró del brazo y tiró de él.

—¡Para, Tyson! —susurró—. ¿Es que no lo ves?

Miré hacia donde señalaba y me dio un vuelco el corazón. En la pasarela del segundo piso, al otro lado del patio, vislumbré al monstruo más horrible que había visto en mi vida.

Era una especie de centauro con cuerpo de mujer de cintura para arriba. Pero, por debajo, en lugar de ser como un caballo, era un dragón: una bestia de seis metros por lo menos, negra y cubierta de escamas, con unas garras imponentes y una cola erizada de púas. Parecía tener las piernas enmarañadas en una enredadera, aunque enseguida advertí que eran serpientes, cientos de víboras que le brotaban de la piel en todas direcciones y que se agitaban buscando algo que morder. La cabeza de mujer tenía también una cabellera de serpientes, como la Medusa. Y lo más extraño: alrededor de la cintura, allí donde el cuerpo femenino se unía con la parte de dragón, la piel le burbujeaba y se metamorfoseaba sin cesar, mostrando cabezas de animales —un lobo, un oso, un león—, como si llevara un cinturón de criaturas eternamente cambiantes. Tuve la sensación de que se trataba de un ser formado sólo a medias, un monstruo tan antiguo que debía de proceder del principio de los tiempos, antes de que las formas animales se hubieran definido por completo.

—Es ella —gimió Tyson.

—¡Agachaos! —exclamó Grover.

Nos agazapamos en las sombras, pero el monstruo no nos prestaba atención. Parecía estar hablando con el ocupante de una celda del segundo piso. De ahí procedían los sollozos. La mujer dragón dijo algo en su extraña y pedregosa lengua.

—¿Qué dice? —musité entre dientes—. ¿Qué lengua es ésa?

—La lengua de los tiempos arcaicos —contestó Tyson con un escalofrío—. La que usaba la Madre Tierra con los titanes y... con sus demás hijos. Antes de los dioses.

—¿Tú la entiendes? —pregunté—. ¿Puedes traducirla?

Tyson cerró los ojos y empezó a hablar con una voz áspera y horripilante de mujer.

—«Trabajarás para el amo o sufrirás.»

Annabeth se estremeció.

—No lo soporto cuando hace esto.

Como todos los cíclopes, Tyson tenía un oído sobrehumano y una misteriosa capacidad para imitar voces. Cuando lo hacía era como si entrase en trance.

—«No me someteré» —dijo Tyson con una voz grave y afligida.

Luego adoptó el tono del monstruo:

—«Entonces disfrutaré de tu dolor, Briares.»

Tyson titubeó al pronunciar ese nombre. Nunca lo había visto salirse del personaje cuando imitaba a alguien, pero ahora dejó escapar un sonido extraño, como si se hubiera atragantado. Luego continuó con la voz del monstruo.

—«Si creías que tu primer encarcelamiento fue insoportable, todavía te falta experimentar el verdadero tormento. Piensa en ello hasta que regrese.»

La mujer dragón avanzó pesadamente hacia el hueco de la escalera, con todas las víboras silbando alrededor de sus piernas, como una falda hawaiana. Extendió unas alas que no le había visto hasta entonces —unas enormes alas de murciélago que tenía dobladas en su espalda de dragón— y, dando un salto desde la pasarela, se elevó volando por encima del patio. Nos agazapamos entre las sombras. Sentí en la cara una oleada caliente y sulfurosa mientras el monstruo se alejaba por el aire y desaparecía.

—Ho... horrible —murmuró Grover—. Nunca me había encontrado con un monstruo que apestara tanto.

—La peor pesadilla de los cíclopes —murmuró Tyson—. Campe.

—¿Quién? —pregunté.

Tyson tragó saliva.

—Todos los cíclopes la conocen y han pasado miedo desde muy pequeños oyendo las historias que cuentan de ella. Era nuestra carcelera en los malos tiempos.

Annabeth asintió.

—Ahora lo recuerdo. Cuando gobernaban los titanes, encarcelaron a los hijos anteriores de Gea y Urano: los cíclopes y los hecatónquiros.

—¿Los heca... qué? —pregunté.

—Se llaman centimanos también —dijo Annabeth—. Los llamaron así... bueno, porque tenían cien manos. Eran los hermanos mayores de los cíclopes.

—Muy poderosos —prosiguió Tyson—. ¡Impresionantes! Tan altos como el cielo. Capaces de partir montañas.

—Genial —dije—. A menos que seas montaña.

—Campe era la carcelera —explicó—. Trabajaba para Cronos. Tenía encerrados a nuestros hermanos en el Tártaro y no paró de torturarlos hasta que llegó Zeus. Él mató a Campe y liberó a los cíclopes y los centimanos para que lo ayudasen a luchar contra los titanes en la gran guerra.

—Y ahora Campe ha vuelto —observé.

—Mal asunto —resumió Tyson.

—¿Y quién está en esa celda? —pregunté—. Antes has dicho un nombre...

—¡Briares! —exclamó Tyson, animándose—. Un centimano. Son tan altos como el cielo y...

—Sí, ya —respondí—. Capaces de partir montañas.

Levanté la vista hacia el segundo piso, preguntándome cómo podía caber en una celda diminuta una cosa tan alta como el cielo, y por qué estaría llorando.

—Creo que deberíamos ir a comprobarlo —propuso Annabeth—. Antes de que vuelva Campe.


Al acercarnos, los sollozos aumentaron de volumen. En el primer momento, al atisbar a aquella criatura en el interior de la celda, no entendí lo que estaba viendo. Tenía tamaño humano y la piel muy pálida, del color de la leche. Llevaba un taparrabos que parecía un pañal enorme. Sus pies resultaban demasiado grandes para semejante cuerpo; cada uno tenía ocho dedos y las uñas sucias y resquebrajadas. Pero la parte superior de su cuerpo era lo más extraño de todo y hacía que Jano resultara casi normal en comparación. De su tronco salían más brazos de los que habría podido contar: hileras e hileras de brazos que brotaban alrededor de todo su cuerpo. Eran brazos normales, pero había tantos y estaban tan enredados unos con otros que el tórax parecía algo así como un tenedor lleno de espaguetis enrollados. Muchas de sus manos le cubrían la cara mientras sollozaba.

—O el cielo no es tan alto como antes —musité—, o éste es bajo.

Tyson no me hizo caso y cayó de rodillas.

—¡Briares! —exclamó.

Los sollozos se interrumpieron.

—¡Gran centimano! —suplicó Tyson—. ¡Ayúdanos!

Briares levantó la vista. Tenía una cara larga y triste, con la nariz torcida y los dientes en pésimo estado. Sus ojos eran del todo castaños; quiero decir, completamente, sin la parte blanca ni la pupila negra: como unos ojos hechos de barro.

—Corre mientras puedas, cíclope —dijo Briares tristemente—. Yo ni siquiera puedo ayudarme a mí mismo.

—¡Eres un centimano! —insistió Tyson—. ¡Tú puedes hacer lo que quieras!

Briares se limpió la nariz con cinco o seis manos. Muchas otras jugueteaban con los pedacitos de metal y madera de una cama rota, tal como Tyson jugaba en ocasiones con piezas sueltas. Era asombroso contemplarlo. Sus manos parecían poseer vida propia. Construyeron en un periquete un barquito de madera y, con la misma rapidez, lo desmontaron de nuevo. Otras manos se dedicaban a rascar el suelo de cemento sin ningún motivo aparente. Otras jugaban a «piedra, papel o tijeras». Había unas cuantas que hacían sombras chinescas en la pared con formas de patitos y perros.

—No puedo hacer nada —gimió Briares—. ¡Campe ha vuelto! Los titanes se alzarán y volverán a encerrarnos en el Tártaro.

—¡Cambia esa cara y pórtate como un valiente! —exigió Tyson.

De inmediato, el rostro de Briares se transformó en otra cosa. Eran los mismos ojos castaños, sí, pero los rasgos me parecieron muy distintos. Ahora tenía la nariz respingona, las cejas arqueadas y una extraña sonrisa, como si estuviera tratando de hacerse el valiente. Pero fue sólo un momento, porque su cara enseguida volvió a ser la de antes.

—No funciona —se lamentó—. Mi cara de susto regresa una y otra vez.

—¿Cómo has hecho eso? —pregunté.

Annabeth me dio un codazo.

—No seas maleducado. Los centimanos tienen cincuenta caras distintas.

—Debe de ser complicado hacer la foto de fin de curso.

Tyson aún estaba en trance.

—¡Todo saldrá bien, Briares! ¡Te ayudaremos! ¿Me das tu autógrafo?

Briares se sorbió los mocos.

—¿Tienes cien bolígrafos?

—Chicos —los interrumpió Grover—. Hemos de salir de aquí. Campe va a volver. Nos detectará tarde o temprano.

—Rompe los barrotes —apuntó Annabeth.

—¡Sí! —exclamó Tyson sonriendo con orgullo—. Briares puede hacerlo. Es muy fuerte. Incluso más que los cíclopes. ¡Mirad!

Briares gimoteó. Una docena de sus manos empezaron a jugar dando palmadas cruzadas, pero ninguna hizo el menor intento de romper los barrotes.

—Si tan fuerte es —dije—, ¿por qué se encuentra encerrado en la cárcel?

Annabeth me dio otra vez en las costillas.

—Está aterrorizado —susurró—. Campe lo tuvo encerrado en el Tártaro durante miles de años. ¿Cómo te sentirías tú?

El centimano se cubrió la cara otra vez.

—¿Briares? —dijo Tyson—. ¿Qué te ocurre? ¡Muéstranos tu fuerza descomunal!

—Tyson —intervino Annabeth—. Creo que será mejor que rompas tú los barrotes.

La sonrisa de Tyson fue borrándose lentamente.

—Yo los rompo —accedió. Asió la puerta entera de la celda y la arrancó de sus goznes como si fuera de arcilla.

—Venga, Briares —dijo Annabeth—. Vamos a sacarte de aquí.

Le tendió la mano. Durante un instante, la cara de Briares se transformó y adoptó una expresión esperanzada. Muchos brazos se extendieron hacia fuera, pero muchos más —al menos el doble— los apartaron a cachetes.

—No puedo —dijo—. Me castigará.

—Claro que puedes —le aseguró Annabeth—. Ya luchaste con los titanes una vez y venciste, ¿recuerdas?

—Recuerdo la guerra. —Su rostro se metamorfoseó de nuevo, ahora con la frente arrugada y un mohín en los labios. Su cara amenazadora, supongo—. Los rayos sacudían el mundo. Arrojamos muchas rocas. Los titanes y los monstruos no vencieron por poco. Ahora están recuperando fuerzas otra vez. Campe me lo ha contado.

—¡No le hagas caso! —dije—. ¡Vamos!

Él no se movió. Grover tenía razón: no nos quedaba mucho tiempo antes de que ese monstruo regresara. Pero tampoco podíamos dejar a Briares allí. Tyson se pasaría semanas enteras sollozando.

—Una partida de «piedra, papel o tijeras» —le propuse—. Si gano, nos acompañas. Si pierdo, te dejamos en la cárcel.

Annabeth me miró como si me hubiese vuelto loco.

La cara de Briares adoptó una expresión indecisa.

—Yo siempre gano a «piedra, papel o tijeras».

—Entonces vamos allá. —Me golpeé la palma con el puño tres veces.

Briares hizo lo mismo con sus cien manos, lo cual sonó como un ejército entero que avanzara tres pasos. Luego me salió con una avalancha entera de piedras, una colección de tijeras y suficiente papel para hacer una flota de avioncitos.

—Te lo he dicho —comentó con tristeza—. Yo siempre... —Puso su cara de perplejidad—. ¿Tú qué has hecho?

—Una pistola —le dije, enseñándole la que había hecho con los dedos. Era un truco que Paul Blofis había utilizado conmigo, pero eso no iba a contárselo—. La pistola gana a todo lo demás.

—No es justo.

—Yo no he dicho que fuera a ser justo. Campe tampoco lo será con nosotros si nos quedamos aquí. Te culpará a ti por cargarte la puerta. ¡Venga, vamos!

Briares se sorbió la nariz.

—Los semidioses son unos tramposos —murmuró. Lentamente, sin embargo, se levantó y nos siguió fuera de la celda.

Empezaba a sentirme un poco más animado. Lo único que teníamos que hacer era bajar y encontrar la entrada del laberinto. Pero justo en ese momento Tyson se quedó petrificado.

Abajo, a nuestros pies, Campe nos esperaba gruñendo.

· · ·

—Por el otro lado —señalé.

Salimos disparados por la pasarela. Esta vez, Briares nos siguió sin dudarlo. Es más, se colocó delante de todos, haciendo aspavientos de pánico con sus cien brazos.

A nuestra espalda oí el batir de las enormes alas de Campe al elevarse por los aires. Silbaba y gruñía en su lengua arcaica, y no me hacía falta traductor para comprender que quería matarnos.

Bajamos corriendo las escaleras, cruzamos un pasadizo y dejamos atrás un puesto de guardia para desembocar... en otro bloque de celdas.

—A la izquierda —dijo Annabeth—. Aún me acuerdo de la visita.

Salimos a toda velocidad y fuimos a dar al patio delantero de la prisión, que estaba cercado con torres de vigilancia y una valla de alambre de espino. Después de tanto tiempo encerrado, la luz del sol casi me cegó. Había un montón de turistas circulando de un lado para otro y sacando fotos. Soplaba un viento helado. Al sur destellaba la ciudad de San Francisco, blanca, soleada y hermosa, pero hacia el norte, sobre el monte Tamalpais, se arremolinaban grandes nubes cargadas de tormenta. El cielo entero parecía una peonza negra que girara sobre aquella montaña en cuya cima seguía atrapado Atlas y donde se estaba levantando de nuevo el palacio titánico del monte Othrys. Resultaba difícil creer que los turistas no percibieran la tormenta sobrenatural que se avecinaba, pero lo cierto es que no daban muestras de sentir alarma.

—Está mucho peor —dijo Annabeth, escrutando el cielo hacia el norte—. Las tormentas han sido tremendas durante todo el año, pero esto...

—Seguid —aulló Briares—. ¡Aún nos persigue!

Corrimos hacia el otro extremo del patio: lo más lejos posible del bloque de celdas.

—Campe es demasiado grande para cruzar esas puertas —dije con optimismo.

Entonces explotó el muro.

Los turistas se pusieron a dar gritos cuando el monstruo surgió entre el polvo y los escombros con sus alas desplegadas, que abarcaban casi todo el patio. En sus brazos sostenía dos espadas: dos largas cimitarras de bronce que destellaban con un raro fulgor verdoso y soltaban volutas de vapor hirviente cuyo agrio olor nos llegaba desde lejos.

—¡Veneno! —exclamó Grover con un gañido—. No dejéis que os toquen esas cosas o...

—¿Moriremos? —aventuré.

—Hummm... después de desmenuzarte y hacerte polvo lentamente, sí.

—Mejor evitemos esas espadas —decidí.

—¡Briares, lucha! —chilló Tyson—. ¡Recupera tu tamaño real!

Pero el centimano más bien parecía querer encogerse y volverse más pequeño. Ahora tenía puesta su cara de pavor total.

Campe se abalanzó hacia nosotros. Sus alas de dragón azotaban el aire con estruendo y centenares de serpientes se retorcían alrededor de su cuerpo.

Durante un segundo pensé en sacar a *Contracorriente* para plantarle cara. Sólo un segundo: luego se me formó un nudo en la garganta. Entonces Annabeth gritó justamente lo que yo estaba pensando:

—¡Corramos!

Ahí concluyó la discusión. No había forma de combatir con aquella cosa. Cruzamos el patio de la prisión a toda velocidad y salimos por las puertas con el monstruo pegado a nuestras espaldas. Los mortales gritaban y corrían enloquecidos. Las sirenas de emergencia empezaron a aullar.

Llegamos al muelle justo cuando un barco turístico dejaba a un grupo de pasajeros en tierra. La nueva remesa de visitantes se quedó de piedra al ver que corríamos hacia ellos, seguidos de una multitud de turistas aterrorizados, seguidos de... no sé qué verían a través de la Niebla, pero no debía de ser agradable.

—¿El barco? —preguntó Grover.

—Demasiado lento —dijo Tyson—. Volvamos otra vez al laberinto. Es nuestra única oportunidad.

—Habrá que distraerla —señaló Annabeth.

Tyson arrancó de cuajo una farola metálica.

—Yo la distraigo. Vosotros adelantaos.

—Te ayudo —dije.

—No —respondió—. Tú sigue. El veneno hiere a los cíclopes. Hace mucho daño. Pero no los mata.

—¿Estás seguro?

—Ve, hermano. Nos veremos dentro.

Me repugnaba la idea de dejarlo allí. Ya había estado una vez a punto de perder a mi hermano y no quería correr ese riesgo de nuevo. Pero no había tiempo para discutir y no se me ocurría nada mejor. Annabeth, Grover y yo tomamos a Briares cada uno de una mano y lo arrastramos otra vez hacia los puestos de helados y refrescos, mientras Tyson, soltando un bramido, ponía la farola en ristre y cargaba contra Campe como si fuera un caballero con su lanza.

Ella estaba siguiendo a Briares con la mirada, pero Tyson logró captar su atención cuando le clavó la farola en el pecho y la empujó contra la pared. El monstruo chilló y empezó a asestar mandobles con sus espadas hasta dejar toda la farola cortada en rodajas. El veneno le goteaba y formaba charcos que chisporroteaban a su alrededor sobre el suelo de cemento.

Tyson retrocedió de un salto cuando la cabellera de Campe se lanzó silbando hacia él. Las víboras de sus patas de dragón disparaban las lenguas mortíferas en todas direcciones. Un león surgió entre las cabezas a medio formar de su cintura y dio un rugido.

Lo último que vi de la pelea, mientras nos alejábamos a todo correr hacia el interior de la prisión, fue a Tyson levantando a pulso un puesto de helados y arrojándoselo a Campe. El veneno y el helado explotaron y se esparcieron por todas partes; las furiosas serpientes del pelo de Campe quedaron todas manchadas de tuti-fruti... Entramos de nuevo en el patio de la cárcel.

—No voy a conseguirlo —dijo Briares, resoplando.

—¡Tyson está arriesgando su vida para ayudarte —le chillé—, así que vas a conseguirlo!

Cuando llegamos a la puerta del bloque de celdas, oí un rugido rabioso. Miré hacia atrás y vi que Tyson se acercaba a toda pastilla. Campe lo seguía de cerca, cubierta de helado y de camisetas. Una de las cabezas de oso de su cintura llevaba ahora unas gafas de sol de Alcatraz (algo torcidas).

—¡Deprisa! —urgió Annabeth, como si hiciera falta que lo dijera.

Al fin encontramos la celda por la que habíamos llegado, pero la pared del fondo se veía completamente lisa: ni rastro del bloque de piedra.

—¡Busca la marca! —dijo Annabeth.

—¡Ahí! —Grover puso el dedo en una hendidura, que se convirtió de inmediato en la Δ griega. La marca de Dédalo emitió un resplandor azul y la pared de piedra se entreabrió rechinando.

Demasiado despacio. Tyson aún estaba cruzando el bloque de celdas; Campe iba pegada a su espalda, lanzando tajos a diestro y siniestro, cortando barrotes, muros y todo lo que se le ponía por delante.

Empujé a Briares al interior del laberinto; luego pasaron Annabeth y Grover.

—¡Puedes lograrlo! —le grité a Tyson, pero enseguida comprendí que no era así. Ya tenía encima a Campe, que alzó con furia ambas espadas. Había que distraerla con algo grande. Le di un golpecito a mi reloj, que giró en espiral y se convirtió en un escudo de bronce. A la desesperada, se lo lancé al monstruo a la cara.

*¡PLAF!*

Le acerté de lleno en el morro y ella titubeó justo la fracción de segundo que Tyson necesitaba para entrar de un salto en el laberinto. Lo seguí en el acto.

Campe se abalanzó hacia nosotros, pero ya era demasiado tarde. La roca volvió a cerrarse y nos aisló herméticamente con su fuerza mágica. El túnel entero vibraba con las acometidas de la bestia, que rugía rabiosa. Por si acaso, no nos quedamos a jugar a «pom, pom, ¿quién es?» con aquella criatura infernal. Corrimos en la oscuridad y, por primera y última vez, me alegré de estar de nuevo en el laberinto.

# 8

## Visitamos un diabólico
## rancho turístico

Nos detuvimos por fin en una sala llena de cascadas. El suelo era un gran pozo rodeado por un paso de piedra sumamente resbaladiza. El agua salía de unas enormes tuberías, chorreaba por las cuatro paredes de la estancia y caía con estrépito en el pozo. No divisé el fondo cuando lo enfoqué con la linterna.

Briares se desplomó junto al muro. Recogió agua con una docena de manos y se lavó la cara.

—Este pozo va directamente al Tártaro —musitó—. Debería saltar y ahorraros más problemas.

—No hables así —dijo Annabeth—. Puedes volver al campamento con nosotros y ayudarnos a hacer los preparativos. Seguro que tú sabes mejor que nadie cómo combatir a los titanes.

—No tengo nada que ofrecer —se lamentó él—. Lo he perdido todo.

—¿Y tus hermanos? —dijo Tyson—. ¡Los otros dos deben de seguir siendo altos como montañas! ¡Podemos llevarte con ellos!

El rostro de Briares adoptó una expresión aún más triste: era su cara de luto.

—Ya no existen. Se desvanecieron.

Las cascadas seguían rugiendo. Tyson contempló el pozo y pestañeó. Un par de lágrimas asomaban en su ojo.

—¿Qué significa que se desvanecieron? —pregunté—. Creía que los monstruos eran inmortales, como los dioses.

—Percy —dijo Grover débilmente—, hasta la inmortalidad tiene sus límites. A veces... a veces los monstruos caen en el olvido y pierden la voluntad de seguir siendo inmortales.

Observé a Grover y me pregunté si estaría pensando en Pan. Recordé lo que la Medusa nos había dicho una vez: que sus hermanas, las otras dos gorgonas, habían muerto y la habían dejado sola. Y Apolo, el año anterior, hablando del antiguo dios Helios, comentó que había desaparecido y lo había dejado solo con todas las tareas del dios del sol. No me había detenido a pensar demasiado en todo ello, pero en ese momento, mirando a Briares, comprendí lo terrible que debía de resultar ser tan viejo —tener miles y miles de años— y encontrarse completamente solo en el mundo.

—Debo irme —dijo Briares.

—El ejército de Cronos invadirá el campamento —advirtió Tyson—. Necesitamos tu ayuda.

El centímano bajó la cabeza.

—No puedo, cíclope.

—Eres fuerte.

—Ya no. —Briares se levantó.

—Eh. —Lo agarré de uno de sus brazos y me lo llevé aparte, de modo que el rugido del agua ahogara nuestras palabras—. Briares, te necesitamos. Por si no te habías dado cuenta, Tyson cree en ti. Ha arriesgado la vida para salvarte.

Se lo conté todo: el plan de invasión de Luke, la entrada del laberinto en el corazón del campamento, el taller de Dédalo, el ataúd de oro de Cronos.

Briares negó con la cabeza.

—No puedo, semidiós. No tengo la pistola para ganar este juego —me dijo, formando cien pistolas con las manos.

—Quizá por eso se desvanecen los monstruos —respondí—. Tal vez no se trate de lo que crean los mortales. A lo mejor lo que pasa es que dejan de creer en sí mismos.

Sus ojos castaños me observaron. Su rostro se transformó y asumió una expresión bien reconocible: la vergüenza. Se volvió y se alejó caminando pesadamente por el pasadizo hasta desaparecer entre las sombras.

Tyson sollozaba.

—Tranquilo, todo irá bien —le dijo Grover, dándole unas palmaditas con aire vacilante, como si hubiera tenido que armarse de valor para hacerlo.

—No irá bien, niño cabra. Él era mi héroe.

Yo también quería consolarlo, pero no sabía qué decir.

Finalmente, Annabeth se incorporó y se echó la mochila al hombro.

—Venga, chicos. Este pozo me pone nerviosa. Vamos a buscar un sitio mejor para pasar la noche.

Nos instalamos en un pasadizo hecho de enormes bloques de mármol. En las paredes había soportes de bronce para las antorchas y daba la impresión de haber formado parte de una tumba griega. Aquello debía de ser un sector más antiguo del laberinto, cosa que era buena señal, según Annabeth.

—Ya debemos de estar cerca del taller de Dédalo —dijo—. Descansad un poco. Seguiremos por la mañana.

—¿Cómo sabremos cuándo es de día? —preguntó Grover.

—Tú descansa —insistió ella.

A Grover no hizo falta que se lo repitieran. Sacó un montón de paja de su mochila, comió un poco, se hizo una almohada con el resto y al cabo de un momento ya estaba roncando. A Tyson le costó más dormirse. Estuvo un rato manipulando unos trozos de metal de su juego de construcciones, pero, fuese lo que fuese lo que estuviera montando, no parecía satisfacerle, porque no paraba de desarmar las piezas.

—Lamento haber perdido el escudo —me disculpé—. Con todo lo que habías trabajado para arreglarlo...

Él levantó la vista. Tenía el ojo enrojecido de haber llorado.

—No te preocupes, hermano. Tú me has salvado. No habrías tenido que hacerlo si Briares nos hubiera echado una mano.

—Estaba asustado. Seguro que lo superará.

—No es fuerte —dijo Tyson—. Ya no es importante.

Exhaló un largo y triste suspiro y luego cerró el ojo. Las piezas metálicas se le cayeron de las manos, aún desmontadas, y empezó a roncar.

Yo también traté de dormir, pero no podía. El recuerdo de haber sido perseguido por una mujer dragón descomunal con espadas envenenadas no me ayudaba a relajarme precisamente. Agarré mi petate y lo arrastré hasta donde Annabeth se había sentado para hacer guardia.

Me senté a su lado.

—Deberías dormir —dijo.

—No puedo. ¿Tú estás bien?

—Claro. Mi primer día guiando una búsqueda. Fantástico.

—Lo encontraremos —aseguré—. Daremos con ese taller antes que Luke.

Ella se apartó el pelo de la cara. Tenía la barbilla manchada de polvo. Traté de imaginarme su aspecto de niña, cuando vagaba por todo el país con Thalia y Luke. Con sólo siete años, los había salvado de una muerte segura en la mansión de un cíclope maligno. Incluso cuando parecía asustada, como en ese momento, yo sabía que le sobraban agallas.

—Ojalá esta búsqueda tuviese alguna lógica —se quejó—. Quiero decir: estamos avanzando, pero no sabemos adónde iremos a parar. ¿Cómo es posible que puedas caminar de Nueva York a California en un día?

—El espacio no es igual dentro del laberinto.

—Ya, ya lo sé. Es sólo... —Me miró, vacilante—. Me estaba engañando a mí misma. Todos esos planes y esas lecturas... No tengo ni idea de adónde nos dirigimos.

—Lo estás haciendo muy bien. Además, nosotros nunca sabemos lo que hacemos. Pero al final siempre nos sale bien. ¿Te acuerdas de la isla de Circe?

Ella soltó un bufido.

—Estabas muy mono de conejillo de Indias.

—¿Y el parque acuático de Waterland? ¿Recuerdas cómo nos hiciste salir disparados?

—¿Yo? Pero ¡si la culpa fue tuya!

—¿Te das cuenta? Todo saldrá bien.

Annabeth sonrió, lo que era un alivio. Pero su sonrisa se desvaneció enseguida.

—Percy, ¿a qué se refería Hera cuando dijo que tú conocías la manera de cruzar el laberinto?

—No lo sé —reconocí—. De verdad.

—¿Me lo dirías si lo supieras?

—Claro. Aunque quizá...

—¿Qué?

—Quizá si me revelaras el último verso de la profecía... Eso sería de ayuda.

Ella se estremeció.

—Aquí no. En medio de la oscuridad, no.

—¿Y esa elección de la que hablaba Jano? Hera ha dicho...

—Basta —me cortó. Lanzó un tembloroso suspiro—. Perdona, Percy. Estoy nerviosa. Pero no... Tengo que pensarlo.

Permanecimos en silencio, escuchando los extraños crujidos del laberinto: el eco de las piedras rozando unas con otras mientras los túneles se transformaban, crecían y se expandían. La oscuridad me evocó las visiones que había tenido de Nico di Angelo. Y de pronto comprendí una cosa.

—Nico anda por aquí —le dije—. Fue así como desapareció del campamento. Encontró el laberinto y luego un camino que lo hizo descender aún más a las profundidades, hasta el inframundo. Pero ahora ha vuelto al laberinto. Viene por mí.

Ella no respondió enseguida.

—Confío en que te equivoques, Percy. Pero si tuvieras razón... —Contempló el haz de luz, que proyectaba un círculo borroso en la pared de mármol. Tenía la sensación de que estaba pensando en la profecía. Nunca la había visto tan cansada.

—¿Qué te parece si yo hago la primera guardia? —propuse—. Si pasa algo, te despierto.

Annabeth no pareció muy de acuerdo, pero se limitó a asentir, se desplomó sobre su petate y cerró los ojos.


Cuando me tocó a mí dormir, soñé que estaba otra vez en la prisión del anciano.

Ahora se parecía más a un taller. Había mesas cubiertas de instrumentos de medición y una fragua al rojo vivo en una esquina. El chico que había visto en el último sueño avivaba la lumbre con un fuelle. En ese momento era más alto, casi de mi edad. Un extraño embudo adosado a la chimenea de la fragua captaba el humo y el calor y lo canalizaba por un tubo que se hundía en el suelo, junto a la tapa de bronce de un respiradero.

Era de día. El cielo estaba azul, pero los muros del laberinto arrojaban densas sombras por el taller. Después de llevar tanto tiempo cruzando túneles, me pareció raro que aquella parte del laberinto estuviera a la intemperie. En cierto sentido, eso le confería un aspecto todavía más cruel.

El anciano parecía enfermo. Estaba terriblemente delgado y las manos se le habían quedado casi en carne viva de tanto trabajar. El pelo blanco le caía sobre los ojos y la túnica que llevaba estaba manchada de grasa. Se hallaba inclinado sobre una mesa, trabajando en las piezas de un objeto metálico alargado: algo similar a una cota de malla. Tomó un delicado eslabón de bronce y lo encajó en su sitio.

—Ya está —anunció—. Lo he terminado.

Alzó aquel artilugio. Era tan hermoso que el corazón me dio un brinco de emoción: unas alas de metal construidas con millares de plumas de bronce entrelazadas. Había dos juegos. Uno de ellos permanecía aún sobre la mesa. Dédalo extendió el armazón y las alas se desplegaron, adquiriendo una envergadura de seis metros. Una parte de mí intuía que aquel invento nunca llegaría a volar. Era demasiado pesado, le resultaría imposible despegar del suelo. Pero la destreza artesanal que demostraba era igualmente asombrosa. Las plumas de metal captaban la luz y destellaban con treinta matices distintos.

El chico dejó el fuelle y se acercó a mirar. Estaba sudoroso y mugriento, pero sonrió de felicidad.

—¡Padre, eres un genio!

El anciano dejó escapar una sonrisa.

—Vaya novedad, Ícaro. Venga, date prisa. Me costará al menos una hora colocarlas. Ven.

—Tú primero —dijo Ícaro.

El anciano protestó un poco, pero el chico insistió.

—Son obra tuya, padre. Tú has de tener el honor de ponértelas primero.

Ícaro le colocó en el pecho un arnés de cuero, semejante al que usan los alpinistas, con unas correas que iban desde los hombros hasta las muñecas. Luego empezó a fijarle las alas, utilizando un bote metálico que parecía una enorme pistola de pegamento.

—Este compuesto de cera debería resistir muchas horas —le dijo Dédalo a su hijo mientras éste trabajaba—. Pero primero se ha de secar. Y será mejor que no volemos demasiado alto ni demasiado bajo. El mar humedecería los precintos de cera...

—Y el calor del sol los derretiría —añadió el chico—. Sí, padre, ya lo hemos repasado un millón de veces.

—Todas las precauciones son pocas.

—¡Tengo fe ciega en tus inventos, padre! No ha existido nadie más inteligente que tú.

Los ojos del anciano relucían. Era evidente que amaba a su hijo más que a nada en el mundo.

—Ahora te voy a poner las alas y, mientras tanto, se irán pegando las mías. ¡Ven!

El anciano progresaba lentamente. Sus manos buscaban a tientas las correas y le costó mucho colocar las alas en la posición correcta mientras las sellaba. Las que llevaba puestas parecían abrumarlo y le estorbaban para maniobrar.

—Demasiado lento —masculló el anciano entre dientes—. Demasiado lento.

—Tómate tu tiempo, padre —dijo el chico—. Los guardias no han de venir...

*¡BRUUUM!*

Las puertas se estremecieron. Dédalo las había atrancado desde dentro con un travesaño de madera, pero aun así parecía que fueran a salirse de las bisagras.

—¡Deprisa! —urgió Ícaro.

*¡BRUUM! ¡BRUUM!*

Estaban golpeando con un objeto pesado. El travesaño resistió, pero se abrió una raja en la puerta izquierda.

Dédalo, que trabajaba frenéticamente, derramó una gota de cera caliente en el hombro de Ícaro. Éste esbozó una mueca de dolor, pero no se quejó. Cuando su ala izquierda quedó fijada a las correas, el anciano empezó a trabajar en la otra.

—Necesitamos más tiempo —murmuró—. ¡Han venido demasiado pronto! La mezcla aún tardará en secarse.

—Todo saldrá bien —aseguró Ícaro, mientras su padre terminaba el ala derecha—. Ayúdame con la tapa del respiradero...

*¡CATACRAC!*

Las puertas se astillaron bruscamente y por la brecha asomó un ariete de bronce. Dos guardias ensancharon el hueco con sendas hachas e irrumpieron en la estancia. Detrás venía el rey, con su corona de oro y su barba lanceolada.

—Vaya, vaya —dijo con una cruel sonrisa—. ¿Ibais a salir?

Dédalo y su hijo se quedaron paralizados. Las alas metálicas brillaban con luz trémula a sus espaldas.

—Nos vamos, Minos —dijo el anciano.

El rey soltó una risita.

—Tenía curiosidad por ver hasta dónde llegabas con tu pequeño invento antes de desbaratar tus esperanzas. Debo confesar que estoy impresionado.

Minos contempló las alas con admiración.

—Parecéis gallinas metálicas —concluyó—. A lo mejor deberíamos desplumaros y preparar un caldo.

Los guardias rieron tontamente.

—Gallinas metálicas —repitió uno de ellos—. Caldo de gallina.

—¡Silencio! —exigió el rey. Luego se volvió hacia Dédalo—. Ayudaste a mi hija a escapar, anciano. Empujaste a mi esposa a la locura. Mataste a mi monstruo y me convertiste en el hazmerreír de todo el Mediterráneo. ¡Nunca saldrás de aquí!

Ícaro tomó la pistola de cera y roció bruscamente al rey, que retrocedió aturdido. Los guardias se adelantaron en el acto, pero cada uno se ganó un chorro de cera caliente en la cara.

—¡El respiradero! —gritó Ícaro a su padre.

—¡Prendedlos! —rugió el rey Minos.

Entre el anciano y el chico abrieron la tapa del respiradero y un chorro de aire caliente emergió del suelo. El rey miró incrédulo cómo se elevaban los dos hacia el cielo con sus alas de bronce, impulsados por la corriente ascendente.

—¡Disparadles! —chilló el rey, pero sus guardias no llevaban arcos. Uno de ellos les lanzó su espada, pero Dédalo e Ícaro ya estaban fuera de su alcance. Padre e hijo revolotearon por encima del laberinto y del palacio del rey y luego sobrevolaron a toda velocidad la ciudad de Cnosos y las rocosas costas de Creta.

Ícaro reía de pura alegría.

—¡Libres, padre! Lo has conseguido.

El chico extendió las alas al máximo y remontó aprovechado el viento.

—¡Espera! —gritó Dédalo—. ¡Ten cuidado!

Pero Ícaro ya se hallaba sobre mar abierto y se dirigía hacia el norte, regodeándose en su buena suerte. Se alzó a gran velocidad y espantó un águila, que tuvo que desviarse de su camino; luego se lanzó en picado hacia el mar, como si no hubiera hecho otra cosa en su vida, para elevarse en el último segundo, rozando las olas con las sandalias.

—¡Detente! —le gritó Dédalo. Pero el viento se llevaba sus palabras y su hijo se había emborrachado con su propia libertad.

El anciano hizo un esfuerzo por alcanzarlo, planeando torpemente tras él.

Estaban a muchos kilómetros de Creta, sobrevolando aguas muy profundas, cuando Ícaro se volvió y reparó en la expresión angustiada de su padre.

—¡No te apures, padre! —le dijo con una sonrisa—. ¡Eres un genio! Tu artilugio funciona a la perfección...

Entonces se desprendió de sus alas la primera pluma metálica y cayó revoloteando. Luego se soltó otra. Ícaro se tambaleó en el aire. Y de repente empezó a derramar plumas de bronce, infinidad de plumas que se alejaban como una bandada de aves asustadas.

—¡Ícaro! —gritó su padre—. ¡Planea! ¡Extiende las alas! ¡Procura moverte lo menos posible!

Pero Ícaro empezó a agitar los brazos, tratando desesperadamente de recuperar el control.

Primero se le cayó el ala izquierda, desgajándose de las correas.

—¡Padre! —gritó.

A continuación, ya sin alas, se desplomó convertido en un simple muchacho con un arnés y una túnica blanca, que extendía los brazos en un vano intento de seguir planeando.

Desperté sobresaltado, con la sensación de estar cayendo a plomo. Todo estaba oscuro. Entre los crujidos incesantes del laberinto, me pareció oír el grito angustiado de Dédalo pronunciando el nombre de su hijo Ícaro, mientras éste, la única alegría de su vida, caía en picado al mar desde cien metros de altura.

En el laberinto no había amanecer, pero una vez que despertaron todos y dieron buena cuenta de un estupendo desayuno a base de barritas de cereales y zumos envasados, emprendimos la marcha de nuevo. No le conté mi sueño a nadie. Había algo en él que me había asustado de verdad y me pareció mejor que los demás no se enteraran.

Los viejos túneles de piedra dieron paso a un corredor de tierra con vigas de cedro, como en una mina de oro o algo por el estilo. Annabeth empezó a ponerse nerviosa.

—No puede ser —dijo—. Tendría que seguir siendo de piedra.

Llegamos a una cueva con el techo cubierto de estalactitas. En medio, había una fosa rectangular excavada en el suelo de tierra, como si fuera una tumba.

Grover se estremeció.

—Huele igual que el inframundo.

Entonces me fijé en una cosa que brillaba en el borde de la fosa: un trozo de papel de aluminio. Iluminé el agujero con la linterna y vi una hamburguesa de queso medio mordida, flotando en un moco pardusco y burbujeante.

—Nico —dije—. Ha vuelto a invocar a los muertos.

Tyson se puso a gimotear.

—Aquí ha habido fantasmas. No me gustan los fantasmas.

—Hemos de encontrarlo. —No sé por qué, pero hallarme al borde de aquella fosa me transmitió una sensación de urgencia. Nico andaba cerca. Lo presentía. No podía dejarlo vagando por allá abajo con la sola compañía de los muertos. Eché a correr.

—¡Percy! —gritó Annabeth.

Me metí a gachas por un túnel y vislumbré una luz al fondo. Cuando Annabeth, Tyson y Grover se pusieron a mi altura, yo me hallaba contemplando la luz del día a través de unos barrotes situados sobre mi cabeza. Estábamos bajo una rejilla de tubos de acero. Se veían árboles y un cielo azul.

—¿Qué es esto? —me pregunté.

Entonces una sombra cubrió la rejilla y una vaca se quedó mirándome desde arriba. Parecía una vaca normal, salvo por su extraño color: un rojo intenso, casi cereza. Nunca había visto ninguna igual.

La vaca mugió, puso la pezuña en una de las barras y retrocedió enseguida.

—Es una rejilla de retención —dijo Grover.

—¿Cómo?

—Las ponen a la salida de los ranchos para que las vacas no se escapen. No pueden andar sobre estas rejillas.

—¿Cómo lo sabes?

Grover resopló, indignado.

—Créeme, si tuvieras pezuñas, sabrías lo que es una rejilla de retención. ¡Son muy molestas!

Me volví hacia Annabeth.

—¿Hera no habló de un rancho? Hemos de comprobarlo. Tal vez Nico esté ahí arriba.

Ella vaciló.

—De acuerdo. Pero ¿cómo salimos?

Tyson resolvió el problema golpeando con ambas manos la rejilla, que se desprendió del marco y salió disparada por los aires. Oímos enseguida un golpe metálico y un mugido sobresaltado. Tyson se sonrojó.

—¡Perdón, vaquita! —gritó.

Luego nos izó fuera del túnel.

Estábamos en un rancho, de eso no cabía duda. Una serie de colinas se extendían hacia el horizonte, salpicadas de robles, cactus y grandes rocas. Desde la entrada salía en ambas direcciones una cerca de alambre de espino. Las vacas de color cereza vagaban de acá para allá, pastando entre la hierba.

—Ganado rojo —observó Annabeth—. El ganado del sol.

—¿Cómo? —pregunté.

—Para Apolo son sagradas.

—¿Vacas sagradas?

—Exacto. Pero ¿qué hacen...?

124

—Un momento —dijo Grover—. Escucha.

Al principio todo me pareció en silencio... pero luego lo capté: una algarabía de aullidos, cada vez más cercana. La maleza crujió y se removió y enseguida surgieron dos perros. Con un pequeño detalle: que no eran dos, sino un perro de dos cabezas. Parecía un galgo, con aquel cuerpo largo, esbelto y de un marrón lustroso, pero su cuello se bifurcaba en dos cabezas que gruñían, ladraban y no parecían muy contentas de vernos.

—¡Perro malo como Jano! —gritó Tyson.

—¡Arf! —le dijo Grover, alzando una mano a modo de saludo.

El perro de dos cabezas mostró los dientes. Me temo que no le impresionó demasiado que Grover conociera la lengua animal. Entonces su amo surgió de la maleza y comprendí que el perro no pasaba de ser un problema menor.

Era un tipo descomunal de pelo canoso, con un sombrero de cowboy de paja y una barba blanca trenzada: en fin, como la encarnación del Tiempo, pero convertido en campesino de pinta peligrosa. Llevaba unos vaqueros, una camiseta de «NO ENSUCIE TEXAS» y una chaqueta tejana con las mangas arrancadas para que le vieras bien los músculos. En el bíceps derecho tenía tatuadas dos espadas cruzadas. Y en la mano sostenía un garrote de madera del tamaño de una cabeza nuclear, con clavos de diez centímetros en la punta.

—¡Aquí, *Ortos*! —le dijo al perro.

El animal nos gruñó otra vez para dejar claros sus sentimientos y, dándose la vuelta, fue a sentarse a los pies de su amo. El hombre nos miró de arriba abajo, con el garrote preparado.

—¿Qué tenemos aquí? —preguntó—. ¿Ladrones de ganado?

—Simples viajeros —le dijo Annabeth—. Estamos llevando a cabo una búsqueda.

El hombre contrajo los párpados con un tic.

—Mestizos, ¿eh?

Yo empecé a decir:

—¿Cómo lo sabía...?

Annabeth me puso una mano en el brazo.

—Yo soy Annabeth, hija de Atenea. Éste es Percy, hijo de Poseidón. Grover, el sátiro. Y Tyson...

—El cíclope —concluyó el hombre—. Sí, ya veo. —Me miró con el ceño fruncido—. Y reconozco a los mestizos porque soy uno de ellos, hijo. Yo soy Euritión, pastor de ganado de este rancho e hijo de Ares. Deduzco que habéis llegado a través del laberinto, como el otro.

—¿El otro? —pregunté—. ¿Se refiere a Nico di Angelo?

—En este rancho recibimos muchos visitantes procedentes del laberinto —dijo Euritión con aire enigmático—. Pero no muchos salen de aquí.

—¡Hala! —exclamé—. Me siento bienvenido.

El pastor echó un vistazo atrás, como si alguien estuviera observándonos. Luego bajó la voz.

—Sólo os diré una cosa, semidioses: volved al laberinto ahora mismo. Antes de que sea tarde.

—No nos iremos —insistió Annabeth—. Hasta que veamos a ese otro semidiós. Por favor.

Euritión soltó un gruñido.

—Entonces no tengo alternativa: he de llevaros ante el jefe.


No me dio la sensación de que fuéramos rehenes ni nada por el estilo. Euritión caminaba a nuestro lado con el garrote al hombro. *Ortos*, el perro de dos cabezas, no paraba de gruñir y husmear las piernas de Grover y, de vez en cuando, se metía corriendo entre los arbustos para perseguir algún animal, aunque Euritión lo tenía más o menos controlado.

Recorrimos un camino que parecía no acabarse nunca. La temperatura debía de rondar los cuarenta grados, lo cual era muchísimo después de pasar por San Francisco. La tierra despedía vaharadas de calor. Los insectos zumbaban entre la vegetación. Al poco rato, estaba sudando a mares. Las moscas se arremolinaban a nuestro alrededor. De vez en cuando veíamos un cercado de vacas rojas o de animales incluso más extraños. Pasamos junto a un corral con una valla cubierta de asbesto, en cuyo interior se apiñaba una manada de caballos que sacaban fuego por los ollares. El heno de sus comederos estaba en llamas. La tierra humeaba, pero los caballos parecían bastante mansos. Un gran semental me miró y dio un relincho al tiempo que soltaba por las narices una llamarada. Me pregunté si el fuego no le dañaría las fosas nasales.

—¿Para qué son? —pregunté.

Euritión me miró ceñudo.

—Aquí criamos animales para muchos clientes. Apolo, Diomedes y... otros.

—¿Como quién?

—Basta de preguntas.

Finalmente salimos del bosque. Encaramado en la colina que se alzaba ante nosotros, había un rancho enorme de madera y piedra blanca con grandes ventanales.

—¡Parece un Frank Lloyd Wright! —dijo Annabeth.

Supongo que hablaba de algo relacionado con la arquitectura. A mí me parecía simplemente la clase de sitio donde unos cuantos semidioses pueden meterse en un buen lío. Ascendimos trabajosamente por la ladera.

—No quebrantéis las normas —nos advirtió Euritión cuando subíamos los escalones del porche—. Nada de peleas. Nada de sacar armas. Y nada de comentarios sobre el aspecto del jefe.

—¿Por qué? —pregunté—. ¿Qué pinta tiene?

Antes de que Euritión acertara a responder, otra voz dijo:

—Bienvenidos al Rancho Triple G.

La cabeza del hombre que había salido al porche era normal, lo cual ya era un alivio. Tenía el rostro bronceado y curtido por la intemperie; el pelo negro y lacio, y un fino bigote oscuro, como los malvados de las pelis antiguas. Nos sonreía, pero su gesto no era amistoso, sino más bien divertido, en plan «¡Hombre, más candidatos al tormento!».

No me dio tiempo de pensarlo mucho, de todos modos, porque entonces me fijé en su cuerpo... o más bien en sus cuerpos. Tenía tres. Cabría suponer que, después de Jano y de Briares, ya me habría acostumbrado a la anatomía estrafalaria, pero es que ese tipo venía a ser como tres personas completas. El cuello se le unía al pecho del modo normal, pero además tenía otros dos pechos, uno a cada lado, conectados por los hombros y con una separación de unos pocos centímetros. El brazo izquierdo le nacía del pecho izquierdo, y lo mismo sucedía con el derecho, o sea que tenía dos brazos, pero cuatro axilas, si es que eso tiene sentido. Los pechos se unían a un torso enorme con dos piernas normales, pero muy fornidas (llevaba los Levi's más descomunales que he visto en mi vida). En cada torso lucía una camisa de leñador de distinto color: verde, amarillo y rojo, como un semáforo. Me pregunté cómo se las arreglaría para ponerse la del medio, que no tenía brazos.

El pastor Euritión me arreó un codazo.

—Saluda al señor Gerión.

—¡Hola! —dije—. Bonitos cuerpos... digo, ¡bonito rancho tiene usted!

Antes de que el hombre de triple cuerpo pudiera responder, Nico di Angelo salió inesperadamente al porche por las puertas acristaladas.

—Gerión, no voy a esperar...

Se quedó helado al vernos. Luego desenvainó la espada. La hoja era exactamente igual que la de mi sueño: corta, afilada y negra como la noche.

Gerión gruñó al verlo.

—Guarde eso, señor Di Angelo. No voy a permitir que mis invitados se maten unos a otros.

—Pero ellos son...

—Percy Jackson —se adelantó Gerión—, Annabeth Chase y un par de monstruos amigos. Sí, ya lo sé.

—¿Monstruos amigos? —exclamó Grover, indignado.

—Ese hombre lleva tres camisas —dijo Tyson, como si acabara de darse cuenta.

—¡Dejaron morir a mi hermana! —A Nico le temblaba la voz de rabia—. ¡Han venido a matarme!

—No hemos venido a matarte, Nico —aseguré, levantando las manos—. Lo que le pasó a Bianca...

—¡No te atrevas a pronunciar su nombre! ¡No eres digno de hablar de ella siquiera!

—Un momento —intervino Annabeth, señalando a Gerión—. ¿Cómo es que sabe nuestros nombres?

El hombre de los tres cuerpos le guiñó un ojo.

—Procuro mantenerme informado, querida. Todo el mundo se pasa por el rancho de vez en cuando. Todos necesitan algo del viejo Gerión. Ahora, señor Di Angelo, guarde esa horrible espada antes de que ordene a Euritión que se la quite.

Este último suspiró mientras alzaba su garrote lleno de clavos. *Ortos* gruñó a sus pies.

Nico vaciló. Estaba más delgado y más pálido que cuando lo había visto en los mensajes Iris. Me pregunté si habría comido algo en la última semana. Sus ropas negras estaban cubiertas de polvo después de tanto tiempo viajando por el laberinto, y sus oscuros ojos brillaban de odio. Era demasiado joven para estar tan furioso. Yo aún lo recordaba como el niño alegre que jugaba con los cromos de Mitomagia.

Envainó su espada a regañadientes.

—Si te acercas, Percy, haré una invocación para pedir ayuda. Y no te gustaría conocer a mis ayudantes, te lo aseguro.

—Te creo —le dije.

Gerión le dio unas palmadas en el hombro.

—Ahí está, todo arreglado. Y ahora, estimados visitantes, síganme. Quiero ofrecerles la visita completa al rancho.


Gerión tenía una especie de pequeño tren, como esos que circulan por los zoológicos. Estaba pintado de blanco y negro, imitando la piel de una vaca. El vagón del conductor tenía unos largos cuernos adosados a la capota y la bocina sonaba como un cencerro. Pensé que tal vez sería así como torturaba a la gente. Hacía que se murieran de vergüenza paseándolos en aquel vehículo y haciendo *¡TOLÓN!* con la bocina.

Nico se sentó en la parte de atrás, seguramente para no perdernos de vista. Euritión se acomodó a su lado, con su garrote claveteado, y se colocó el sombrero de cowboy sobre los ojos como dispuesto a echar una siesta. *Ortos* saltó al asiento de delante, junto a Gerión, y empezó a ladrar alegremente.

Annabeth, Tyson, Grover y yo ocupamos los dos vagones de en medio.

—¡Esto es un rancho enorme! —alardeó Gerión cuando el tren arrancó con una sacudida—. Caballos y ganado sobre todo, pero también toda clase de variedades exóticas.

Llegamos a la cima de una colina y Annabeth sofocó un grito.

—¡Hippalektryones! ¡Pensaba que se habían extinguido!

Al pie de la colina, había un cercado con una docena de ejemplares del animal más raro que he visto en mi vida: una criatura con la mitad delantera de caballo y la mitad trasera de un gallo. Las patas posteriores eran unas enormes garras amarillas. Tenían un penacho de plumas en la cola y las alas rojas. Mientras los contemplaba, dos de ellos se enzarzaron en una pelea por un montón de semillas. Se alzaron sobre las patas traseras y empezaron a relinchar y a golpearse con las alas hasta que el de menor tamaño se alejó con un extraño galope, dando saltitos a cada paso.

—¡Ponis gallo! —dijo Tyson, alucinado—. ¿Ponen huevos?

—¡Una vez al año! —respondió Gerión, que nos sonreía por el retrovisor—. ¡Muy solicitados para hacer tortillas!

—¡Eso es horrible! —exclamó Annabeth—. ¡Debe de ser una especie en peligro de extinción!

Gerión hizo un ademán despectivo.

—El oro es el oro, querida. Y seguro que cambiaría de opinión si hubiese probado esas tortillas.

—No es justo —murmuró Grover, pero Gerión prosiguió sus explicaciones como si nada.

—Allá abajo —señaló— tenemos los caballos que arrojan fuego por las narices; quizá los hayan visto por el camino. Han sido criados para la guerra, desde luego.

—¿Qué guerra? —le pregunté.

Gerión sonrió con astucia.

—Ah, la primera que se presente... Y allí, a lo lejos, nuestras preciadas vacas rojas, naturalmente.

En efecto, se divisaban centenares de cabezas de ganado de color cereza que pacían por la ladera de la colina.

—¡Cuántas! —se asombró Grover.

—Sí, bueno. Apolo anda demasiado liado para cuidarlas —explicó Gerión—, así que nos ha contratado a nosotros, que las criamos en cantidad. Hay mucha demanda.

—¿Para qué? —pregunté.

Gerión arqueó una ceja.

—¡Por la carne, desde luego! Los ejércitos han de alimentarse.

—¿Sacrifican las sagradas vacas del sol para hacer hamburguesas? —se escandalizó Grover—. ¡Eso va contra las leyes antiguas!

—No se exalte, señor sátiro. Son simples animales.

—¡Simples animales!

—Claro. Y si a Apolo le importara, seguro que nos lo diría.

—Si lo supiera —masculló entre dientes.

Nico se echó hacia delante.

—Todo esto me trae sin cuidado, Gerión. Teníamos cosas de que hablar. Y no era de esto precisamente.

—Cada cosa a su tiempo, señor Di Angelo. Miren allí: algunos de mis ejemplares exóticos.

El prado siguiente estaba rodeado de alambre de espino e infestado de escorpiones gigantes.

—Rancho Triple G —dije, recordando de repente—. Su marca figuraba en esas cajas del campamento. Quintus consiguió aquí sus escorpiones.

—Quintus... —repitió Gerión, pensativo—. ¿Pelo corto y gris, musculoso, profesor de espada?

—Eso.

—Nunca he oído hablar de él —declaró—. ¡Y ahí están mis preciados establos! Tienen que verlos sin falta.

A mí no me apetecía mucho, la verdad, porque en cuanto estuvimos a trescientos metros empecé a olerlos. Cerca de la orilla de un río verde, divisé un corral del tamaño de un estadio de fútbol. Los establos se alineaban a un lado. Habría un centenar de animales moviéndose entre la bosta y, cuando digo «bosta», quiero decir caca de caballo. Era la cosa más repulsiva que había visto en toda mi vida, como si hubiera pasado una ventisca de estiércol y, de la noche a la mañana, hubiera dejado una capa de un metro de porquería. Los caballos estaban asquerosos de tanto vadear por allí y los establos se veían igual de repulsivos. Apestaba de un modo increíble: peor que los barcos de basura del East River.

Incluso a Nico le entraron arcadas.

—¿Qué es eso?

—¡Mis establos! —respondió Gerión—. Bueno, en realidad, son de Augías, pero nosotros nos encargamos de ellos a cambio de una pequeña suma mensual. ¿A que son preciosos?

—¡Son asquerosos! —dijo Annabeth.

—Montones de caca —comentó Tyson.

—¿Cómo puede tener a los animales de esa manera? —clamó Grover.

—Me están sacando de quicio entre todos —dijo Gerión—. Son caballos comedores de carne, ¿no lo ven? A ellos les gusta estar en esas condiciones.

—Y usted es demasiado tacaño para hacer que los laven —musitó Euritión desde debajo de su sombrero.

—¡Silencio! —le espetó Gerión—. De acuerdo, quizá los establos dejen que desear. Quizá también a mí me den náuseas cuando el viento sopla hacia donde no debe soplar. Bueno, ¿y qué? Mis clientes siguen pagándome bien.

—¿Qué clientes? —pregunté.

—Ah, se sorprendería, amigo mío, si supiera cuánta gente está dispuesta a pagar por un caballo carnívoro. Son perfectos para triturar deshechos. Fantásticos para aterrorizar a tus enemigos. ¡Ideales para fiestas de cumpleaños! Los alquilamos continuamente.

—¡Es usted un monstruo! —decidió Annabeth.

Gerión detuvo el tren y se volvió a mirarla.

—¿Cómo lo ha descubierto? ¿Por los tres cuerpos?

—Tiene que dejar libres a todos estos animales —dijo Grover—. ¡No hay derecho!

—Y esos clientes de los que no para de hablar... —añadió Annabeth—. Usted trabaja para Cronos, ¿verdad? Está suministrando a su ejército caballos, comida y todo lo que necesitan.

Gerión se encogió de hombros, cosa que resultaba rarísima porque tenía tres pares de hombros. Daba la sensación de que estuviera haciendo la ola él solo.

—Trabajo para cualquiera que pueda pagarme, jovencita. Soy un hombre de negocios. Y vendo todo lo que tengo.

Bajó del tren y dio unos pasos hacia los establos como si estuviera disfrutando del aire más puro. Habría resultado una bonita vista, con el río, los árboles, las colinas etcétera, de no ser por aquel lodazal de caca de caballo.

Nico descendió de la parte trasera y se acercó a Gerión con ademán furioso. El pastor Euritión no estaba tan adormilado como parecía. Alzó su garrote y salió tras él.

—Estoy aquí por negocios, Gerión —dijo el chaval—. Y aún no me ha respondido.

—Hummm... —Gerión examinó un cactus. Alargó el brazo izquierdo y se rascó el pecho central—. Le ofreceré un buen trato, ya verá.

—Mi fantasma me dijo que podría resultarnos de ayuda, que quizá nos guiaría hasta el alma que andamos buscando.

—Un momento —intervine—. Creía que el alma que buscabas era la mía.

Nico me miró como si me hubiese vuelto loco.

—¿La tuya? ¿Para qué iba a necesitarte a ti? ¡El alma de Bianca vale mil veces más que la tuya! Y bien, Gerión, ¿va a ayudarme, sí o no?

—Eh, supongo que sí —dijo el ranchero—. Por cierto, su amigo el fantasma ¿dónde está?

Nico pareció incómodo.

—No puede cobrar forma visible a plena luz. Le cuesta mucho. Pero anda por aquí.

Gerión sonrió.

—Estoy seguro. Minos suele desaparecer cuando las cosas se complican...

—¿Minos? —Recordé al hombre que había visto en sueños, con su corona de oro, su barba puntiaguda y aquella mirada cruel—. ¿Te refieres a ese rey malvado? ¿Es ése el fantasma que ha estado aconsejándote?

—¡No es asunto tuyo, Percy! —Nico se volvió hacia Gerión—. ¿Y qué insinúa con eso de «cuando las cosas se complican»?

El hombre del triple cuerpo suspiró.

—Bueno, verás, Nico... ¿puedo tutearte?

—No.

—Verás, Nico. Luke Castellan ofrece una gran cantidad de dinero por los mestizos. Sobre todo, por los mestizos poderosos. Y estoy seguro de que cuando descubra tu pequeño secreto y sepa quién eres realmente, pagará muy, pero que muy bien.

Nico sacó la espada, pero Euritión se la arrancó con un golpe de su garrote. Antes de que yo acertara a levantarme, *Ortos* se me echó encima y empezó a gruñirme con sus dos cabezas a unos centímetros de la mía.

—Yo, en su lugar —dijo Gerión dirigiéndose a mis compañeros—, me quedaría quieto en el vehículo. De lo contrario, *Ortos* le destrozará la garganta al señor Jackson. Bueno, Euritión, ten la amabilidad de encargarte de Nico.

El pastor escupió en la hierba.

—¿He de hacerlo?

—¡Sí, idiota!

Euritión parecía aburrido, pero rodeó con uno de sus enormes brazos a Nico y lo alzó por los aires, al estilo de un campeón de lucha libre.

—Recoge también la espada —ordenó Gerión con cara de asco—. No hay nada que me repugne más que el hierro estigio.

Euritión la recogió, cuidándose de no tocar la hoja.

—Bueno —dijo Gerión jovialmente—, ya hemos terminado la visita. Volvamos a la casa, almorcemos y luego enviaremos un mensaje Iris a nuestros amigos del ejército del titán.

—¡Malvado! —gritó Annabeth.

Gerión le sonrió.

—No se preocupe, querida. En cuanto haya entregado al señor Di Angelo, usted y sus amigos podrán partir. Yo no me entrometo en las búsquedas. Además, me han pagado generosamente para garantizar su paso, aunque mucho me temo que eso no incluye al señor Di Angelo.

—¿Quién le ha pagado? —preguntó Annabeth—. ¿Qué quiere decir?

—No se preocupe por eso, querida. ¿Vamos?

—¡Espere! —dije, y *Ortos* soltó un terrible gruñido. Permanecí completamente inmóvil para que no me arrancara el gaznate de un bocado—. Usted ha dicho que es un hombre de negocios. Muy bien. Hagamos un trato.

Gerión entornó los párpados.

—¿Qué clase de trato, señor Jackson? ¿Acaso dispone de oro?

—Tengo algo mejor. Hagamos un trueque.

—Pero usted no tiene nada que ofrecer.

—Hágale limpiar los establos —sugirió Euritión con aire inocente.

—¡Eso es! —exclamé—. Si no lo consigo, nos retendrá a todos y podrá vendernos a Luke por una buena cantidad de oro.

—Suponiendo que los caballos no lo hayan devorado primero, señor Jackson —adujo Gerión.

—Aun así, tendría a mis amigos —respondí—. Ahora bien, si lo consigo, deberá soltarnos a todos, incluido a Nico.

—¡No! —gritó él—. A mí no me hagas favores, Percy. ¡No necesito tu ayuda!

Gerión rió entre dientes.

—Esos establos, Jackson, no se han limpiado en más de un millar de años... Aunque también es verdad que dispondría de más espacio para alquilar si me librara de toda esa bosta...

—¿Qué tiene que perder?

El ranchero vaciló.

—De acuerdo. Acepto su propuesta, señor Jackson, pero ha de concluir antes de que se ponga el sol. Si fracasa, venderé a sus amigos y me haré rico.

—Trato hecho.

Él asintió.

—Me llevo a sus amigos al rancho. Esperaremos allí.

Euritión me echó una mirada divertida. Tal vez era de simpatía. Dio un silbido y el perro me dejó por fin para subirse de un salto al regazo de Annabeth, que soltó un grito. Yo sabía que ni Tyson ni Grover intentarían nada mientras tuvieran como rehén a Annabeth.

Bajé del tren y la miré a los ojos.

—Espero que sepas lo que haces —me dijo en voz baja.

—Y yo.

Gerión se puso al volante. Euritión arrastró a Nico al asiento trasero.

—Al ponerse el sol —me recordó Gerión—. Ni un minuto más.

Se rió otra vez de mí, tocó el cencerro de su bocina y el vehículo-vaca se alejó retumbando por el sendero.

# 9

## Recojo caca a toneladas

Cuando vi los dientes de los caballos abandoné toda esperanza.

Al aproximarme a la cerca me tapé la nariz con la camisa para tratar de evitar aquella fetidez. Un semental avanzó entre el estiércol, soltó un relincho agresivo y me mostró unos dientes afilados como los de un oso.

Intenté hablarle mentalmente. Con la mayoría de los caballos puedo hacerlo.

«Hola —saludé—. Vengo a limpiar vuestros establos. ¿No te parece genial?»

«¡Sí! —dijo el caballo—. ¡Ven, que te como! ¡Sabroso mestizo!»

«Pero ¡si soy hijo de Poseidón! —protesté—. Él creó a los caballos.»

Esta declaración suele granjearme un trato de preferencia en el mundo equino, pero esta vez no funcionó.

«¡Sí! —respondió el caballo, entusiasmado—. ¡Que venga Poseidón también! ¡Os comeremos a los dos! ¡Marisco rico!»

«¡Marisco!», repitieron los demás caballos, mientras vadeaban por el estiércol.

Había moscas zumbando por todas partes y el calor exacerbaba el hedor. Tenía una idea aproximada de cómo superar aquel reto porque me había acordado de cómo lo había hecho Hércules. Él había canalizado un río hacia los establos y de ese modo había conseguido limpiarlos. Yo me veía capaz de controlar el agua, pero si no podía acercarme a los caballos sin ser devorado, no iba a resultarme tan fácil. El río discurría, además, por un punto de la colina más bajo y bastante más alejado de lo que yo creía: casi a un kilómetro. En fin, el problema de la caca parecía mucho más serio visto de cerca. Agarré una pala oxidada y recogí un poco desde el borde de la cerca, sólo para probar. Fantástico. Ya sólo me faltaban cuatro mil millones de paletadas.

El sol empezaba a descender. Me quedaban apenas unas horas. Llegué a la conclusión de que el río era mi única esperanza. Al menos, me resultaría más fácil pensar a la orilla del río que al borde de aquel estanque apestoso. Empecé a bajar por la ladera.

Cuando llegué al río, me encontré a una chica esperándome. Llevaba tejanos y una camiseta verde, y el largo pelo castaño trenzado con hierbas. Tenía los brazos cruzados y una expresión muy ceñuda.

—¡Ah, no!, ¡ni hablar! —exclamó.

Me quedé mirándola.

—¿Eres una náyade?

Ella puso los ojos en blanco.

—¡Pues claro!

—Pero hablas inglés. Y estás fuera del agua.

—¿Qué creías? ¿Que no podemos comportarnos como los humanos si queremos?

Nunca se me había ocurrido pensarlo. Me sentí estúpido, sin embargo, porque había visto muchas náyades por el campamento y ellas nunca pasaban de soltar risitas y de saludarme desde el fondo del lago de las canoas.

—Mira —le dije—, venía a pedir...

—Sé quién eres y lo que quieres. ¡Y la respuesta es no! No voy a permitir que se utilice otra vez mi río para limpiar ese establo asqueroso.

—Pero...

—Ahórrate las explicaciones, niño del mar. Las divinidades del océano siempre os creéis mucho más importantes que un río insignificante, ¿no? Bueno, pues permíteme que te diga que esta náyade no se va a dejar mangonear sólo porque tu papaíto sea Poseidón. Esto es territorio de agua dulce, señor mío. El último tipo que me pidió este favor (era mucho más atractivo que tú, por cierto) consiguió convencerme y... ¡fue el peor error de mi vida! ¿Tienes idea del daño que le causa a mi ecosistema todo ese estiércol de caballo? ¿Me has tomado por una depuradora? Mis peces morirán. Nunca lograré limpiar la caca de mis plantas. Me quedaré enferma durante años. ¡¡No, gracias!!

Su modo de hablar me recordó a mi amiga mortal, Rachel Elizabeth Dare. Era como si estuviera aporreándome con palabras. No podía culpar a aquella náyade. Bien mirado, yo también me pondría furioso si alguien descargase doscientas mil toneladas de estiércol en mi casa. Sin embargo...

—Mis amigos están en peligro —alegué.

—Vaya, ¡qué mala suerte! No es problema mío. Y tú no vas a emporcar mi río.

Parecía dispuesta a pelear. Tenía los puños apretados, aunque me pareció detectar un ligero temblor en su voz. De repente comprendí que, a pesar de su actitud, me tenía miedo. Seguramente pensaba que iba a luchar con ella para hacerme con el control del río y le preocupaba la posibilidad de perder.

Me entristecí sólo de pensarlo. Me sentí como un abusón: un hijo de Poseidón dándose importancia.

Me senté en un tronco.

—Está bien, tú ganas.

La náyade me miró, sorprendida.

—¿De veras?

—No voy a luchar contigo. Es tu río.

Noté que sus hombros se relajaban.

—Ah, qué bien. Quiero decir... ¡de buena te has librado!

—Pero mis amigos y yo seremos vendidos a los titanes si no consigo limpiar esos establos antes de que se ponga el sol. Y no sé cómo hacerlo.

El río discurría gorgoteando alegremente. Una serpiente se deslizó por el agua y sumergió la cabeza. La náyade suspiró.

—Voy a revelarte un secreto, hijo del dios del mar. Recoge un poco de tierra.

—¿Qué?

—Ya me has oído.

Me agaché y recogí un puñado de tierra tejana. Era tierra negra y seca, salpicada con grumos diminutos de roca blanca... No, de otra cosa que no era roca.

—Son caparazones de molusco —dijo la náyade—. Caparazones petrificados. Hace millones de años, incluso antes de la era de los dioses, cuando sólo reinaban Gea y Urano, esta tierra se encontraba bajo el agua. Formaba parte del mar.

De pronto comprendí a qué se refería. Tenía en mi mano diminutos fragmentos de erizos de mar y de caparazones marinos de enorme antigüedad. Incluso en las rocas de piedra caliza se veían las marcas de las valvas de molusco que habían quedado incrustadas en su interior.

—Vale —dije—. ¿Y de qué me sirve saberlo?

—Tú no eres tan diferente de mí, semidiós. Incluso cuando estoy fuera del agua, el agua se halla en mi interior. Es mi fuente de vida. —Retrocedió, metió los pies en el agua y sonrió—. Espero que encuentres el modo de rescatar a tus amigos.

Y, sin más, se convirtió en líquido y se disolvió en el río.


El sol rozaba las colinas cuando regresé a los establos. Alguien debía de haber venido a dar de comer a los caballos, porque estaban desgarrando a dentelladas la carroña de unos animales de enorme tamaño. No habría sabido decir de qué tipo de animal se trataba; de hecho, casi prefería no saberlo. Si aún era posible que los establos resultaran un poquito más repugnantes, aquellos caballos devorando carne cruda lo habían conseguido.

«¡Marisco! —pensó uno al verme—. ¡Entra! Aún tenemos hambre.»

¿Qué se suponía que debía hacer? No podía usar el río. Y el hecho de que aquel lugar hubiera estado bajo el mar un millón de años antes no me servía de mucho en ese momento. Miré los trocitos de caparazón calcificado que tenía aún en la palma de la mano y luego la montaña de excrementos. Frustrado, los tiré al suelo. Iba a dar la espalda a los caballos cuando oí un ruido.

*¡Pffft!*

Como un globo pinchado.

Bajé la vista hacia donde había tirado los restos del caparazón. Un chorrito de agua brotaba entre la bosta.

—No puede ser —murmuré.

Indeciso, me aproximé a la cerca.

—¡Crece! —le dije al chorro de agua.

*¡PLASH!*

El chorro ascendió casi un metro, como un surtidor, y continuó burbujeando. Era imposible, no podía ser. Sin embargo, allí estaba. Un par de caballos se acercaron a mirar. Uno de ellos puso la boca en el surtidor y retrocedió, asqueado.

«¡Argg! —dijo—. ¡Es salada!»

¡Agua de mar en mitad de un rancho de Texas! Recogí otro puñado de tierra y separé los fragmentos fósiles. No sabía muy bien lo que hacía, pero corrí alrededor del establo, arrojando trocitos de caparazón a aquellas montañas de excrementos. Allí donde aterrizaba el fósil, brotaba un chorro de agua.

«¡Basta! —clamaban los caballos—. ¡Carne buena! ¡Baños malos!»

Entonces me di cuenta de que el agua no se desbordaba: no salía de los establos ni fluía colina abajo, como habría ocurrido en circunstancias normales. Se limitaba a borbotear alrededor de cada surtidor y se filtraba otra vez en la tierra, arrastrando de paso el estiércol. La caca de caballo parecía disolverse en el agua salada y en su lugar reaparecía la tierra humedecida.

—¡Más! —grité.

Entonces sentí una especie de tirón en las tripas y los chorros de agua empezaron a explotar por todas partes, como en el mayor túnel de lavado del mundo. El agua marina se elevaba propulsada a más de seis metros. Los caballos, enloquecidos de pavor, corrían de un lado para otro, mientras aquellos géiseres los rociaban desde todas direcciones. A su vez, las montañas de bosta iban disolviéndose como si fuesen de hielo.

Noté el tirón en las tripas con más intensidad, casi de un modo doloroso, pero al mismo tiempo me sentía eufórico viendo toda aquella agua salada. Aquello era obra mía. Había traído el océano hasta la colina.

«¡Basta, señor! —gritó un caballo—. ¡Basta, por favor!»

Ahora el agua lo encharcaba todo. Los caballos estaban empapados y algunos enloquecían de pánico y resbalaban por el barro. El estiércol había desaparecido: toneladas enteras habían quedado disueltas y se las había tragado la tierra. El agua empezaba a empantanarse y a rebosar del establo, creando infinidad de torrentes que bajaban hacia el río.

—Detente —ordené al agua.

No ocurrió nada. El dolor en mis entrañas iba en aumento. Si no cortaba los géiseres enseguida, el agua salada llegaría al río y envenenaría las plantas.

—¡Detente! —repetí, concentrando toda mi energía en interrumpir la fuerza del mar.

Los géiseres cesaron de golpe y yo caí de rodillas, exhausto. Ante mis ojos tenía unos establos impolutos, un cercado de lodo húmedo y salado, y cincuenta caballos lavados tan a fondo que brillaban. Incluso los pedazos de carne que seguían comiendo habían quedado inmaculados.

«¡No te comeremos! —clamaban los caballos—. ¡Por favor, señor! ¡Basta de baños salados!»

—Con una condición —dije—: que sólo comáis lo que os den vuestros cuidadores. Nada de personas. ¡De lo contrario, volveré con más surtidores!

Los caballos relincharon y me hicieron un montón de promesas, asegurándome que en adelante se portarían como unos buenos caballitos carnívoros. Pero no me entretuve charlando. El sol se estaba poniendo. Di media vuelta y me dirigí a toda prisa al rancho.

Olí a barbacoa bastante antes de llegar, lo cual me hizo correr todavía más, porque a mí me encanta la barbacoa.

El patio estaba listo para celebrar una fiesta. Globos y serpentinas adornaban la verja. Gerión preparaba las hamburguesas en una barbacoa gigante hecha con un bidón de gasolina. Euritión ganduleaba junto a una mesa de picnic y se limpiaba las uñas con un cuchillo. El perro de dos cabezas husmeaba las costillas y las hamburguesas de la parrilla.

Entonces vi a mis amigos: Tyson, Grover, Annabeth y Nico estaban tirados en un rincón, atados como animales, con las muñecas y los tobillos juntos y una mordaza en la boca.

—¡Suéltelos! —grité, jadeando aún—. ¡He limpiado los establos!

Gerión se volvió. Llevaba un delantal en cada pecho con una palabra en cada uno, de manera que el conjunto decía: «BESA - AL - CHEF.»

—¿Ah, sí? ¿Cómo lo ha logrado, señor Jackson?

Estaba perdiendo la paciencia, pero se lo expliqué.

Él asintió, admirado.

—Muy ingenioso. Habría sido mejor que hubiese envenenado a esa náyade latosa, pero no importa.

—Suelte a mis amigos —exigí—. Hemos hecho un trato.

—He estado pensando en ello. El problema es que, si los suelto, no me pagarán.

—¡Lo prometió!

Gerión chasqueó los labios.

—¿Acaso me lo hizo jurar por el río Estigio? ¿Verdad que no? Entonces aquí no ha pasado nada. Cuando se hacen negocios, hijo, es imprescindible un juramento de obligado cumplimiento.

Saqué la espada. *Ortos* gruñó. Una de sus cabezas se inclinó junto a la oreja de Grover y mostró los colmillos.

—Euritión —dijo Gerión—, este chico está empezando a molestarme. Mátalo.

Euritión me observó. No tenía muy claras mis posibilidades contra él y su enorme garrote.

—Mátelo usted mismo —replicó Euritión.

Gerión alzó las cejas.

—¿Cómo dices?

—Ya me ha oído —refunfuñó Euritión—. Usted me manda continuamente que le haga el trabajo sucio. No para de meterse en peleas sin motivo. Y ya me he cansado de morir por usted. Si quiere combatir con el chico, hágalo usted mismo.

Aquello era lo más impropio de Ares que le había oído decir a un hijo de Ares.

Gerión arrojó la espátula al suelo.

—¿Te atreves a desafiarme? ¡Debería despedirte ahora mismo!

—¿Y quién se ocuparía de su ganado? *Ortos*, ven aquí.

El perro dejó de gruñir a Grover en el acto y fue a sentarse a los pies del pastor.

—Muy bien —refunfuñó Gerión—. ¡Me ocuparé de ti cuando haya matado al chico!

Tomó dos cuchillos de trinchar y me los arrojó sin más. Desvié uno con la espada. El otro había ido a clavarse en la mesa de picnic, apenas a tres centímetros de la mano de Euritión.

Pasé enseguida al ataque. Gerión detuvo mi primer mandoble con unas tenazas al rojo vivo y me lanzó una estocada a la cara con un tenedor de barbacoa. Eludí su siguiente golpe y lo traspasé de parte a parte por su pecho central.

—¡Arggg! —Cayó de rodillas. Aguardé a que se desintegrara, tal como hacen todos los monstruos. Pero él me dirigió una mueca y se incorporó otra vez. La herida abierta en su delantal había empezado a cerrarse.

—Buen intento, hijo. La cuestión es que tengo tres corazones. La copia de seguridad perfecta.

Volcó la barbacoa, desparramando las brasas por todas partes. Una aterrizó junto a la cara de Annabeth, que soltó un gemido ahogado. Tyson tironeó de sus ataduras, pero ni siquiera toda su fuerza bastó para romper los nudos. Tenía que dar fin a aquella pelea antes de que mis amigos sufrieran algún daño.

Asesté una estocada a Gerión en el pecho izquierdo, pero él se rió. Le clavé la espada en el estómago derecho. Nada. Por su modo de reaccionar, parecía que no le estuviera dando tajos a él, sino a su osito de peluche.

Tres corazones. La copia de seguridad perfecta. Ensartarlos de uno en uno no servía de nada...

Corrí al interior de la casa.

—¡Cobarde! —gritó—. ¡Vuelve aquí y muere como un hombre!

Las paredes del salón estaban decoradas con espantosos trofeos de caza, como ciervos disecados y cabezas de dragón; también había un armario lleno de rifles, un juego de espadas cruzadas y un arco y un carcaj.

Gerión me había seguido y me lanzó el tenedor de la barbacoa, que se clavó con un chasquido en la pared, a pocos centímetros de mi cabeza. Luego sacó dos espadas de su soporte.

—¡Tu cabeza irá ahí, Jackson! ¡Al lado del oso pardo!

Se me ocurrió una idea disparatada. Solté a *Contracorriente* y tomé el arco que adornaba el salón.

Yo era el peor arquero del mundo. Nunca daba en el blanco en el campamento, y mucho menos al centro de la diana. Pero no tenía alternativa. No lograría ganar aquel combate con una espada. Recé a Artemisa y a Apolo, los arqueros gemelos, con la esperanza de que por una vez se apiadasen de mí.

«Por favor, chicos. Sólo un tiro. Por favor.»

Lo apunté con una flecha. Gerión se echó a reír.

—¡Idiota! ¡Una flecha no te servirá de nada!

Alzó sus dos espadas y se abalanzó sobre mí. Me eché a un lado y, antes de que pudiera volverse, le disparé al flanco de su pecho derecho. Oí tres impactos seguidos a medida que la flecha fue atravesando cada pecho limpiamente. La saeta salió por su costado izquierdo y fue a incrustarse en la frente del oso disecado.

Gerión soltó sus espadas. Se volvió y me miró.

—Tú no sabes usar el arco. Me dijeron que no...

Su rostro adquirió un tono verdusco; luego cayó de rodillas y empezó a desmoronarse, a deshacerse como si fuera de arena, hasta que sólo quedaron en el suelo tres delantales y un par de botas enormes de cowboy.


Desaté a mis amigos sin que Euritión intentara detenerme. Luego avivé las brasas de la barbacoa y arrojé la comida a las llamas, en ofrenda a Artemisa y Apolo.

—Gracias, chicos —dije—. Os debo una.

A lo lejos retumbó un trueno, así que supuse que las hamburguesas debían de oler bien.

—¡Bravo, Percy! —me felicitó Tyson.

—¿Ahora podemos atar al pastor? —preguntó Nico.

—¡Sí! —dijo Grover—. ¡Ese perro por poco me mata!

Miré a Euritión, que seguía sentado tan tranquilo junto a la mesa de picnic. *Ortos* tenía sus dos cabezas apoyadas en las rodillas del pastor.

—¿Cuánto tiempo tardará Gerión en volver a formarse? —le pregunté.

Euritión se encogió de hombros.

—¿Cientos de años, tal vez? Él no es de esos reformistas ultrarrápidos, gracias a los dioses. Me has hecho un favor.

—Antes has dicho que ya habías muerto por él otras veces —recordé—. ¿Cómo es eso?

—Llevo miles de años trabajando para ese mal bicho. Empecé como un mestizo normal, pero escogí la inmortalidad cuando mi padre me la ofreció. El peor error de mi vida. Ahora estoy atrapado en este rancho. No puedo irme ni dimitir. He de cuidar las vacas y enfrentarme a los enemigos de Gerión. Es como si estuviéramos ligados el uno al otro.

—Quizá puedas cambiar las cosas —sugerí.

Euritión me miró entornando los ojos.

—¿Cómo?

—Trata bien a los animales. Cuídalos. Deja de venderlos para ganarte la vida. Y no hagas más tratos con los titanes.

Euritión reflexionó.

—Estaría bien.

—Consigue que los animales se pongan de tu parte y ellos te ayudarán. Y cuando vuelva Gerión, quizá sea él quien tenga que ponerse a trabajar para ti.

Euritión sonrió de oreja a oreja.

—Eso tampoco me molestaría.

—¿No tratarás de impedir que nos vayamos?

—No, qué va.

Annabeth se frotó sus muñecas magulladas. Aún miraba con suspicacia a Euritión.

—Tu jefe ha dicho que alguien había pagado para garantizar nuestro paso sin problemas. Dime quién.

El pastor se encogió de hombros.

—Quizá lo haya dicho para engañaros.

—¿Y los titanes? —le pregunté—. ¿Ya les has enviado un mensaje Iris sobre Nico?

—No. Gerión pensaba hacerlo después de la barbacoa. Ellos no saben nada sobre el chico.

Nico me miraba con odio. No sabía qué hacer con él. Dudaba mucho de que quisiera venir con nosotros. Pero, por otro lado, no podía dejar que siguiera vagando por su cuenta sin rumbo fijo.

—Tal vez podrías quedarte en el rancho hasta que terminemos nuestra búsqueda —propuse—. Aquí estarías a salvo.

—¿A salvo? —gritó Nico—. ¿A ti qué puede importarte? ¡Dejaste que mataran a mi hermana!

—Nico —le dijo Annabeth—, no fue culpa de Percy. Y Gerión no mentía cuando dijo que Cronos desearía capturarte. Si supiera quién eres, haría cualquier cosa para que te pusieras de su lado.

—Yo no estoy del lado de nadie. ¡Y no tengo miedo!

—Deberías —le dijo Annabeth—. Tu hermana no querría...

—¡Si te importara mi hermana, me ayudarías a recuperarla!

—¿Un alma por otra alma? —apunté.

—¡Sí!

—Pero si has dicho que no querías mi alma...

—¡No estoy hablando contigo! —Pestañeó para contener las lágrimas—. ¡Y seré yo quien la haga volver!

—Bianca no querría que la trajesen de vuelta —dije—. No así, por lo menos.

—¡Tú ni siquiera la conocías! —gritó—. ¿Cómo puedes saber lo que habría querido?

Contemplé las llamas de la barbacoa. Pensé en uno de los versos de la profecía: «Te elevarás o caerás de la mano del rey de los fantasmas.» Ese rey tenía que ser Minos. Debía convencer a Nico para que no volviera a hacerle caso.

—Preguntémosle a Bianca —aventuré.

El cielo pareció oscurecerse de golpe.

—Ya lo he intentado —dijo Nico con tristeza—. No responde.

—Pruébalo otra vez. Tengo el presentimiento de que contestará si estoy yo presente.

—¿Por qué habría de hacerlo?

—Porque no ha parado de enviarme mensajes Iris —declaré, repentinamente convencido de ello—. Ha intentado advertirme sobre lo que te proponías para que pudiera protegerte.

Nico meneó la cabeza.

—Eso es imposible.

—Sólo hay un modo de averiguarlo. Has dicho que no tenías miedo. —Me volví hacia Euritión—. Necesitamos un hoyo, como una tumba. Y comida y bebida.

—Percy —me advirtió Annabeth—, no creo que sea buena...

—De acuerdo —dijo Nico—. Lo intentaré.

Euritión se rascó la barba.

—Podríamos usar un agujero que hemos cavado ahí atrás para el depósito de la fosa séptica. Niño cíclope, trae la nevera portátil de la cocina. Espero que a los muertos les guste la cerveza de raíces.

# 10

## Participamos en un concurso mortal de enigmas

Había oscurecido ya cuando hicimos nuestra invocación ante un agujero de seis metros de largo, junto al depósito de la fosa séptica. Era un depósito de color amarillo chillón y en un lado tenía una cara sonriente y unas letras rojas que decían: «FELICES VERTIDOS S.A.» No encajaba demasiado con el ambiente de una invocación a los muertos, la verdad.

Había luna llena. Las nubes plateadas se deslizaban perezosamente por el cielo.

—Minos ya debería estar aquí —dijo Nico, frunciendo el ceño—. Es noche cerrada.

—Quizá se ha perdido —dije, esperanzado.

Él empezó a derramar cerveza de raíces y arrojó carne asada en el interior de la fosa; luego entonó un cántico en griego antiguo. Los grillos enmudecieron en el acto. En mi bolsillo, el silbato para perros de hielo estigio empezó a enfriarse y acabó congelado y pegado a mi muslo.

—Dile que pare —me susurró Tyson.

Una parte de mí sentía lo mismo. Aquello era antinatural. El aire de la noche se había vuelto gélido y amenazador. Pero, antes de que pudiera decir nada, comparecieron los primeros espíritus. Surgió de la tierra una niebla sulfurosa y las sombras se espesaron y adoptaron formas humanas. Una silueta azul se deslizó hasta el borde de la fosa y se arrodilló para beber.

—¡Detenlo! —exclamó Nico, interrumpiendo por un instante su cántico—. ¡Sólo Bianca puede beber!

Saqué a *Contracorriente*. A la vista del bronce celestial, los fantasmas se batieron en retirada con un silbido unánime. Pero ya era tarde para detener al primer espíritu, que había cobrado la forma de un hombre barbado con túnica blanca. Llevaba una diadema de oro en la frente; sus ojos, aunque estuvieran muertos, adquirían vida de pura malicia.

—¡Minos! —dijo Nico—. ¿Qué estás haciendo?

—Disculpadme, amo —respondió el fantasma, aunque no parecía muy apenado—. El sacrificio olía tan bien que no he podido resistirlo. —Se miró las manos y sonrió—. Es agradable poder verme a mí mismo de nuevo. Casi con formas sólidas...

—¡Estás perturbando el ritual! —protestó Nico.

Los espíritus de los muertos empezaron a cobrar un brillo de peligrosa intensidad y Nico se vio obligado a reanudar el cántico para mantenerlos a raya.

—Sí, muy bien, amo —comentó Minos, divertido—. Seguid cantando. Yo sólo he venido a protegeros de estos mentirosos que os acabarían engañando. —Me miró como si fuese una especie de cucaracha—. Percy Jackson... vaya, vaya. Los hijos de Poseidón no han mejorado mucho a lo largo de los siglos, ¿no es cierto?

Me daban ganas de arrearle un puñetazo, pero me figuré que mi puño le atravesaría el rostro sin tropezar con nada sólido.

—Buscamos a Bianca di Angelo —le dije—. Lárgate.

El fantasma rió entre dientes.

—Tengo entendido que una vez mataste a mi Minotauro con las manos desnudas. Pero te aguardan cosas peores en el laberinto. ¿De veras crees que Dédalo va a ayudarte?

Los demás espíritus se removían, inquietos. Annabeth sacó su cuchillo y me ayudó a mantenerlos alejados de la fosa. Grover estaba tan nervioso que se agarró del hombro de Tyson.

—A Dédalo no le importáis nada, mestizos —nos advirtió Minos—. No podéis confiar en él. Ha perdido la cuenta de sus años y es muy astuto. Vive amargado por los remordimientos del asesinato y ha sido maldito por los dioses.

—¿Qué asesinato? —pregunté—. ¿A quién ha matado?

149

—¡No cambies de tema! —gruñó el fantasma—. Estás poniendo trabas a mi amo; tratando de persuadirlo para que abandone su propósito. ¡Yo le otorgaría un gran poder!

—¡Ya basta, Minos! —le ordenó Nico.

El fantasma hizo una mueca despectiva.

—Amo, ellos son vuestros enemigos. ¡No los escuchéis! Dejad que os proteja. Llevaré su mente a la locura, como hice con los otros.

—¿Qué otros? —dijo Annabeth, sofocando un grito—. ¿No te referirás a Chris Rodríguez? ¿Fuiste tú?

—El laberinto es mío —declaró el fantasma—, y no de Dédalo. Los intrusos se merecen la maldición de la locura.

—¡Desaparece, Minos! —exigió Nico—. ¡Quiero ver a mi hermana!

El fantasma se tragó su rabia.

—Como deseéis, amo. Pero os lo advierto: no podéis fiaros de estos héroes.

Y dicho esto, se deshizo y volvió a la niebla.

Algunos espíritus intentaron adelantarse, pero Annabeth y yo los mantuvimos a raya.

—¡Bianca, aparece! —clamó Nico. Entonó su cántico más deprisa y los espíritus se agitaron aún más inquietos.

—Está a punto —murmuró Grover.

Una luz plateada parpadeó entre los árboles: un espíritu que parecía más fuerte y luminoso que los demás. Cuando se acercó, algo me dijo que lo dejara pasar. Se arrodilló a beber en la fosa. Al levantarse, vi que era el fantasma de Bianca di Angelo.

Nico vaciló e interrumpió su cántico. Bajé la espada. Los demás espíritus empezaron a arremolinarse alrededor, pero Bianca alzó los brazos y todos retrocedieron hacia el bosque.

—Hola, Percy —saludó.

Tenía el mismo aspecto que en vida: un gorro verde ladeado sobre su pelo negro y abundante, los ojos oscuros y la piel muy morena, como su hermano. Llevaba tejanos y una chaqueta plateada, el uniforme de las cazadoras de Artemisa, y portaba un arco colgado del hombro. Sonreía débilmente y su forma entera parecía temblar.

—Bianca... —dije. Me salió una voz ronca. Me había sentido culpable de su fin durante mucho tiempo, pero tenerla allí delante era mil veces peor: como si la impresión de su muerte hubiera regresado con toda su virulencia. Recordé cómo habíamos buscado entre los restos del gigantesco guerrero de bronce sin encontrar el menor rastro de ella, hasta que comprendimos que había sacrificado su vida para derrotarlo—. Lo siento mucho.

—No tienes por qué disculparte, Percy. La decisión la tomé yo. Y no lo lamento.

—¡Bianca! —Nico dio un traspié, aturdido.

Ella se volvió hacia su hermano. Tenía una expresión triste, como si temiera aquel momento.

—Hola, Nico. ¡Qué alto estás!

—¿Por qué has tardado tanto en responderme? —gritó—. ¡Lo he intentado durante meses!

—Confiaba en que te dieras por vencido.

—¿Por qué? —Parecía desolado—. ¿Cómo puedes decir eso? ¡Estoy tratando de salvarte!

—¡No puedes, Nico! No lo hagas. Percy tiene razón.

—¡No! ¡Él te dejó morir! ¡No es tu amigo!

Bianca alargó un brazo, como para tocarle la cara a su hermano. Pero estaba hecha de pura niebla: su mano se evaporaba en cuanto se acercaba a la piel de un ser vivo.

—Escúchame bien —dijo—. Guardar rencor es muy peligroso para un hijo de Hades. Es nuestro defecto fatídico. Tienes que perdonar. Prométemelo.

—No. Nunca.

—Percy se ha preocupado por ti, Nico. Él puede ayudarte. Yo permití que viese lo que te proponías con la esperanza de que te encontrara.

—Así que fuiste tú —dije—. Tú me enviaste esos mensajes Iris.

Bianca asintió.

—¿Por qué lo ayudas a él y no a mí? —chilló Nico—. ¡No es justo!

—Ahora te acercas más a la verdad —señaló Bianca—. No es con Percy con quien estás furioso, Nico, sino conmigo.

—No.

—Estás furioso porque te dejé para convertirme en una cazadora de Artemisa. Estás furioso porque morí y te dejé solo. Lo siento, Nico. Lo siento de verdad. Pero has de sobreponerte a la ira. Y deja de culpar a Percy por las decisiones que tomé yo; de lo contrario, provocarás tu propia perdición.

—Es verdad —intervino Annabeth—. Cronos se está alzando contra los dioses, Nico. Atraerá a su causa a todo el que pueda.

—Cronos me importa un pimiento —soltó Nico—. Yo sólo quiero recuperar a mi hermana.

—Eso no puedes lograrlo, Nico —le dijo Bianca con suavidad.

—¡Soy el hijo de Hades! Sí puedo.

—No lo intentes —insistió ella—. Si me quieres, no...

Su voz se apagó. Los espíritus habían empezado a congregarse otra vez alrededor y parecían llenos de desazón. Sus sombras se agitaban. Sus voces cuchicheaban: «¡Peligro!»

—Algo se remueve en el Tártaro —señaló Bianca—. Tu poder llama la atención de Cronos. Los muertos deben regresar al inframundo. Para nosotros no es seguro permanecer aquí.

—Espera —rogó Nico—. Por favor...

—Adiós, Nico —se despidió Bianca—. Te quiero. Recuerda lo que te he dicho.

Su forma tembló en el aire y todos los fantasmas desaparecieron, dejándonos solos con una fosa, un depósito amarillo de Felices Vertidos S. A. y una luna redonda y glacial.

Ninguno de nosotros quería partir esa noche, así que decidimos esperar a la mañana siguiente. Grover y yo nos derrumbamos en los sofás de cuero de la sala de Gerión, lo cual resultaba mucho más cómodo que dormir sobre un petate en el laberinto. Sin embargo, ello no me evitó las pesadillas.

Soñé que estaba con Luke, caminando por el lóbrego palacio de la cima del monte Tamalpais. Ahora ya era un edificio real, no un espejismo inacabado como el que había visto el invierno anterior. A lo largo de las paredes había braseros que ardían con llamas verdosas. El suelo era de mármol negro pulido. Soplaba un viento frío por el pasillo y, sobre nuestras cabezas, a través de las claraboyas, se veían nubes grises cargadas de tormenta que se arremolinaban en el cielo.

Luke parecía listo para el combate. Llevaba pantalones de camuflaje, una camiseta blanca y una coraza de bronce; no llevaba su espada *Backbiter* al cinto, sino sólo una vaina vacía. Entramos en un gran patio donde se entrenaban docenas de guerreros y de *dracaenae*. En cuanto lo vieron, los semidioses se pusieron firmes y golpearon su escudo con la espada.

—¿Ha llegado el momento, mi señor? —preguntó una *dracaena* con su voz sibilante.

—Pronto —prometió Luke—. Seguid trabajando.

—Mi señor —dijo otra voz a su espalda. Kelli, la *empusa*, le sonreía radiante. Esta vez llevaba un vestido azul y tenía una aspecto malvado y hermoso. Sus ojos relampagueaban, a veces con un matiz castaño y otras totalmente rojos. El pelo le caía por la espalda y parecía captar el brillo de las antorchas, como si estuviera deseando convertirse otra vez en una llamarada.

El corazón me palpitaba. Estaba esperando que Kelli me viera y me ahuyentase del sueño como había hecho en otra ocasión, pero esta vez no pareció advertir mi presencia.

—Tienes una visita —comunicó a Luke, haciéndose a un lado. E incluso éste pareció quedarse estupefacto.

El monstruo Campe se alzaba ante él con todas sus serpientes siseando y retorciéndose alrededor de sus piernas. Las cabezas de animales seguían creciendo en su cintura. Tenía en las manos sus espadas chorreantes de veneno y, con sus alas de murciélago desplegadas, ocupaba todo el corredor por el que había llegado.

—¡Tú! —exclamó Luke, con voz algo temblorosa—. Te ordené que te quedaras en Alcatraz.

Campe parpadeó como los reptiles, o sea, cerrando los párpados de lado, y empezó a hablar en aquella lengua extraña y pedregosa. Pero esta vez, no sé cómo, la entendí: «He venido a servirte. Déjame vengarme.»

—Tú eres carcelera —dijo Luke—. Tu trabajo...

«Yo los mataré. A mí nadie se me escapa.»

Luke vaciló. Un hilo de sudor se le deslizó por la sien.

—Muy bien —accedió—. Acompáñanos. Puedes llevar el hilo de Ariadna. Es un encargo de gran honor.

Campe lanzó un siseo hacia las estrellas, envainó sus espadas, dio media vuelta y echó a caminar pesadamente, aporreando el suelo con su enormes patas de dragón.

—Deberíamos haberla dejado en el Tártaro —masculló Luke—. Es demasiado caótica. Demasiado poderosa.

Kelli rió suavemente.

—No has de temer el poder, Luke. ¡Utilízalo!

—Cuanto antes nos pongamos en marcha, mejor —decidió él—. Quiero acabar de una vez.

—Ah —respondió Kelli, apiadándose, mientras le recorría el brazo con un dedo—. ¿Te resulta desagradable destruir tu antiguo campamento?

—Yo no he dicho eso.

—¿No te estarás replanteando el... papel especial que te corresponde?

Luke adoptó una expresión pétrea.

—Sé cuál es mi deber.

—Estupendo —dijo la mujer demonio—. ¿Te parece que nuestra fuerza de choque bastará? ¿O tendré que pedirle ayuda a la Madre Hécate?

—Tenemos más que suficiente —replicó Luke con aire sombrío—. El trato está casi cerrado. Sólo me queda negociar un paso seguro a través de la pista de combate.

—Hummm... —dijo Kelli—. Esto suena interesante. No soportaría ver tu hermosa cabeza clavada de una lanza, si llegaras a fallar.

—No fallaré. Y tú, demonio, ¿no tienes nada que hacer?

—Sí, claro —aseguró Kelli, sonriendo—. Voy a llevar a la desesperación a nuestros enemigos indiscretos. Ahora mismo voy a hacerlo.

Fijó sus ojos en mí, sacó las garras y pulverizó mi sueño.

De repente, me encontré en otro lugar.

Me hallaba en lo alto de una torre de piedra desde la que se dominaban unos acantilados y el océano. El anciano Dédalo, inclinado sobre una mesa de trabajo, forcejeaba con un instrumento de navegación semejante a una brújula enorme. Parecía mucho más viejo que la última vez. Tenía la espalda encorvada y las manos sarmentosas. Soltaba maldiciones en griego antiguo y guiñaba los ojos como si no pudiera ver lo que hacía, a pesar de que era un día soleado.

—¡Tío! —dijo una voz.

Un chico risueño de la edad de Nico subía los escalones con una caja de madera en las manos.

—Hola, Perdix —respondió el anciano con frialdad—. ¿Has terminados tus tareas?

—Sí, tío. ¡Eran fáciles!

Dédalo lo miró ceñudo.

—¿Fáciles? ¿Hacer subir el agua por la ladera sin una bomba te ha parecido fácil?

—Ya lo creo. ¡Mira!

El chico volcó la caja y hurgó entre la chatarra. Sacó un trozo de papiro y le enseñó al viejo inventor unos diagramas y unas notas. No tenían ningún sentido para mí, pero Dédalo asintió a regañadientes.

—Ya veo. No está mal.

—¡Al rey le ha encantado! —aseguró Perdix—. ¡Ha dicho que quizá yo sea más listo que tú!

—¿Eso ha dicho?

—Pero yo no le creo. ¡Estoy tan contento de que mi madre me enviase a estudiar contigo...! Quiero saber todo lo que tú sabes.

—Sí —masculló Dédalo—. Así, cuando me muera, podrás ocupar mi puesto, ¿no es eso?

El chico abrió los ojos de par en par.

—¡Oh, no, tío! Pero he estado preguntándome... ¿por qué tiene que morir un hombre?

El inventor frunció el ceño.

—Así son las cosas, muchacho. Todo muere, salvo los dioses.

—Pero ¿por qué? —insistió Perdix—. Si pudiese capturar el *animus*, atrapar el alma en otra forma distinta... Tú me has hablado de tus autómatas, tío. Toros, águilas, dragones, caballos de bronce. ¿Por qué no la forma en bronce de un hombre?

—No, muchacho —dijo Dédalo, cortante—. Eres un ingenuo. Eso es imposible.

—No lo creo —persistió él—. Con un poco de magia...

—¿Magia? ¡Bah!

—¡Sí, tío! La magia y la mecánica juntas. Con un poco de trabajo, se podría hacer un cuerpo totalmente parecido al humano, sólo que mejor. He tomado algunas notas.

155

Le tendió al anciano un grueso rollo. Dédalo lo desplegó y estuvo leyendo un buen rato. Luego entornó los párpados, miró al chico, cerró el rollo y carraspeó.

—No saldrá bien, muchacho. Cuando seas mayor lo comprenderás.

—¿Quieres que te calibre el astrolabio, tío? ¿Se te han vuelto a hinchar las articulaciones?

El anciano apretó los dientes.

—No. Gracias. ¿Por qué no te vas por ahí un rato?

Perdix no pareció advertir el enfado de su tío. Tomó un escarabajo de bronce del montón de chatarra y corrió al borde de la torre, donde sólo había un pretil bajo que apenas le llegaba a las rodillas. El viento soplaba con fuerza.

«Retrocede», quería gritarle, pero mi voz no sonaba.

Le dio cuerda al escarabajo y lo lanzó por los aires. El artilugio desplegó las alas y se alejó con un zumbido. El chico se echó a reír, satisfecho.

—Más listo que yo —masculló Dédalo en un susurro que Perdix no llegó a oír.

—¿Es cierto que tu hijo se mató volando, tío? He oído que le hiciste unas alas enormes, pero que fallaron.

Dédalo cerró los puños.

—Ocupar mi lugar —murmuró.

El viento agitaba las ropas del chico y le alborotaba el pelo.

—Me gustaría volar —dijo—. Construiría unas alas que no fallaran. ¿Crees que sería capaz?

Quizá fuera un sueño dentro de un sueño, pero de repente me imaginé a Jano, el dios de las dos caras, flotando en el aire junto a Dédalo y sonriendo mientras se pasaba su llave plateada de una mano a otra. «Elige —le susurraba al anciano inventor—. Elige.»

Dédalo tomó otro de los bichos metálicos del chico. Sus ojos estaban rojos de rabia.

—Perdix —le gritó—. Tómalo.

Entonces le lanzó el escarabajo de bronce. Divertido, el chico intentó atraparlo al vuelo, pero el lanzamiento era demasiado largo y el artilugio pasó volando. Perdix hizo un esfuerzo, se acercó al pretil demasiado y el viento lo empujó.

Consiguió aferrarse al borde de la torre.

—¡Tío! —gritó—. ¡Ayúdame!

El rostro del anciano era una máscara inescrutable. No se movió de su sitio.

—Venga, Perdix —dijo Dédalo en voz muy baja—, fabrícate unas alas. Pero date prisa.

—¡Tío! —gritó el chico mientras le resbalaban los dedos. Y cayó a plomo al mar.

Hubo un instante de silencio. La figura del dios Jano tembló y se desvaneció. Luego un trueno sacudió los cielos y una severa voz femenina llegó de lo alto: «Lo pagarás caro, Dédalo.»

Era una voz que ya había oído antes. Era la madre de Annabeth, Atenea.

Dédalo levantó la vista con el ceño fruncido.

—Siempre te he honrado, madre. Lo he sacrificado todo para seguir tu camino.

«Pero el chico también tenía mi bendición. Y lo has matado. Habrás de pagar un alto precio por ello.»

—¡No he hecho más que pagar! —masculló Dédalo—. Lo he perdido todo. Sufriré en el inframundo, sí, no me cabe duda. Pero entretanto...

Tomó el rollo de papiro del chico, lo estudió un momento y se lo guardó en la manga.

«No lo comprendes —replicó Atenea con frialdad—. Pagarás ahora y eternamente.»

Dédalo se desmoronó de repente, presa de tremendos dolores. Sentí lo que él sentía. Un dolor ardiente alrededor del cuello, como si llevase puesto un collar al rojo vivo, que me dejó sin aliento y me sumió en un pozo negro.

Al despertar en la oscuridad, aún me agarraba la garganta con las manos.

—¿Percy? —dijo Grover desde el otro sofá—. ¿Estás bien?

Procuré respirar con normalidad. No sabía qué contestarle. Acababa de ver al tipo que buscábamos, a Dédalo, asesinando a su propio sobrino. ¿Cómo iba a encontrarme bien? La televisión estaba encendida y su luz azulada parpadeaba en la habitación.

—¿Qué... qué hora es? —farfullé.

—Las dos de la mañana —respondió Grover—. No podía dormir; estaba mirando el Canal Naturaleza. —Se sorbió la nariz—. Echo de menos a Enebro.

Me restregué los ojos para despejarme.

—Ya, bueno... pronto la verás otra vez.

Grover meneó la cabeza tristemente.

—¿Sabes qué día es hoy? Acabo de verlo en la tele. Trece de junio. Han pasado siete días desde que salimos del campamento.

—¿Cómo? No puede ser.

—El tiempo transcurre más deprisa en el laberinto —me recordó—. La primera vez que tú y Annabeth bajasteis, creíais que habían pasado sólo unos minutos, ¿verdad? Y en realidad había sido una hora.

—Ah. Cierto —asentí. Y entonces comprendí lo que estaba diciendo y noté de nuevo una tenaza ardiente en la garganta—. ¡La fecha límite del Consejo de los Sabios Ungulados!

Grover tomó el mando de la tele y le arrancó un trozo de un bocado.

—Estoy fuera de plazo —dijo con la boca llena de plástico—. En cuanto vuelva, me quitarán mi permiso de buscador. Y nunca más me darán autorización para volver a salir.

—Hablaremos con ellos —le prometí—. Haremos que te concedan más tiempo.

Grover tragó con esfuerzo.

—No aceptarán. El mundo se está muriendo, Percy. Cada día que pasa, empeora. La vida salvaje... Noto que se desvanece. He de encontrar a Pan.

—Lo conseguirás, tío. No tengo ninguna duda.

Grover me miró con ojos tristes de cabra.

—Siempre has sido un buen amigo, Percy. Lo que has hecho hoy, salvar a los animales del rancho de las garras de Gerión, ha sido asombroso. Me... me gustaría parecerme más a ti.

—No digas eso —repliqué—. Tú tienes tanto de héroe...

—No, qué va. Lo intento, pero... —Suspiró—. Percy, no puedo volver al campamento sin encontrar a Pan. Lo entiendes, ¿verdad? Si fracaso, no podré mirar a Enebro a la cara. ¡Ni siquiera podré mirarme a la cara a mí mismo!

Su voz sonaba tan infeliz que resultaba doloroso escucharla. Habíamos pasado muchas cosas juntos, pero nunca lo había visto tan hundido.

—Ya se nos ocurrirá algo —le aseguré—. Tú no has fracasado. Eres el campeón de los niños cabra, ¿de acuerdo? Enebro lo sabe. Y yo también.

Grover cerró los ojos.

—El campeón de los niños cabra —murmuró, desanimado.

Mucho después de que se durmiera, yo seguía despierto, contemplando las cabezas que Gerión había colgado como trofeos iluminadas por el resplandor azul de la televisión.


A la mañana siguiente bajamos desde el rancho hasta la rejilla de retención y nos despedimos.

—¿Por qué no nos acompañas, Nico? —sugerí sin pensármelo. Supongo que todavía tenía presente mi sueño y también lo mucho que me recordaba al joven Perdix.

Él negó con la cabeza. No creo que ninguno de nosotros hubiera dormido bien en aquel rancho diabólico, pero su aspecto era peor que el de los demás. Tenía los ojos enrojecidos y la cara blanca como la cera. Iba envuelto en una túnica negra que debía de haber pertenecido a Gerión, porque incluso para un adulto habría sido tres o cuatro tallas demasiado grande.

—Necesito tiempo para pensar —respondió sin mirarme a los ojos, aunque noté que su ira aún no se había aplacado. El hecho de que su hermana hubiera salido del inframundo por mí, y no por él, no parecía haberle sentado muy bien.

—Escucha, Nico —le dijo Annabeth—, Bianca sólo quiere que estés bien.

Le puso una mano en el hombro, pero él se apartó y empezó a subir la cuesta hacia el rancho. Tal vez fueran imaginaciones mías, pero la niebla matinal parecía seguirlo a medida que caminaba.

—Me preocupa —dijo Annabeth—. Si se pone a hablar otra vez con el fantasma de Minos...

—No le pasará nada —prometió Euritión. El pastor se había lavado y arreglado. Llevaba unos vaqueros nuevos y una camisa ranchera, e incluso se había recortado la barba. Tenía puestas las botas de Gerión—. Puede quedarse aquí y meditar todo el tiempo que quiera. Prometo mantenerlo a salvo.

—¿Y tú? —le pregunté.

Euritión le rascó a *Ortos* un cuello y luego el otro.

—Las cosas en este rancho van a cambiar a partir de ahora. Se acabó la carne de vaca sagrada. Estoy pensando en empanadas de semillas de soja. Y voy a hacerme amigo de esos caballos carnívoros. Quizá me inscriba en el próximo rodeo.

La sola idea me dio escalofríos.

—Pues... buena suerte.

—Sí. —Euritión escupió en la hierba—. Supongo que ahora vais a buscar el taller de Dédalo.

La mirada de Annabeth se iluminó.

—¿Puedes ayudarnos?

Euritión se quedó mirando la rejilla de retención. Tuve la impresión de que la cuestión lo ponía nervioso.

—No sé dónde está. Pero seguramente Hefesto sí lo sabrá.

—Eso dijo Hera —asintió Annabeth—. Pero ¿cómo podemos encontrarlo?

Euritión se sacó algo de debajo del cuello de la camisa. Era un collar: un disco plateado y liso con una cadena de plata. Tenía una depresión en el centro, como la huella de un pulgar. Se lo entregó a Annabeth.

—Hefesto viene por aquí de vez en cuando —dijo—. Estudia los animales para copiarlos en sus autómatas. La última vez... le hice un pequeño favor. Para una bromita que quería gastarles a mi padre, Ares, y a Afrodita. Y él, en señal de gratitud, me dio esta cadena. Me dijo que si alguna vez necesitaba encontrarlo, el disco me guiaría hasta su fragua. Pero sólo una vez.

—¿Y me lo das a mí? —exclamó Annabeth.

Euritión se sonrojó.

—Yo no tengo ninguna necesidad de ver las fraguas, señorita. Me sobra trabajo aquí. Sólo hay que apretar el botón y él te encamina.

Cuando Annabeth lo pulsó, el disco cobró vida y desplegó en el acto ocho patas metálicas. Para perplejidad de Euritión, ella lo arrojó al suelo con un chillido.

—¡Una araña! —gritó la muchacha.

—Es que... las arañas le dan un poco de miedo —explicó Grover—. Una antigua rivalidad entre Atenea y Aracné.

—Ah. —Euritión parecía avergonzado—. Lo siento, señorita.

La araña se arrastró hacia la rejilla de retención y desapareció entre los barrotes.

—¡Rápido! —dije—. Esa cosa no va a esperarnos.

Annabeth no parecía tener mucha prisa, pero no nos quedaba alternativa. Nos despedimos de Euritión, Tyson sacó la rejilla y saltamos otra vez al interior del laberinto.

Ojalá le hubiera puesto una correa a aquella araña, porque se deslizaba por los túneles tan deprisa que la mayor parte del tiempo ni siquiera la veía. De no ser por el excelente oído de Tyson y Grover, no habríamos sabido qué camino elegir.

Recorrimos un túnel de mármol, giramos a la izquierda... y estuve a punto de caer en un abismo. Tyson me sujetó en el último momento y me arrastró hacia atrás. El túnel continuaba más adelante, pero no había suelo en un trecho de treinta metros; sólo se veía un hueco oscuro y una serie de travesaños de hierro en el techo. La araña mecánica ya había cruzado la mitad del abismo colgada de los travesaños, a los que iba lanzando sus hilos metálicos.

—¡Un pasamanos! —dijo Annabeth—. Se me dan muy bien.

Saltó al primer travesaño, se agarró firmemente y empezó a pasar de uno a otro balanceándose. Le daba miedo la araña más diminuta, pero no la posibilidad de caer al vacío desde un pasamanos larguísimo. A ver quién entiende de eso.

Llegó al otro lado y echó a correr detrás de la araña. Me tocaba a mí. Cuando crucé el abismo, miré atrás y vi que Tyson se había subido a Grover a caballito (¿o sería a caballito?). El grandullón llegó al final del pasamanos en tres brazadas. Menos mal porque, justo cuando saltaba a mi lado, se quebró el último travesaño.

Seguimos adelante y pasamos junto a un esqueleto desmoronado en un lado del túnel. Llevaba aún los restos de una camisa, unos pantalones y una corbata. La araña no aminoró el paso. Resbalé en un montón de pedazos de madera, pero cuando enfoqué con la linterna descubrí que eran lápices: cientos de lápices partidos por la mitad.

El túnel se abrió de repente a una gran estancia tan iluminada que la luz resultaba cegadora. Lo primero que me llamó la atención, cuando los ojos se acostumbraron, fueron los esqueletos. Había docenas tirados por el suelo. Algunos antiguos y ya blanqueados; otros recientes y muchísimo más repulsivos. No olían tan mal como los establos de Gerión, pero casi.

En el otro extremo de la estancia vi a una criatura monstruosa subida a un estrado reluciente. Tenía el cuerpo de un enorme león y cabeza de mujer. Habría resultado guapa tal vez, pero llevaba el pelo pegado al cráneo, recogido en un moño inflexible, y se había puesto demasiado maquillaje, de manera que me recordaba a la profesora de música de tercer curso. Tenía prendida en el pecho una insignia con cinta azul que tardé unos segundos leer: «¡ESTE MONSTRUO HA SIDO DECLARADO EJEMPLAR!»

—Esfinge —gimoteó Tyson.

Yo sabía muy bien qué le daba tanto miedo. De pequeño, en Nueva York, Tyson había sido atacado por una esfinge. Aún tenía las cicatrices en la espalda.

A cada lado de la criatura, había un foco deslumbrante. La única salida era el túnel que quedaba justo detrás del estrado. La araña mecánica se deslizó entre las garras de la esfinge y desapareció.

Annabeth se adelantó para seguirla, pero el monstruo dio un rugido y le mostró los aguzados colmillos que albergaba en su boca, por lo demás de aspecto normal. De inmediato, descendieron unos barrotes y bloquearon ambas salidas: la de nuestra espalda y la que teníamos enfrente.

Entonces el gruñido del monstruo se convirtió en una sonrisa radiante.

—¡Bienvenidos, afortunados concursantes! —dijo—. Prepárense para jugar a... ¡RESOLVER EL ENIGMA!

Resonaron unos aplausos enlatados desde el techo, como si hubiese unos altavoces invisibles. Los focos hicieron un barrido por toda la estancia, reflejándose en el estrado y confiriendo a los esqueletos un resplandor de discoteca.

—¡Premios fabulosos! —proclamó la esfinge—. ¡Supere la prueba y le tocará avanzar! ¡Fracase y me tocará devorarlo! ¿Quién va a ser nuestro próximo concursante?

Annabeth me tomó del brazo.

—De esto me encargo yo —susurró—. Ya sé qué va a preguntar.

No discutí demasiado. No quería que la devorase un monstruo, pero pensé que si la esfinge iba a plantear un enigma, Annabeth era la más indicada para intentar resolverlo.

Subió al podio del concursante, sobre el que se encorvaba aún un esqueleto con uniforme escolar. Ella lo quitó de en medio de un empujón y el esqueleto se desplomó en el suelo con estrépito.

—Perdón —le dijo Annabeth.

—¡Bienvenida, Annabeth Chase! —aulló la bestia, aunque ella no había dicho su nombre—. ¿Está lista para la prueba?

—Sí —declaró—. Dígame su enigma.

—¡Son veinte enigmas, de hecho! —respondió alegremente la esfinge.

—¿Cómo? Pero si en los viejos tiempos...

—¡Hemos elevado el listón! Para pasar, debe demostrar su habilidad en los veinte. ¿No es fantástico?

Los aplausos resonaban y se apagaban bruscamente, como si alguien fuera abriendo y cerrando un grifo.

Annabeth me miró, nerviosa. Le dirigí un gesto con el puño para animarla.

—De acuerdo —contestó a la esfinge—. Estoy lista.

Resonó desde el techo un redoble de tambor. Los ojos del monstruo relucían de excitación.

—¿Cuál es... la capital de Bulgaria?

Annabeth arrugó el ceño. Durante un instante espantoso, creí que se había quedado en blanco.

—Sofía —dijo—, pero...

—¡Correcto! —Más aplausos enlatados. La esfinge sonrió tan abiertamente que volvimos a verle los colmillos—.

Asegúrese por favor de marcar su respuesta claramente en la hoja de examen con un lápiz del número dos.

—¿Cómo? —Annabeth parecía perpleja. Enseguida apareció ante ella un cuadernillo y un lápiz perfectamente afilado.

—Asegúrese de que rodea cada respuesta sin salirse del círculo —dijo la esfinge—. Si ha de borrar, borre totalmente o la máquina no será capaz de leer sus respuestas.

—¿Qué máquina? —preguntó Annabeth.

La esfinge señaló con la zarpa. Junto a uno de los focos había una caja de bronce con infinidad de palancas y con la letra griega êta en un lado: la marca de Hefesto.

—Bueno —prosiguió la esfinge—, siguiente pregunta...

—Un momento —protestó Annabeth—. Aquello del animal que camina a cuatro patas por la mañana... ¿no va a preguntármelo?

—¿Disculpe? —dijo la esfinge, ahora claramente irritada.

—El enigma sobre el hombre. Camina a cuatro patas por la mañana, como un bebé; con dos a mediodía, como un adulto, y con tres por la tarde, como un viejo con su bastón. Ése es el enigma que planteaba siempre, ¿no?

—¡Y por eso justamente cambiamos la prueba! Porque los concursantes ya se sabían la respuesta. Bueno, segunda pregunta, ¿cuál es la raíz cuadrada de dieciséis?

—Cuatro —respondió Annabeth—, pero...

—¡Correcto! ¿Qué presidente estadounidense firmó la Proclamación de Emancipación?

—Abraham Lincoln, pero...

—¡Correcto! Enigma número cuatro. ¿Qué...?

—¡Un momento! —gritó Annabeth.

Habría querido decirle que dejara de quejarse. ¡Lo estaba haciendo muy bien! Tenía que limitarse a responder a las preguntas para que pudiéramos largarnos.

—Esto no son enigmas —alegó.

—¿Cómo que no? Claro que lo son. Estas preguntas han sido diseñadas especialmente...

—Son sólo un montón de datos estúpidos, escogidos al azar. Se supone que los enigmas han de obligarte a pensar.

—¿A pensar? —La esfinge frunció el ceño—. ¿Cómo se supone que voy a evaluar si es usted capaz de pensar?

¡Qué absurdo! Bueno, ¿qué cantidad de fuerza se precisa...?

—¡Basta! —insistió Annabeth—. ¡Esta prueba es una idiotez!

—Hummm, Annabeth —intervino Grover, nervioso—. A lo mejor lo que deberías hacer es, ya sabes, terminar primero y protestar después.

—Soy hija de Atenea —alegó ella—. Y esto es un insulto a la inteligencia. No pienso responder a esas preguntas.

En parte me dejó impresionado por atreverse a plantar cara de tal manera. Pero, por otra parte, tenía la impresión de que con su orgullo sólo iba a conseguir que nos mataran a todos.

Los focos nos deslumbraron con su brusca intensidad. Los ojos negros del monstruo destellaban.

—Entonces, querida, si no pasa, fracasa. Y como no podemos permitir que ningún niño se quede atrasado, ¡será DEVORADA!

La esfinge mostró sus colmillos, que relucían como si fueran de acero inoxidable, y dio un salto hacia el podio.

—¡No! —Tyson se lanzó en el acto a la carga. No soporta que nadie amenace a Annabeth, aunque me asombró que demostrara semejante valor después de la mala experiencia que había tenido con una esfinge.

Le hizo al monstruo un placaje cuando todavía estaba en el aire y los dos se desplomaron sobre un montón de huesos. Eso le dio tiempo a Annabeth para recobrar la serenidad y sacar su cuchillo. Tyson se levantó con la camisa hecha jirones. La esfinge rugía, estudiando el momento oportuno.

Saqué a *Contracorriente* y me situé delante de Annabeth.

—¡Vuélvete invisible! —le dije.

—¡Puedo luchar!

—¡No! —grité—. ¡La esfinge va a por ti!

Como para confirmar mis palabras, el monstruo derribó a Tyson, lo quitó de en medio y saltó de nuevo, tratando de pasarme de largo. Grover le clavó en el ojo la tibia de un esqueleto, lo que le arrancó un alarido de dolor. Annabeth se puso su gorra y desapareció en el acto. Cuando la bestia se lanzó sobre donde se hallaba un segundo antes, se encontró con las zarpas vacías.

—¡No es justo! —rugió—. ¡Tramposa!

Ahora que mi amiga no estaba a la vista, el monstruo se volvió hacia mí. Alcé mi espada, pero, antes de que pudiera darle una estocada, Tyson arrancó del suelo la máquina de puntuaciones y se la tiró por la cabeza, deshaciéndole el moño. El artilugio terminó estrellándose en el suelo y las piezas quedaron esparcidas por todas partes.

—¡Mi máquina! —gritó—. ¿Cómo voy a ser ejemplar si no puedo puntuar las pruebas?

Los barrotes de los dos túneles se alzaron en ese momento y todos corrimos hacia el fondo de la estancia. Confiaba en que Annabeth hiciera lo mismo.

La esfinge se apresuró a perseguirnos, pero Grover sacó sus flautas de junco y se puso a tocar. De repente, los lápices recordaron que habían formado parte de los árboles: se congregaron en torno a las garras de la esfinge, desarrollaron raíces y ramas, y empezaron a enredársele en las patas. El monstruo acababa desgarrando los nudos, pero aquello nos dio el tiempo que necesitábamos.

Tyson arrastró a Grover hacia el túnel y los barrotes se cerraron con estrépito detrás de nosotros.

—¡Annabeth! —grité.

—¡Aquí! —murmuró a mi lado—. ¡No te detengas!

Corrimos por el túnel mientras seguíamos escuchando los rugidos de la esfinge, que se lamentaba desolada por todas las pruebas que tendría que corregir a mano.

# 11

## Ardo como una antorcha

Ya creía que le habíamos perdido la pista a la araña cuando Tyson captó un lejano sonido metálico. Dimos unas cuantas vueltas, retrocedimos varias veces y por fin encontramos a la araña, que golpeaba una puerta de metal con su cabecita.

La puerta parecía una de aquellas anticuadas escotillas de los submarinos: con forma oval, remaches metálicos y una rueda, en lugar de un pomo, para abrirla. Encima de ella había una gran placa de latón, que el tiempo había cubierto de verdín, con una eta griega en el centro.

Nos miramos unos a otros.

—¿Listos para conocer a Hefesto? —dijo Grover, nervioso.

—No —reconocí.

—¡Sí! —dijo Tyson, eufórico, mientras hacía girar la rueda.

En cuanto se abrió la puerta, la araña se deslizó al interior; Tyson la siguió de cerca y los demás avanzamos también, aunque con menos entusiasmo.

El lugar era inmenso. Como el garaje de un mecánico, estaba lleno de elevadores hidráulicos. En algunos de ellos había coches, pero en otros se veían cosas bastante más extrañas: un hippalektryon de bronce desprovisto de su cabeza de caballo y con un montón de cables colgando de su cola de gallo, un león de metal que parecía conectado a un cargador de batería, y un carro de guerra griego hecho enteramente de fuego.

Había además una docena de mesas de trabajo totalmente cubiertas de artilugios de menor tamaño. Se veían muchas herramientas colgadas y cada una tenía su silueta pintada en un tablero, aunque nada parecía estar en su sitio. El martillo ocupaba el lugar del destornillador; la grapadora, el de la sierra de metales, y así sucesivamente.

Por debajo del elevador hidráulico más cercano, que sostenía un Toyota Corolla del 98, asomaban dos piernas: la mitad inferior de un tipo enorme, con unos mugrientos pantalones grises y unos zapatos incluso más grandes que los de Tyson. En una de las piernas tenía una abrazadera metálica.

La araña se deslizó por debajo del coche y los martillazos se interrumpieron al instante.

—Vaya, vaya. —La voz retumbaba desde debajo del Corolla—. ¿Qué tenemos aquí?

El mecánico salió sobre un carrito y se sentó. Había visto a Hefesto en el Olimpo en una ocasión, así que creía estar preparado. En ese momento, sin embargo, tragué saliva.

Supongo que se habría lavado cuando lo vi en el Olimpo, o que habría usado algún truco mágico para que su forma resultara menos espantosa. Pero al parecer allí, en su propio taller, no le preocupaba en absoluto su aspecto. Llevaba un mono cubierto de grasa, con un rótulo bordado en el bolsillo de la pechera que decía «HEFESTO». La pierna de la abrazadera le chirriaba y daba chasquidos mientras se incorporaba y, una vez de pie, vi que el hombro izquierdo era más bajo que el derecho, de manera que parecía ladeado incluso cuando se erguía. Tenía la cabeza deformada y llena de bultos, y una permanente expresión ceñuda. Su barba negra humeaba. De vez en cuando, se le encendía en los bigotes una pequeña llamarada que acababa extinguiéndose sola. Sus manos debían de ser del tamaño de unos guantes de béisbol y, sin embargo, sostenían la araña con increíble delicadeza. La desarmó en dos segundos y volvió a montarla.

—Ahí está —dijo entre dientes—. Mucho mejor así.

La araña dio un saltito alegre en su palma, lanzó un hilo de metal al techo y se alejó balanceándose.

Hefesto nos dirigió una mirada torva.

—¿No os he construido yo, verdad?

—¿Eh? —dijo Annabeth—. No, señor.

—Menos mal —gruñó el dios—. Un trabajo muy chapucero.

Nos estudió a Annabeth y a mí.

—Mestizos —refunfuñó—. Podríais ser autómatas, desde luego, pero seguramente no lo sois.

—Nos conocemos, señor —le dije.

—¿Ah, sí? —preguntó con aire ausente. Me dio la sensación de que le traía sin cuidado. Más bien parecía cavilar cómo me funcionaba la mandíbula; si iba con bisagra, con una palanca o con qué—. Bueno, pues si no te hice papilla la primera vez que nos vimos, supongo que no tengo por qué hacerlo ahora.

Miró a Grover y frunció el ceño aún más.

—Sátiro. —Luego miró a Tyson y sus ojos centellearon—. Bueno, un cíclope. Bien, bien. ¿Qué haces viajando con éstos?

—Eh... —balbuceó Tyson, contemplando maravillado al dios.

—Sí, bien dicho —asintió Hefesto—. Será mejor que tengáis un buen motivo para molestarme. La suspensión de este Corolla es un verdadero quebradero de cabeza, ¿sabéis?

—Señor —intervino Annabeth, vacilante—, estamos buscando a Dédalo. Pensamos...

—¿A Dédalo? —rugió el dios—. ¿Queréis ver a ese viejo canalla? ¿Os atrevéis a buscarlo?

Su barba estalló en llamas y los ojos negros destellaron como carbones.

—Eh, sí, señor. Por favor —musitó Annabeth.

—Puf. Estáis perdiendo el tiempo. —Miró algo que tenía en la mesa y se acercó cojeando a recogerlo: un amasijo de muelles y placas de metal, que empezó a manipular. En apenas unos segundos sostenía en sus manos un halcón de plata y bronce. El artilugio extendió sus alas metálicas, parpadeó con sus ojos de obsidiana y echó a volar por el taller.

Tyson se puso a reír y a dar palmas. El pájaro se le posó en el hombro y le mordisqueó cariñosamente la oreja.

Hefesto lo observó. Su ceño no se modificó, pero me pareció ver un brillo más amable en sus ojos.

—Presiento que tienes algo que decirme, cíclope.

La sonrisa de Tyson se desvaneció.

—S... sí, señor. Vimos al centimano.

Hefesto asintió. No parecía sorprendido.

—¿A Briares?

—Sí. Es... estaba asustado. No quiso ayudarnos.

—Y eso te preocupa.

—¡Sí! —La voz le tembló—. ¡Briares tendría que ser fuerte! Es el mayor y el más viejo de los cíclopes. Pero huyó.

Hefesto soltó un gruñido.

—Hubo un tiempo en el que admiraba a los centimanos. En los días de la primera guerra. Pero las personas, los monstruos e incluso los dioses cambian, joven cíclope. No puedes fiarte de ellos. Mira a mi querida madre, Hera. La habéis conocido, ¿verdad? Os habrá sonreído y os habrá hablado largo y tendido de lo importante que es la familia, ¿cierto? Lo cual no le impidió expulsarme del monte Olimpo cuando vio mi rostro.

—Creía que había sido Zeus —aduje.

Hefesto carraspeó y lanzó un salivazo a una escupidera de bronce. Chasqueó los dedos y el robot halcón regresó otra vez a la mesa de trabajo.

—Ella prefiere contar esa versión —rezongó—. La hace quedar mejor, ¿no? Le echa toda la culpa a mi padre. La verdad es que a mi madre le gusta la familia, sí, pero sólo cierto tipo de familia. Las familias perfectas. Así que me echó un vistazo y... bueno, yo no encajo en esa imagen, ¿no?

Le quitó una pluma al halcón y el autómata entero se desmoronó en pedazos.

—Créeme, joven cíclope —prosiguió Hefesto—, no puedes confiar en los demás. Fíate solamente del trabajo de tus propias manos.

Parecía una forma muy solitaria de vivir. Además, no es que me fiara precisamente del trabajo de Hefesto. Una vez, en Denver, sus arañas mecánicas estuvieron a punto de matarnos a Annabeth y a mí. Y el año anterior había sido un modelo defectuoso del gigante Talos (otro pequeño proyecto de Hefesto) lo que había acabado con la vida de Bianca.

Ahora el dios entornó los ojos y se concentró en mí, como si estuviera leyéndome el pensamiento.

—A éste no le gusto —musitó—. No te preocupes, ya estoy acostumbrado. ¿Qué quieres pedirme tú, pequeño semidiós?

—Ya se lo hemos dicho —respondí—. Debemos encontrar a Dédalo. Un tipo que trabaja para Cronos, Luke, está tratando de encontrar la manera de orientarse por el laberinto para invadir el campamento. Si no nos adelantamos y encontramos primero a Dédalo...

—Y yo también os lo he dicho a vosotros, chico. Buscar a Dédalo es una pérdida de tiempo. Él no os ayudará.

—¿Por qué?

Hefesto se encogió de hombros.

—Algunos hemos sido desterrados sin contemplaciones... Y nuestro aprendizaje de que no debemos fiarnos de nadie ha resultado incluso más doloroso. Pídeme oro. O una espada flamígera. O un corcel mágico. Eso puedo concedértelo fácilmente. Pero el modo de encontrar a Dédalo... Es un favor muy caro.

—Entonces sí sabe dónde está —lo presionó Annabeth.

—No es sabio ni juicioso andar buscando, muchacha.

—Mi madre dice que buscar es el principio de toda sabiduría.

Hefesto entornó sus ojos.

—¿Quién es tu madre?

—Atenea.

—Eso encaja. —Suspiró—. Buena diosa, Atenea. Una pena que prometiera no casarse nunca. Bien, mestiza. Puedo revelarte lo que deseas saber. Pero tiene un precio. Necesito un favor.

—El que usted diga —respondió Annabeth.

Hefesto se echó a reír de un modo muy ruidoso, que sonaba como el resoplido de un fuelle enorme avivando el fuego.

—Ah, los héroes —dijo—. Siempre haciendo promesas temerarias. ¡Qué refrescante!

Pulsó un botón de su mesa de trabajo y en la pared se abrieron unos postigos metálicos. O era una ventana enorme, o se trataba de una pantalla gigante de televisión, no estaba del todo seguro. Se veía una montaña gris rodeada de bosques. Debía de ser un volcán, porque de la cima salía humo.

—Una de mis fraguas —explicó Hefesto—. Tengo muchas, pero ésta era mi preferida.

—Es el monte Saint Helens —intervino Grover—. Los bosques de los alrededores son grandiosos.

—¿Has estado ahí? —pregunté.

—Buscando... ya sabes, a Pan.

—Un momento —dijo Annabeth, mirando a Hefesto—. Ha dicho que era su fragua preferida. ¿Qué sucedió?

Hefesto se rascó su barba humeante.

—Bueno, ahí es donde está atrapado el monstruo Tifón, ¿lo sabías? Antes era debajo del Etna, pero, cuando nos trasladamos a Norteamérica, su fuerza quedó sujeta bajo el monte Saint Helens. Una fuente de fuego espléndida, aunque algo peligrosa. Siempre cabe la posibilidad de que escape. Hay muchas erupciones últimamente; no para de arrojar humo. Está muy inquieto con la rebelión de los titanes.

—¿Qué quiere que hagamos? —preguntó—. ¿Luchar con él?

Hefesto soltó un bufido.

—Eso sería suicida. Hasta los dioses huían de Tifón cuando estaba libre. No, rezad más bien para no tener que verlo nunca. Últimamente he percibido la presencia de intrusos en mi montaña. Alguien o algo está usando mi fragua. Cuando yo llego no hay nadie, pero noto que la han utilizado. Deben de presentir mi llegada y desaparecen. Envío autómatas a investigar y no regresan. Hay algo antiguo allí... Algo maligno. Quiero saber quién se atreve a invadir mi territorio y si pretenden liberar a Tifón.

—¿Quiere que averigüemos quién es? —pregunté.

—Sí. Id allí. Quizá no presientan vuestra llegada. Vosotros no sois dioses.

—Menos mal que se ha dado cuenta —murmuré.

—Id y averiguad lo que podáis —dijo Hefesto—. Volved a informarme y os contaré lo que queréis saber de Dédalo.

—De acuerdo —convino Annabeth—. ¿Cómo podemos llegar allí?

Hefesto dio unas palmadas. La araña bajó balanceándose, colgada de un hilo de las vigas. Annabeth retrocedió un paso cuando el bicho aterrizó a sus pies.

—Mi creación os mostrará el camino —aseguró el dios—. No queda lejos si vais por el laberinto. Y procurad manteneros con vida, ¿de acuerdo? Los humanos son mucho más frágiles que los autómatas.

Íbamos muy bien hasta que tropezamos con las raíces de los árboles. La araña corría a toda velocidad y nosotros manteníamos su ritmo, pero al ver un túnel lateral excavado en la tierra desnuda, plagado de gruesas raíces, Grover se detuvo en seco.

—¿Qué pasa? —pregunté.

Él ni siquiera se movió. Miraba boquiabierto el túnel, mientras el viento le alborotaba el rizado pelo.

—¡Vamos! —dijo Annabeth—. ¡Sigamos adelante!

—Es éste el camino —musitó Grover, sobrecogido—. Es éste.

—¿Qué camino? —pregunté—. ¿Quieres decir... para encontrar a Pan?

Grover miró a Tyson.

—¿No lo hueles?

—Tierra —dijo Tyson—. Y plantas.

—¡Sí! Es el camino. ¡Estoy seguro!

La araña se alejaba ya por el pasadizo de piedra. Unos segundos más y le perderíamos la pista.

—Ya volveremos —prometió Annabeth—. En el camino de vuelta para hablar con Hefesto.

—El túnel habrá desaparecido para entonces —protestó Grover—. Tengo que seguirlo. ¡Una puerta así no permanecerá abierta!

—Pero no podemos —objetó Annabeth—. ¡Las fraguas!

Grover la miró con tristeza.

—Tengo que hacerlo, Annabeth. ¿No lo comprendes?

Ella parecía desesperada, como si no entendiera nada. La araña casi se había perdido de vista. Recordé la conversación con Grover de la noche anterior y comprendí de inmediato lo que debíamos hacer.

—Nos dividiremos —decidí.

—¡No! —dijo Annabeth—. Sería muy peligroso. ¿Cómo volveremos a encontrarnos? Además, no puede ir solo.

Tyson le puso a Grover una mano en el hombro.

—Voy con él.

No podía creer lo que estaba oyendo.

—¿Estas seguro?

El grandullón asintió.

—El niño cabra necesita ayuda. Encontraremos al dios. Yo no soy como Hefesto. Me fío de los amigos.

Grover respiró hondo.

—Volveremos a encontrarnos, Percy. Aún conservamos la conexión por empatía. Tengo... tengo que hacerlo.

No lo culpaba. Era el objetivo de su vida. Si no encontraba a Pan en aquel viaje, el consejo no le daría otra oportunidad.

—Espero que tu intuición sea cierta.

—Estoy seguro. —Nunca me había parecido tan convencido, salvo cuando afirmaba que las enchiladas de queso eran mejores que las de pollo.

—Ve con cuidado.

Miré a Tyson, que se tragó un sollozo y me dio un abrazo de los suyos (por poco se me salen los ojos de las órbitas). Enseguida él y Grover se internaron en el túnel de las raíces y desaparecieron en la oscuridad.

—Esto no me gusta —se quejó Annabeth—. Separarse es una idea muy, pero que muy mala.

—Volveremos a encontrarnos —declaré, fingiendo aplomo—. Y ahora vamos. ¡La araña se está alejando!

No había pasado mucho tiempo cuando el túnel empezó a calentarse en serio.

Los muros de piedra adquirieron un brillo candente y el aire se enrareció. Daba la sensación de que caminábamos por un horno. El pasadizo descendía en una pronunciada pendiente y al fondo se oía un gran rugido, como el fragor de un río de metal. La araña se deslizaba a toda velocidad; Annabeth la seguía de cerca.

—¡Eh, espérame! —le grité.

Ella me echó una mirada por encima del hombro.

—¿Qué?

—Hay una cosa que ha comentado Hefesto antes... sobre Atenea.

—Ah, que juró no casarse nunca —respondió Annabeth—. Como Artemisa y Hestia. Es una de las diosas solteras.

Parpadeé, perplejo. Era la primera vez que oía decir aquello de Atenea.

—Pero entonces...

—¿Cómo es que tiene hijos semidioses?

Asentí. Seguramente me había ruborizado, pero hacía tanto calor allí dentro que Annabeth no lo notó.

—Percy, ¿tú sabes cómo nació Atenea?

—Brotó de la cabeza de Zeus con la armadura completa. O algo así.

—Exacto. No nació de la manera normal. Surgió literalmente del pensamiento. Y sus hijos nacen del mismo modo. Cuando Atenea se enamora de un mortal es algo puramente intelectual, tal como amó a Ulises en las antiguas historias. Es un encuentro de las mentes. Ella diría que es la forma más pura de amor.

—Entonces tu padre y Atenea... tú no fuiste...

—Nací de parto cerebral —me confirmó Annabeth—. Literalmente. Los hijos de Atenea brotamos del pensamiento divino de nuestra madre y del ingenio mortal de nuestro padre. Se supone que somos un regalo, una bendición de la diosa a los hombres que ella ha elegido.

—Pero...

—Percy, casi he perdido de vista a la araña. ¿Pretendes que te explique ahora los detalles exactos de mi nacimiento?

—Eh... no. Ya está bien.

Esbozó una sonrisa socarrona.

—Me lo imaginaba.

Se adelantó corriendo y yo la seguí, aunque no estaba seguro de si podría volver a mirarla de la misma manera. Algunas cosas, decidí, era mejor dejarlas envueltas en el misterio.

El rugido había ido en aumento. Después de un kilómetro más o menos, desembocamos en una caverna del tamaño del estadio de la Super Bowl. Nuestra araña se detuvo y se acurrucó hasta formar una bola. Habíamos llegado a la fragua de Hefesto.

No había suelo propiamente dicho, sólo un lago de lava que bullía mucho más abajo, a centenares de metros. Nosotros estábamos en una cresta rocosa que rodeaba todo el perímetro de la caverna. Una red de puentes metálicos se extendía sobre el abismo. Y en el centro, una inmensa plataforma con toda clase de maquinas, calderas, fraguas y el yunque más grande que he visto en mi vida: un bloque de hierro como una casa. Unas criaturas se movían por la plataforma: una serie de sombras extrañas y oscuras que quedaban demasiado lejos para distinguirlas con claridad.

—No podremos acercarnos a hurtadillas —dije.

Annabeth recogió la araña metálica y se la metió en el bolsillo.

—Yo sí. Espera aquí.

—¡Un momento! —advertí. Pero, antes de que pudiera discutir, se puso la gorra de los Yankees y se volvió invisible.

No me atreví a llamarla a gritos, pero no me gustaba la idea de que se acercara sola a la fragua. Si aquellas cosas percibían la llegada de un dios, ¿estaría Annabeth a salvo?

Miré a mi espalda el túnel del laberinto. Ya echaba de menos a Grover y Tyson. Al final, decidí que no podía quedarme quieto y me deslicé sigilosamente por la cresta que bordeaba el lago de lava, con la esperanza de encontrar un ángulo más favorable desde donde observar la plataforma.

El calor era espantoso. El rancho de Gerión había sido un paraíso comparado con aquel lugar. En muy pocos minutos, estaba empapado de sudor. Los ojos me ardían a causa del humo. Avancé poco a poco, procurando no acercarme demasiado al borde, hasta que me encontré el paso bloqueado por una vagoneta con ruedas metálicas, como las que usan en las minas. Levanté la lona y descubrí que estaba medio llena de residuos de metal. Iba a intentar rodearla, arrimándome a la pared, cuando oí voces que venían de más adelante, seguramente de un túnel lateral.

—¿Lo llevamos? —preguntó uno.

—Sí —respondió otro—. La película casi ha terminado.

Me entró pánico. No tenía tiempo de retroceder. No se me ocurría ningún sitio donde esconderme... salvo la vagoneta. Me encaramé a toda prisa, me metí dentro y me cubrí con la lona. Confiaba en que no me hubieran visto. Agarré a *Contracorriente* con fuerza, por si tenía que recurrir a ella.

La vagoneta se movió con una sacudida.

—¡Uf! —dijo una voz ronca—. Pesa una tonelada.

—Es bronce celestial —expuso el otro—. ¿Qué te creías?

Me empujaron hacia delante. Doblamos una esquina y por el eco de las ruedas en las paredes deduje que habíamos cruzado un túnel hasta llegar a una pequeña habitación. Confiaba en que no fueran a arrojarme a un recipiente de fundición. Si empezaban a volcar la vagoneta, tendría que salir de allí y abrirme paso con la espada. Me llegaba una algarabía de voces que parloteaban, pero no sonaban humanas: algo a medio camino entre el grito de una foca y el gruñido de un perro. Había otros sonidos también: algo similar a un viejo proyector de cine y una vocecita que narraba una historia.

—Acomodaos atrás —ordenó una nueva voz procedente del otro extremo de la habitación—. Ahora, jóvenes, prestad atención a la película. Luego habrá tiempo para preguntas.

Las voces se acallaron y pude oír la película.

«A medida que el demonio marino madura —decía el narrador— se producen cambios en su cuerpo. Tal vez habéis notado que os han crecido colmillos y sentís un repentino deseo de devorar seres humanos. Estos cambios son perfectamente normales y les suceden a todos los monstruos jóvenes.»

Un clamor de excitados gruñidos inundó la habitación. El profesor —supuse que debía de ser un profesor— ordenó a los jóvenes que guardaran silencio y la proyección continuó. La mayor parte no la entendí y tampoco me atrevía a asomar la cabeza. La película seguía hablando de crisis de crecimiento, de problemas de acné causados por el trabajo en las fraguas y de la higiene adecuada de las aletas. Y por fin, concluyó.

—Ahora, jóvenes —dijo el instructor—, ¿cuál es el nombre correcto de nuestra especie?

—¡Demonios marinos! —ladró uno.

—No. ¿Alguien más?

—¡Telekhines! —gruñó otro monstruo.

—¡Muy bien! —dijo el instructor—. ¿Y por qué estamos aquí?

—¡Venganza! —gritaron varios.

—Sí, sí, pero ¿por qué?

—¡Zeus es malvado! —intervino un monstruo—. Nos arrojó al Tártaro sólo porque utilizábamos la magia.

—En efecto —confirmó el maestro—. Después de que hubiéramos fabricado muchas de las mejores armas de los dioses... El tridente de Poseidón, para empezar. Y por supuesto, ¡la mayor arma de los titanes! Zeus, sin embargo, se deshizo de nosotros y prefirió confiar en esos cíclopes tan torpes. Por eso nos estamos apoderando de las fraguas del usurpador Hefesto. Y pronto controlaremos los hornos submarinos, ¡nuestro hogar ancestral!

Agarré con más fuerza mi bolígrafo-espada. ¿Aquellas criaturas que hablaban con gruñidos habían creado el tridente de Poseidón? ¿Qué era todo aquello? Nunca había oído una palabra sobre los telekhines.

—Así pues, jóvenes, ¿a quién serviremos?

—¡A Cronos! —gritaron todos.

—Y cuando crezcáis y os convirtáis en telekhines adultos, ¿fabricaréis armas para su ejército?

—¡Sí!

—Excelente. Bueno. Os hemos traído un poco de chatarra para que practiquéis. Veamos lo ingeniosos que sois.

Hubo un revuelo de cuerpos en movimiento y de voces excitadas que se aproximaban a la vagoneta. Me dispuse a destapar a *Contracorriente*. Cuando retiraron la lona de un tirón, me levanté bruscamente al tiempo que mi espada cobraba vida y me encontré ante un montón... de perros.

O sea, tenían cara de perro, con el hocico negro, ojos castaños y orejas puntiagudas. Pero sus cuerpos eran negros y lustrosos, como los de los mamíferos marinos, con unas piernas rechonchas a medio camino entre las aletas y los pies, y con manos casi humanas, pero provistas de garras. Era algo parecido a la combinación de un crío, un dóberman y un león marino.

—¡Un semidiós! —gruñó uno.

—¡Cómetelo! —gritó otro.

No llegaron más lejos porque lancé un gran mandoble, trazando un arco con *Contracorriente*, y toda la primera fila de monstruos quedó volatilizada.

—¡Atrás! —grité al resto, fingiendo ferocidad. Al fondo estaba el maestro: un telekhine de casi dos metros que me gruñía con sus colmillos de dóberman. Hice todo lo posible para intimidarlo con la mirada.

—¡Nueva lección! —anuncié—. La mayoría de los monstruos se volatilizan cuando los hiere una espada de bronce celestial. Este cambio es perfectamente normal... ¡y lo experimentaréis ahora mismo si no os ECHÁIS ATRÁS!

Para mi sorpresa, funcionó. Los monstruos retrocedieron, pero eran veinte por lo menos y mi capacidad para amedrentarlos no iba a durar mucho.

Salté de la vagoneta, grité: «¡LA CLASE HA TERMINADO!» y corrí hacia la salida.

Los monstruos me persiguieron ladrando y soltando gruñidos. Esperaba que aquellas piernas achaparradas y con aletas no les permitieran correr muy deprisa, pero la verdad es que anadeaban con bastante ligereza. Gracias a los dioses, había una puerta en el túnel que conducía a la caverna. La cerré de golpe y giré la rueda para atrancarla, aunque dudaba de que eso los mantuviera a raya mucho tiempo.

No sabía qué hacer. Annabeth andaba por allí, pero era invisible. Nuestras posibilidades de hacer una sutil labor de reconocimiento habían saltado por los aires, así que corrí hacia la plataforma suspendida sobre el lago de lava.

—¡Annabeth! —chillé.

—¡Chist! —Una mano invisible me tapó la boca y me obligó a agacharme tras un caldero enorme de bronce—. ¿Quieres que nos maten?

Encontré a tientas su cabeza y le quité la gorra de los Yankees. Annabeth recobró ante mí su apariencia visible, ahora muy ceñuda y con la cara tiznada de ceniza.

—¿Se puede saber qué te pasa, Percy?

—¡Vamos a tener compañía! —Le hablé a toda prisa de la clase de orientación para monstruos. Ella abrió mucho los ojos.

—Así que son telekhines —dijo—. Debería habérmelo imaginado. Y están haciendo... Bueno, míralo.

Atisbamos por encima del caldero. En el centro de la plataforma había cuatro demonios marinos, pero éstos eran completamente adultos y medían al menos dos metros y medio. Su pelaje negro relucía a la lumbre mientras se afanaban de aquí para allá y hacían saltar chispas martilleando por turnos un trozo muy largo de metal al rojo vivo.

—La hoja casi está terminada —comentó uno—. Sólo hace falta enfriarla otra vez con sangre para fundir los metales.

—Sí, señor —dijo otro—. Estará incluso más afilada que antes.

—¿Qué es eso? —susurré.

Annabeth meneó la cabeza.

—No paran de hablar de fundir metales. Me pregunto...

—Antes se han referido a la mayor arma de los titanes —recordé—. Y han dicho... que ellos fabricaron el tridente de mi padre.

—Los telekhines traicionaron a los dioses —me explicó Annabeth—. Practicaban la magia negra. No sé qué hacían exactamente, pero Zeus los desterró al Tártaro.

—Con Cronos.

Asintió.

—Hemos de salir...

Apenas lo había dicho cuando la puerta de la clase explotó y los jóvenes telekhines salieron atropelladamente por el hueco. Tropezaban unos con otros, tratando de averiguar por dónde debían seguir para lanzarse al ataque.

—Ponte otra vez la gorra —dije—. ¡Y lárgate!

—¿Cómo? —chilló Annabeth—. ¡No! ¡No voy a dejarte aquí!

—Tengo un plan. Yo los distraeré. Tú puedes usar la araña metálica. Quizá vuelva a conducirte hasta Hefesto. Has de contarle lo que ocurre.

—Pero ¡te matarán!

—Todo saldrá bien. Además, no tenemos opción.

Annabeth me miró furiosa, como si tuviera ganas de darme un puñetazo. Y entonces hizo una cosa que me sorprendió todavía más. Me besó.

—Ve con cuidado, sesos de alga. —Se puso la gorra y desapareció.

En otras circunstancias, probablemente me habría quedado allí sentado el resto del día, contemplando la lava y tratando de recordar cómo me llamaba. Pero los demonios marinos me devolvieron bruscamente a la realidad.

—¡Allí! —gritó uno de ellos.

La clase de telekhines al completo empezó a cruzar el puente. Corrí al centro de la plataforma, dándoles tal susto a los cuatro demonios adultos que se les cayó la hoja de metal candente. Debía de medir casi dos metros y era curvada como una luna creciente. Había visto muchas cosas terroríficas, pero aquella hoja de metal —fuese lo que fuese— me asustó más que cualquier otra.

Los demonios adultos se recobraron enseguida de la sorpresa. De la plataforma salían cuatro rampas, pero antes de que acertara a echar a correr en una u otra dirección, cada uno había cubierto una salida.

El más alto soltó un gruñido.

—Pero ¿qué tenemos aquí? ¿Un hijo de Poseidón?

—Sí —refunfuñó otro—. Huelo el mar en su sangre.

Alcé a *Contracorriente*. El corazón me latía a cien por hora.

—Derriba a uno de nosotros, semidiós —dijo el tercer demonio—, y los demás te romperemos en pedazos. Tu padre nos traicionó. Tomó nuestro regalo y no abrió la boca cuando nos arrojaron al abismo. Haremos que lo corten en pedazos ante nuestros propios ojos. A él y a los demás olímpicos.

Ojalá hubiera tenido un plan. Ojalá no hubiese mentido a Annabeth. Yo sólo quería que se marchara y se pusiera a salvo, y esperaba que hubiera sido lo bastante sensata para hacerme caso. Pero en ese momento empezaba a darme cuenta de que aquél iba a ser quizá el lugar donde habría de sucumbir. Nada de profecías sobre mí. Acabaría destrozado en el corazón de un volcán por una pandilla de leones marinos con cara de perro. Los jóvenes telekhines habían llegado ahora a la plataforma y me lanzaban gruñidos mientras aguardaban a que sus mayores se ocuparan de mí.

Sentí que me ardía una cosa en el muslo. El silbato de hielo estaba cada vez más frío. Si alguna vez iba a necesitar ayuda en mi vida, sería en ese momento. Pero vacilé. No me fiaba del regalo de Quintus.

Antes de acertar a decidirme, el telekhine más alto dijo:

—Veamos lo fuerte que es. ¡A ver cuánto tarda en arder!

Recogió un poco de lava del horno más cercano, lo cual hizo que se le prendiera fuego en los dedos, cosa que a él no pareció molestarle. Los demás telekhines lo imitaron. El primero me arrojó un puñado de roca fundida y me incendió los pantalones. Otros dos puñados me salpicaron en el pecho. Muerto de terror, tiré la espada y me sacudí la ropa. Las llamas empezaban a envolverme. Curiosamente, al principio sólo noté un calorcito, pero luego la temperatura empezó a subir de forma vertiginosa.

—La naturaleza de tu padre te protege —dijo uno de ellos—. Hacerte arder resulta difícil. Pero no imposible, jovencito. No imposible.

Me arrojaron más lava y recuerdo que me puse a chillar. Estaba envuelto en llamas. Aquel dolor era lo peor que había sentido en mi vida. Me consumía. Me desmoroné en el suelo y oí los aullidos extasiados de los niños demonio.

Entonces recordé la voz de la náyade del río: «El agua está en mi interior.»

Necesitaba el mar. Sentí un tirón en las entrañas, pero no tenía nada alrededor que me ayudara. Ni un grifo ni un río. Ni siquiera un caparazón de molusco petrificado. Además, la última vez que había desatado mi poder en los establos, había habido un instante terrorífico en el que casi se me había escapado de las manos.

Pero no tenía opción. Invoqué el mar. Rebusqué en mi interior y me esforcé en recordar las olas y las corrientes, la fuerza incesante del océano. Y la desaté con un espantoso grito.

Más tarde no fui capaz de describir exactamente lo ocurrido. Un explosión, un maremoto, un poderoso torbellino me atrapó y me arrastró hacia abajo, hacia el lago de lava. El agua y el fuego entraron en contacto. Estalló una columna de vapor ardiente y salí propulsado desde el corazón del volcán en una descomunal explosión: apenas una astilla impulsada por una presión de un millón de toneladas. Lo último que recuerdo antes de perder el conocimiento fue la sensación de volar, de volar tan alto que Zeus jamás me lo perdonaría. Y luego la impresión de descenso, de que el humo, el fuego y el agua salían de mí. Era un cometa que corría disparado hacia la tierra.

# 12

## Me tomo unas vacaciones eternas

Desperté con la sensación de estar aún en llamas. Me escocía la piel y tenía la garganta como papel de lija.

Vi árboles y un cielo azul. Oí el gorgoteo de una fuente y percibí un olor a cedro y enebro, además de a muchas otras plantas de dulce fragancia. Me llegó también un rumor de olas lamiendo una costa rocosa. Me pregunté si habría muerto, pero sabía que no era así. Ya había estado en la Tierra de los Muertos y en ese lugar no se veía ningún cielo azul.

Traté de sentarme, pero los músculos no me obedecían.

—No te muevas. —Era la voz de una chica—. Estás demasiado débil para levantarte.

Me aplicó un paño húmedo en la frente. Vi una cuchara de bronce y noté en la boca el goteo de un líquido que me alivió la sequedad de la garganta y me dejó un regusto tibio parecido al chocolate. El néctar de los dioses. Entonces el rostro de la chica apareció por encima de mi cabeza.

Tenía los ojos almendrados y el pelo de color caramelo trenzado sobre un hombro. Andaría por los quince o los dieciséis años, aunque no era fácil saberlo, porque la suya era una de esas caras que parecen intemporales. Se puso a cantar y mi dolor se fue desvaneciendo. Era alguna clase de magia. Sentía que su música se me hundía en la piel, que reparaba y curaba mis quemaduras.

—¿Quién...? —farfullé.

—¡Chist, valiente! —dijo—. Descansa y reponte. Ningún daño te alcanzará aquí. Soy Calipso.

· · ·

Cuando volví a despertarme estaba en una cueva, aunque debo admitir que no era ni mucho menos de las peores que había visto. El techo relucía con formaciones de cristales de distintos colores —blanco, morado, verde—, como si me hallara en el interior de una de esas geodas que venden en las tiendas de recuerdos. Me encontraba tendido en una cama muy cómoda con almohadas de pluma y sábanas de algodón. La cueva estaba dividida con cortinas blancas de seda. En un rincón, había un enorme telar y un arpa. En la pared opuesta se alineaban en unos estantes frascos de fruta en conserva. Del techo colgaban manojos de hierbas puestas a secar: romero, tomillo y muchas otras. Seguro que mi madre habría sabido el nombre de todas ellas.

Había una chimenea excavada en la roca viva y una olla hirviendo al fuego. Olía muy bien, como a estofado de buey.

Me incorporé, procurando no hacer caso del palpitante dolor de cabeza que me abrumaba. Me miré los brazos, creyendo que los encontraría llenos de espantosas cicatrices, pero parecían estar bien. Algo más rosados que de costumbre, pero nada más. Llevaba una camiseta blanca de algodón y unos pantalones que no eran míos. Tenía los pies descalzos. Durante un instante de pánico, me pregunté qué habría ocurrido con *Contracorriente*, pero me palpé el bolsillo y allí estaba, en el mismo sitio donde reaparecía siempre.

No sólo eso: también encontré en el bolsillo el silbato para perros de hielo estigio. De algún modo, me había seguido hasta allí. Lo cual no me tranquilizaba precisamente.

Me puse de pie, no sin dificultades. El suelo de piedra parecía helado. Me volví y me encontré frente a un espejo de bronce pulido.

—Sagrado Poseidón —musité. Tenía aspecto de haber perdido diez kilos, y no puede decirse que antes me sobraran. Llevaba el pelo enmarañado y algo chamuscado en las puntas, como la barba de Hefesto. Si le hubiera visto esa cara a una persona que estuviera pidiendo dinero en el arcén de una autopista, habría puesto el seguro de las cuatro puertas.

Me aparté del espejo. La entrada de la cueva quedaba a mi izquierda. Me dirigí hacia la luz del sol.

La cueva se abría a un prado verde. A la izquierda había una arboleda de cedros y a la derecha, un enorme jardín de flores. Cuatro fuentes gorgoteaban en el prado, cada una con surtidores que disparaban agua a través de las flautas de sátiros de piedra. Más allá, el césped descendía en una suave pendiente hacia una playa de roca. Las olas de un lago chapoteaban contra las piedras. Sabía que era un lago porque... bueno, porque lo sabía. Se trataba de agua dulce, no salada. El sol destellaba en la superficie y el cielo estaba del todo azul. Parecía un paraíso, lo cual me puso nervioso. Cuando te las has visto con fenómenos mitológicos durante unos años, aprendes que los paraísos suelen ser sitios mortales.

La chica con el pelo de color caramelo, la que había dicho llamarse Calipso, estaba en la playa hablando con un hombre. A él no lo veía muy bien —me deslumbraba el reflejo del sol en el agua—, pero parecía que discutían. Intenté recordar lo que sabía de Calipso a partir de los viejos mitos. Había oído ese nombre pero... no lograba acordarme. ¿Era un monstruo? ¿Apresaba héroes y los mataba? Pero si tan malvada era, ¿por qué me había dejado con vida?

Caminé hacia ella lentamente, porque aún sentía las piernas entumecidas. Cuando la hierba dio paso a la grava, me concentré en el suelo para no perder el equilibrio y, al levantar otra vez la vista, descubrí que la chica estaba sola. Llevaba un vestido griego blanco sin mangas con un escote circular ribeteado de oro. Se restregó los ojos como si hubiera estado llorando.

—Bueno —dijo, procurando sonreír—, por fin despierta el durmiente.

—¿Con quién hablabas? —La voz apenas me salía y, más que hablar, croaba como una rana chamuscada.

—Ah... sólo era un mensajero —contestó—. ¿Cómo te sientes?

—¿Cuánto tiempo he pasado inconsciente?

—Tiempo —dijo Calipso, pensativa—. El tiempo siempre resulta algo difícil aquí. La verdad es que no lo sé, Percy.

—¿Sabes mi nombre?

—Hablabas en sueños.

Me sonrojé.

—Ya. Me lo han... dicho otras veces.

—Sí. ¿Quién es Annabeth?

—Ah, una amiga. Estábamos juntos cuando... Espera. ¿Cómo he llegado hasta aquí?, ¿dónde estoy?

Calipso levantó la mano y pasó los dedos por mi pelo enredado. Retrocedí, nervioso.

—Perdóname —se disculpó—. Me he acostumbrado a cuidar de ti. Cómo llegaste aquí, me preguntas... Caíste del cielo. En el agua, ahí mismo. —Señaló el otro lado de la playa—. No entiendo cómo has sobrevivido. El agua pareció amortiguar tu caída. Y en cuanto al dónde... estás en Ogigia.

—¿Y eso queda cerca del monte Saint Helens? —le pregunté, porque andaba fatal de geografía.

Calipso se echó a reír. Una risita contenida, como si lo encontrase muy gracioso pero no quisiera avergonzarme. Era mona cuando se reía.

—No queda cerca de ninguna parte, valiente —explicó—. Ogigia es mi isla fantasma. Existe por sí misma, en todas partes y en ninguna. Aquí puedes curarte a salvo. Sin ningún temor.

—Pero mis amigos...

—¿Annabeth, Grover y Tyson?

—¡Sí! —exclamé—. He de volver con ellos. Están en peligro.

Ella me acarició la cara y esta vez no retrocedí.

—Primero descansa. No les servirás de nada a tus amigos hasta que te repongas.

En cuanto lo hubo dicho, me di cuenta de lo cansado que estaba.

—No serás... una malvada hechicera, ¿verdad?

Ella sonrió tímidamente.

—¿Cómo se te ocurre una cosa así?

—Bueno, en una ocasión conocí a Circe y también ella tenía una isla muy bonita. Lo malo es que le gustaba convertir a los hombres en conejillos de Indias.

Calipso se echó a reír otra vez.

—Prometo no convertirte en un conejillo de Indias.

—¿Ni en ninguna otra cosa?

—No soy una malvada hechicera —aseguró Calipso—. Ni tampoco tu enemiga, valiente. Ahora, descansa, que se te cierran los ojos.

Tenía razón. Se me doblaban las rodillas y habría acabado cayéndome sobre la grava si ella no me hubiese sostenido. Su pelo olía a canela. Tenía mucha fuerza, o quizá era que yo estaba demasiado flaco y débil. Me condujo hasta un banco con almohadones junto a la fuente y me ayudó a echarme.

—Descansa —me ordenó.

Y me quedé dormido arrullado por el murmullo de las fuentes y el olor a canela y enebro.


Desperté en la oscuridad, pero no estaba seguro de si era esa misma noche o muchas noches después. Me encontraba tendido en la cama, en el interior de la cueva, pero me levanté, me envolví en una bata y salí sin hacer ruido. Las estrellas brillaban a millares, como sólo se ve cuando estás muy lejos de la ciudad. Identifiqué las constelaciones que Annabeth me había enseñado: Capricornio, Pegaso, Sagitario. Y más allá, hacia el sur, cerca ya del horizonte, había una nueva: la Cazadora, un homenaje a una amiga nuestra que había muerto el invierno anterior.

—Percy, ¿qué ves?

Dejé de mirar el cielo y regresé a la tierra. Aunque las estrellas fueran asombrosas, Calipso las superaba. O sea, yo había visto a la diosa del amor en persona, a Afrodita, y nunca diría esto en voz alta, porque ella me fulminaría y reduciría a cenizas, pero a mi modo de ver Calipso era muchísimo más guapa, sencillamente porque resultaba más natural, como si no pretendiera ser hermosa ni le importara siquiera. Lo era, y punto. Con su pelo trenzado y su vestido blanco, parecía resplandecer a la luz de la luna. Tenía en las manos una pequeña planta de flores delicadas y plateadas.

—Estaba mirando... —De repente, me encontré contemplando su cara—. Eh... lo he olvidado.

Ella rió suavemente.

—Bueno, ya que estás levantado, puedes ayudarme a plantarla.

Me tendió la mata, que tenía en la base un grumo de tierra y raíces. Las flores resplandecieron cuando las sostuve. Calipso recogió su pala de jardinería y me guió hasta el borde del jardín, donde comenzó a cavar.

—Es un lazo de luna —me explicó—. Sólo puede sembrarse de noche.

Observé cómo parpadeaba la luz plateada alrededor de sus pétalos.

—¿Para qué sirve?

—¿Servir? —musitó ella—. Para nada especial, supongo. Vive, da luz, derrama belleza. ¿Ha de servir para algo más?

—Supongo que no.

Tomó la planta y nuestras manos se encontraron. La piel de sus dedos era cálida. Allanó bien la tierra y retrocedió un poco, observando su trabajo.

—Adoro mi jardín.

—Es impresionante —asentí. No es que yo fuera un gran aficionado a los jardines, la verdad, pero Calipso tenía glorietas con seis tipos distintos de rosas, espalderas cubiertas de madreselva, hileras de parras cargadas de uvas de un rojo púrpura que habrían enloquecido a Dioniso—. Mi madre siempre ha deseado tener un jardín —comenté.

—¿Y por qué no ha plantado uno?

—Bueno, vivimos en Manhattan. En un apartamento.

—¿Manhattan? ¿Apartamento?

Me quedé mirándola.

—No sabes de qué te hablo, ¿verdad?

—Me temo que no. No he salido de Ogigia en... mucho tiempo.

—Bueno, Manhattan es una gran ciudad y no hay mucho sitio para jardines.

Calipso frunció el ceño.

—Qué pena. Hermes viene de visita de vez en cuando y me ha contado que el mundo ha cambiado mucho. Pero no creía que fuera hasta el punto que ni siquiera puedas tener un jardín.

—¿Por qué no has salido de tu isla?

Ella bajó la mirada.

—Es mi castigo.

—¿Por qué? ¿Qué hiciste?

—¿Yo? Nada. Pero me temo que mi padre sí hizo lo suyo. Se llama Atlas.

Al oír su nombre sentí un escalofrío. Había conocido al titán Atlas el invierno anterior y nuestro encuentro no había sido muy amistoso. El titán había intentado matar a casi todas las personas que me importaban.

—Aun así —dije, vacilante—, no es justo castigarte por lo que haya hecho tu padre. Conocí a otra hija de Atlas. Se llamaba Zoë. Una de las personas más valerosas que he conocido.

Calipso me estudió un buen rato con ojos tristes.

—¿Qué pasa? —pregunté.

—¿Ya... ya te sientes curado, mi valiente? ¿Crees que pronto estarás en condiciones de partir?

—¿Cómo? No lo sé. —Removí las piernas. Las tenía entumecidas. Y me estaba mareando después de estar tanto rato de pie—. ¿Tú quieres que me vaya?

—Yo... —Su voz se quebró—. Nos veremos por la mañana. Que duermas bien.

Y se alejó corriendo hacia la playa. Estaba demasiado perplejo para hacer otra cosa que mirarla mientras ella desaparecía en la oscuridad.


No sé cuánto tiempo transcurrió exactamente. Como había dicho Calipso, era difícil percibir el paso del tiempo en la isla. Sabía que debía marcharme. Mis amigos estarían preocupados. Eso como mínimo. En el peor de los casos podían correr un grave peligro. Ni siquiera sabía si Annabeth habría conseguido salir del volcán. Intenté utilizar varias veces mi conexión por empatía con Grover, pero no lograba establecer contacto. Me resultaba muy penoso no saber si se encontraban bien.

Por otro lado, sin embargo, me sentía muy débil. Sólo podía sostenerme de pie unas cuantas horas. Lo que había hecho en el monte Saint Helens, fuese lo que fuese, me había agotado como ninguna otra experiencia que recordara.

No me sentía como un prisionero ni nada por el estilo. Me acordé del hotel Loto, en Las Vegas, donde había quedado atrapado en un asombroso mundo de diversiones, hasta el punto de olvidar todo lo que de verdad me importaba. Pero la isla de Ogigia no era así en absoluto. Pensaba en Annabeth, Grover y Tyson todo el tiempo. Recordaba perfectamente por qué debía marcharme. Pero... no podía. Y además, estaba la propia Calipso.

Ella no hablaba mucho de sí misma, pero justamente por eso me intrigaba más. Me sentaba en el prado, sorbiendo néctar, y trataba de concentrarme en las flores o en las nubes o en los reflejos del lago, pero en realidad contemplaba a Calipso mientras trabajaba: su modo de apartarse el pelo por encima del hombro, el pequeño mechón que le caía por la cara cuando se arrodillaba a cavar en el jardín... A veces, extendía el brazo y los pájaros salían volando del bosque para posarse en su mano: loros, periquitos, palomas. Ella les daba los buenos días, les preguntaba qué tal iban las cosas en sus nidos y ellos gorjeaban un rato y luego se alejaban volando alegremente. Los ojos de Calipso relucían de felicidad. Me miraba un momento y nos sonreíamos, pero casi de inmediato ella volvía adoptar aquella expresión de tristeza y se daba la vuelta. No me explicaba qué le pasaba.

Una noche cenamos juntos en la playa. Unos criados invisibles habían puesto la mesa y servido un estofado de buey y una jarra de sidra, lo cual quizá no suene tan espectacular, pero sólo para quien no lo haya probado... Al principio, ni siquiera había reparado en la existencia de aquellos criados, pero al cabo de un tiempo advertí que las camas se hacían solas, las comidas quedaban preparadas como por arte de magia y la ropa aparecía lavada y doblada por unas manos invisibles.

El caso es que Calipso y yo nos encontrábamos allí cenando. Ella estaba preciosa a la luz de las velas. Yo le hablaba de Nueva York y del Campamento Mestizo, y me puse a contarle una anécdota de Grover, que una vez se había comido la pelota mientras jugábamos al pimpón. Calipso empezó a reírse con aquella risa asombrosa y nos miramos a los ojos. Pero enseguida bajó la mirada.

—Otra vez —dije.

—¿Qué?

—Siempre te estás... apartando, como si procurases no pasártelo bien.

Ella mantuvo los ojos fijos en su vaso de sidra.

—Como ya te he dicho, Percy, he sido castigada. Estoy maldita, podría decirse.

—¿Cómo? Deseo ayudarte.

—No digas eso. Por favor, no digas eso.

—Cuéntame en qué consiste el castigo.

Cubrió su estofado a medio terminar con una servilleta y de inmediato unas manos invisibles retiraron el cuenco.

—Percy, esta isla, Ogigia, es mi hogar, mi tierra natal. Pero también es mi prisión. Estoy... bajo arresto domiciliario, supongo que lo llamarías tú. Nunca podré visitar ese Manhattan tuyo ni ningún otro sitio. Estoy aquí sola.

—Porque tu padre era Atlas.

Ella asintió.

—Los dioses no se fían de sus enemigos. Y hacen bien. No debería quejarme. Algunas prisiones no son en absoluto tan bonitas como la mía.

—Pero no es justo —protesté—. Que estés emparentada con él no significa que le des tu apoyo. La otra hija de Atlas que yo conocí, Zoë Belladona, combatió contra él. Y no estaba encarcelada.

—Pero yo, Percy —apuntó Calipso en voz baja—, sí lo apoyé en la primera guerra. Es mi padre.

—¿Qué? ¡Pero si los titanes son unos malvados!

—Ah, ¿sí? ¿Todos? ¿Siempre? —Frunció los labios—. Dime, Percy... No deseo discutir contigo, pero dime, ¿tú apoyas a los dioses porque son buenos o porque son tu familia?

No respondí. Tenía razón. El invierno anterior, después de que Annabeth y yo salváramos el Olimpo, los dioses habían mantenido un debate sobre si debían matarme o no. No habían demostrado ser muy buenos precisamente. Sin embargo, yo los apoyaba porque Poseidón era mi padre.

—Quizá me equivoqué en la guerra —admitió Calipso—. Y para ser justa, debo decir que los dioses me han tratado bien. Me visitan de vez en cuando. Me traen noticias del mundo exterior. Pero ellos pueden marcharse. Y yo no.

—¿No tienes amigos? —pregunté—. Quiero decir... ¿no hay nadie que quiera vivir aquí contigo? Es un lugar muy bonito.

Le resbaló una lágrima por la mejilla.

—Me... prometí a mí misma que no hablaría de esto. Pero...

La interrumpió un rumor sordo que procedía del lago. En el horizonte apareció un resplandor que fue cobrando intensidad hasta que divisé una columna de fuego que se deslizaba por la superficie del agua y se acercaba a nosotros.

Me levanté y llevé la mano a mi espada.

—¿Qué es eso?

Calipso suspiró.

—Un visitante.

Cuando la columna de fuego llegó a la playa, ella se levantó y le hizo una reverencia formal. Las llamas se disiparon y entonces vimos ante nosotros a un hombre muy alto vestido con un mono gris, con una abrazadera metálica en la pierna y con la barba y el pelo humeantes y medio chamuscados.

—Señor Hefesto —saludó Calipso—, es un raro honor.

El dios del fuego soltó un gruñido.

—Calipso. Tan bella como siempre. ¿Nos disculpas, querida? He de hablar un momento con nuestro joven Percy Jackson.


El dios se sentó torpemente en la mesa y pidió una Pepsi. El criado invisible la abrió demasiado bruscamente y la derramó sobre la ropa de trabajo del huésped. Hefesto rugió, soltó unas cuantas maldiciones y aplastó la lata.

—Estúpidos criados —masculló—. Lo que necesita Calipso son unos buenos autómatas. ¡Ellos nunca fallan!

—Señor —dije—, ¿qué ha ocurrido? ¿Annabeth...?

—Está perfectamente —respondió—. Una chica con recursos. Encontró el camino de vuelta y me lo contó todo. Está preocupadísima, ¿sabes?

—¿Usted no le ha dicho que estoy bien?

—Eso no tengo que decírselo yo —adujo Hefesto—. Todos creen que has muerto. Tenía que asegurarme de que pensabas volver antes de contarles dónde estabas.

—¿Qué insinúa? —exclamé—. ¡Claro que quiero volver!

Hefesto me observó con aire escéptico. Se sacó una cosa del bolsillo: un disco de metal del tamaño de un iPod. Pulsó un botón y el artilugio se expandió para convertirse en una televisión de bronce en miniatura. En la pantalla se veían imágenes filmadas del monte Saint Helens, con una gran columna de fuego y cenizas elevándose hacia el cielo.

—«Todavía se ignora si podrían producirse nuevas erupciones —decía el locutor—. Las autoridades han ordenado la evacuación de casi medio millón de personas como medida de precaución. Entretanto, las cenizas han llegado a caer en puntos tan alejados como el lago Tahoe o Vancouver, y el área entera del monte Saint Helens ha sido cerrada al tráfico en un radio de ciento cincuenta kilómetros. Aunque no se ha informado de ninguna víctima mortal, entre los daños se incluyen...»

Hefesto apagó el aparato.

—Desencadenaste una buena explosión.

Me quedé mirando la pantalla de bronce. ¿Medio millón de personas evacuadas? Daños. Heridos. ¿Qué había hecho?

—Los telekhines fueron dispersados —me dijo el dios—. Algunos se volatilizaron. Otros huyeron, sin duda. No creo que vuelvan a utilizar mi fragua próximamente. Aunque tampoco yo, por otro lado. La explosión hizo que Tifón se agitara en su sueño. Tendremos que esperar y ver...

—¿Yo no podría haberlo liberado, verdad? Quiero decir, ¡no soy tan poderoso!

El dios refunfuñó.

—No tan poderoso, ¿eh? ¡Menudo cuento! Eres hijo del «Agitador de la Tierra», muchacho. No conoces tu propia fuerza.

Aquello era lo último que deseaba oírle decir. Yo no había sido dueño de mí mismo en aquella montaña. Había liberado tanta energía que a punto había estado de vaciarme de toda la vida que había en mí y de volatilizarme también. Y de pronto descubría que me había faltado muy poco para destruir el noroeste de Estados Unidos y para despertar al monstruo más horrible que habían apresado los dioses jamás. Tal vez yo fuera demasiado peligroso. Tal vez sería mejor para mis amigos creer que había muerto.

—¿Y Grover y Tyson? —pregunté.

Hefesto meneó la cabeza.

—Ninguna noticia, me temo. Imagino que siguen atrapados en el laberinto.

—¿Qué se supone que debo hacer?

Hefesto hizo una mueca.

—Nunca le pidas consejo a un viejo lisiado, muchacho. Pero te diré una cosa. ¿Has conocido a mi esposa?

—Afrodita.

—La misma. Una mujer astuta, muchacho. Ten cuidado con el amor. Te pondrá el cerebro del revés y acabarás creyendo que arriba es abajo y que bueno es malo.

Recordé mi encuentro con Afrodita en el desierto, el invierno anterior, en el asiento trasero de un Cadillac blanco. Ella me había dicho que se había tomado un interés especial en mí y que me había puesto las cosas difíciles en el terreno romántico simplemente porque le caía bien.

—¿Será esto parte del plan? —pregunté—. ¿Ha sido Afrodita la que me ha hecho aterrizar aquí?

—Posiblemente. Difícil saberlo tratándose de ella. Ahora, en caso de que decidieras marcharte de este lugar, y yo no voy a decirte lo que está bien y lo que está mal, te prometí una respuesta para vuestra búsqueda. Te prometí revelarte cómo llegar a Dédalo. Bueno, la cosa es así. No tiene nada que ver con el hilo de Ariadna. No exactamente. Desde luego, el hilo funciona. Es lo que buscará el ejército del titán. Pero la mejor manera de moverse por el laberinto... Teseo contaba con la ayuda de la princesa. Y la princesa era una mortal. Sin una gota de sangre divina, pero muy lista. Y capaz de ver, muchacho. Ella veía con toda claridad. Lo que estoy diciendo... es que yo creo que tú sabes cómo orientarte en el laberinto.

Por fin lo comprendí. ¿Cómo no me había dado cuenta antes? Hera tenía razón. La respuesta había estado a mi alcance desde el principio.

—Sí —admití—. Sí, lo sé.

—Entonces has de decidir si vas a marcharte o no.

—Yo... —Quería decir que sí. Claro que me marcharía. Pero las palabras se me atascaban en la garganta. Me sorprendí a mí mismo contemplando el lago y, de pronto, la idea de partir me pareció muy dura.

—No lo decidas aún —me aconsejó Hefesto—. Aguarda hasta el alba. Ése es un buen momento para tomar decisiones.

—¿Dédalo se dignará siquiera ayudarnos? —le pregunté—. Si le proporciona a Luke un medio para cruzar el laberinto, estamos perdidos. He vistos cosas en sueños... Dédalo mató a su sobrino. Se llenó de amargura y de ira y...

—No es fácil ser un gran inventor —respondió Hefesto con voz ronca—. Siempre solo. Siempre incomprendido. Es fácil amargarse y cometer terribles errores. Resulta más complicado trabajar con personas que con máquinas. Y cuando rompes a una persona, ya no puedes arreglarla.

Hefesto acabó de limpiarse los restos de Pepsi de su ropa.

—Dédalo empezó bien. Ayudó a la princesa Ariadna y a Teseo porque le inspiraron compasión. Intentó hacer una buena obra. Y toda su vida quedó malograda por ello. ¿Eso fue justo? —El dios se encogió de hombros—. No sé si Dédalo te ayudará, muchacho, pero no te atrevas a juzgar a nadie hasta que hayas entrado en su fragua y trabajado con su martillo, ¿de acuerdo?

—Lo intentaré.

Hefesto se levantó.

—Adiós, muchacho. Hiciste bien destruyendo a los telekhines. Siempre me acordaré de ti por ese motivo.

Sonaba a despedida definitiva. El dios volvió a transformarse en una llamarada y se deslizó sobre el agua, alejándose hacia el mundo exterior.


Caminé durante horas por la playa. Cuando volví al prado finalmente, ya era muy tarde, quizá las cuatro o las cinco de la mañana, pero Calipso seguía en su jardín, cuidando las flores a la luz de las estrellas. Su lazo de luna emitía un resplandor plateado y las demás plantas respondían a su magia con destellos rojos, amarillos y azules.

—Te ha ordenado que regreses —adivinó Calipso.

—Bueno, no ordenado. Me ha planteado una elección.

Me miró a los ojos.

—Prometí que no te lo propondría...

—¿El qué?

—Que te quedaras.

—Quedarme, ¿cómo? —me sorprendí—. ¿Para siempre?

—En esta isla serías inmortal —dijo ella en voz baja—. No envejecerías ni morirías. Podrías dejar la lucha en manos de los demás, Percy Jackson. Podrías escapar de tu profecía.

La miré, atónito.

—¿Así como así?

Ella asintió.

—Así como así.

—Pero... mis amigos.

Calipso se levantó y me tomó la mano. Su piel me transmitió una cálida corriente por todo el cuerpo.

—Me preguntaste por mi maldición, Percy. No quería contártelo. La verdad es que los dioses me mandan compañía de vez en cuando. Cada mil años más o menos, permiten que llegue a mis costas un héroe, alguien que necesita mi ayuda. Yo lo cuido y me convierto en su amiga. Pero nunca sucede al azar. Las Moiras se encargan de que el tipo de héroe que me envían...

Le tembló la voz y tuvo que detenerse.

Estreché su mano con más fuerza.

—¿Qué? ¿Qué he hecho para entristecerte?

—Envían una persona que nunca puede quedarse —susurró—. Que nunca puede aceptar la compañía que le ofrezco más allá de un breve período de tiempo. Me envían un héroe del que no puedo evitar... precisamente el tipo de persona del que no puedo evitar enamorarme.

La noche se había quedado en silencio, salvo por el gorgoteo de las fuentes y el murmullo de las olas en la playa. Me costó un rato comprender lo que estaba diciendo.

—¿Yo? —dije.

—Si pudieras verte... —Reprimió una sonrisa, aunque todavía tenía lágrimas en los ojos—. Claro que sí. Tú.

—¿Por eso procurabas apartarte de mí?

—Lo he intentado con todas mis fuerzas, pero no puedo evitarlo. Las Moiras son crueles. Te enviaron a mí, mi valiente, sabiendo que me romperías el corazón.

—Pero... Yo sólo... O sea, sólo soy yo.

—A mí me basta —aseguró Calipso—. Me dije a mí misma que no hablaría de ello, que te dejaría marchar sin proponértelo siquiera. Pero no puedo. Supongo que también eso lo sabían las Moiras. Podrías quedarte conmigo, Percy. Me temo que sólo así serías capaz de ayudarme.

Contemplé el horizonte. Las primeras luces del alba teñían el cielo de rojo. Si me quedaba allí para siempre, desaparecería de la faz de la tierra y viviría con Calipso, atendido por criados invisibles. Plantaríamos flores en el jardín, hablaríamos con los pájaros, caminaríamos por la playa bajo un cielo siempre azul. Sin guerras. Sin profecía. Sin tener que tomar partido.

—No puedo —le dije.

Ella bajó la mirada con tristeza.

—Nunca haría nada que te perjudicara, pero mis amigos me necesitan. Y ahora sé cómo ayudarlos. Debo volver.

Ella tomó una flor de su jardín: una ramita del lazo de luna plateado. Su resplandor se desvaneció al salir el sol. «El alba es buen momento para tomar decisiones», había dicho Hefesto. Calipso me metió la flor en el bolsillo de la camiseta.

Se puso de puntillas y me besó en la frente, como dándome una bendición.

—Entonces vamos a la playa, mi héroe valiente. Te indicaré el camino.

La balsa era un rectángulo de tres metros cuadrados hecho con troncos amarrados, provisto de un palo a modo de mástil con una sencilla vela blanca. No daba la impresión de estar preparada para navegar, ni por el mar ni por un lago.

—Esta balsa te llevará a donde deseas —me prometió Calipso—. Es bastante segura.

Le tomé la mano, pero ella la apartó suavemente.

—Quizá pueda visitarte —dije.

Ella negó con la cabeza.

—Ningún hombre encuentra Ogigia dos veces. Una vez que te vayas, no volveré a verte.

—Pero...

—Márchate, por favor. —Se le quebró la voz—. Las Moiras son crueles, Percy. Acuérdate de mí. —Una tenue sonrisa se insinuó en su rostro—. Y planta por mí un jardín en Manhattan, ¿lo harás?

—Te lo prometo. —Subí a la balsa y de inmediato empezó a alejarse de la orilla.

Mientras me internaba en las aguas del lago, me di cuenta de que las Moiras eran realmente muy crueles. Le enviaban a alguien que ella no podía evitar amar. Pero eso funcionaba en ambos sentidos, porque yo me acordaría de mi salvadora durante toda la vida. Calipso permanecería para siempre en mi interior como un enorme interrogante: «¿Y si...?»

En unos minutos, la isla de Ogigia se perdió entre la niebla y me encontré navegando hacia el sol naciente.

Entonces le dije a la balsa lo que debía hacer. Le indiqué el único lugar en el que podía pensar. Necesitaba el calor de mis amigos.

—Al Campamento Mestizo —dije—. Llévame a casa.

# 13

## Contratamos a un nuevo guía

Unas horas más tarde, la balsa me depositó en la playa del Campamento Mestizo. No tengo la menor idea de cómo llegué allí. En algún punto, el agua del lago se convirtió en agua marina. Las costas tan familiares de Long Island se dibujaron en el horizonte y un par de tiburones blancos salieron a la superficie y amistosamente me empujaron hasta la playa.

Cuando toqué tierra, el campamento parecía desierto. Era media tarde, pero en el campo de tiro al arco no había nadie. El muro de escalada seguía rugiendo y arrojando lava para nadie. En el pabellón, nada. Las cabañas, vacías... Entonces reparé en una columna de humo que se elevaba del anfiteatro. Demasiado temprano para una fogata. Y no creía que estuvieran asando malvaviscos. Corrí hacia allá.

Aún no había llegado, cuando oí que Quirón hacía un anuncio. Al comprender lo que decía, me detuve en seco.

—... aceptar que ha muerto —expuso—. Después de un silencio tan largo, no es probable que nuestras plegarias sean atendidas. Le he pedido a su mejor amiga que haga los honores finales.

Llegué a la parte trasera del anfiteatro. Nadie reparó en mí. Todos me daban la espalda y miraban a Annabeth, que tomó un largo sudario de seda verde con un tridente bordado y le prendió fuego. Estaban quemando mi sudario.

Ella volvió su rostro hacia la audiencia. Tenía los ojos hinchados de llorar, pero acertó a decir:

—Era seguramente el amigo más valeroso que he tenido. Él... —Entonces me vio—. ¡Está allí!

Todas las cabezas se volvieron. La gente sofocó un grito.

—¡Percy! —exclamó Beckendorf con una gran sonrisa. Un montón de chavales me rodearon y empezaron a darme palmadas en la espalda. También oí varias maldiciones procedentes de los chicos de la cabaña de Ares; Clarisse se limitó a poner los ojos en blanco, como si no pudiese creer que yo hubiera tenido la cara dura de sobrevivir. Quirón se acercó a medio galope y todos le abrieron paso.

—Bueno —dijo con un suspiro de alivio—. Creo que nunca me había alegrado tanto al ver regresar a un campista. Pero tienes que contarme...

—¿Dónde has estado? —lo interrumpió Annabeth, apartando a los demás campistas. Creí que iba a darme un puñetazo, pero lo que hizo fue abrazarme con tal fuerza que casi me rompió las costillas. Los demás enmudecieron. Ella pareció darse cuenta de que estaba haciendo una escena y se separó de mí—. Yo... ¡pensábamos que habías muerto, sesos de alga!

—Lo siento —dije—. Me perdí.

—¿Que te perdiste? —aulló—. ¿Dos semanas? ¿Dónde demonios...?

—Annabeth —la interrumpió Quirón—. Quizá deberíamos discutir esto en privado, ¿no crees? Los demás, regresad a vuestras ocupaciones.

Sin darnos tiempo a protestar siquiera, nos agarró a Annabeth y a mí con la misma facilidad que si fuéramos dos gatitos, nos colocó sobre su lomo y nos llevó al galope hacia la Casa Grande.

No les conté la historia entera: no tenía fuerzas para hablar de Calipso. Sí les expliqué cómo había provocado la explosión en el monte Saint Helens y cómo había salido disparado del volcán. Les dije que me había quedado confinado en una isla. Que más tarde Hefesto me había encontrado y me había indicado cómo partir. Y que una balsa mágica me había llevado hasta el campamento.

Era todo cierto, pero mientras lo contaba noté que me sudaban las palmas de las manos.

—Has estado desaparecido dos semanas. —Ahora Annabeth hablaba con voz más firme, pero aún se la veía conmocionada—. Cuando oí la explosión, pensé...

—Ya —asentí—. Lo siento. Pero ya he averiguado cómo cruzar el laberinto. Hablé con Hefesto.

—¿Te dio él la clave?

—Bueno, vino a decirme que yo ya sabía cómo hacerlo. Y es cierto. Ahora lo entiendo.

Le conté mi idea.

Annabeth se quedó boquiabierta.

—¡Eso es una locura, Percy!

Quirón se arrellanó en su silla de ruedas y se acarició la barba.

—Hay un precedente, no obstante. Teseo contó con la ayuda de Ariadna.

—Pero esta búsqueda es mía —protestó Annabeth—. He de dirigirla yo.

Quirón parecía incómodo.

—Querida, la búsqueda es tuya, pero necesitas ayuda.

—¿Y se supone que eso va a representar una ayuda? ¡Por favor! Es un error. Es cobarde. Es...

—Cuesta tener que admitir que necesitamos la ayuda de un mortal —admití—. Pero es cierto.

Annabeth me lanzó una mirada fulminante.

—¡Eres la persona más odiosa que he conocido! —dijo, y salió de la habitación hecha una furia.

Me quedé mirando la puerta. Tenía ganas de romper algo de un puñetazo.

—¡Ya ves de qué me ha servido ser el amigo más valeroso que ha tenido!

—Ya se calmará —aseguró Quirón—. Está celosa, chico.

—Eso es absurdo. Ella no... no es como si...

Quirón rió entre dientes.

—Eso no importa. Annabeth tiene un sentido bastante territorial de la amistad, por si no lo habías notado. Estaba muy preocupada por ti. Y ahora que has vuelto, creo que sospecha dónde te quedaste aislado.

Lo miré a los ojos y comprendí que había adivinado lo de Calipso. Es difícil ocultarle algo a un tipo que lleva tres mil años entrenando a héroes. Ya lo ha visto prácticamente todo.

—No vamos a ocuparnos de tus preferencias —dijo—. Has vuelto y eso es lo que importa.

—Díselo a Annabeth.

Quirón sonrió.

—Por la mañana haré que Argos os lleve a los dos a Manhattan. Podrías parar un momento para ver a tu madre, Percy. Está muy... trastornada, lógicamente.

El corazón me dio un brinco. Durante todo aquel tiempo en la isla de Calipso ni siquiera se me había ocurrido pensar en lo que sentiría mi madre. Sin duda, creería que había muerto. Debía de estar destrozada. ¿Qué me pasaba? ¿Cómo no se me había ocurrido pensar en eso siquiera?

—Quirón —dije—, ¿qué hay de Grover y Tyson? Tú crees...

—No lo sé, muchacho. —Miró fijamente la chimenea vacía—. Enebro está muy afectada. Todas sus ramas se han vuelto amarillas. El Consejo de los Sabios Ungulados ha revocado *in absentia* el permiso de buscador de Grover. Aun suponiendo que regrese vivo, lo condenarán a un exilio vergonzoso. —Suspiró—. Grover y Tyson tienen muchos recursos, sin embargo. Todavía podemos albergar esperanzas.

—No debería haber permitido que se fueran.

—Grover tiene su propio destino y Tyson fue lo bastante valiente para seguirlo. Si Grover corriera un peligro mortal lo sabrías, ¿no crees?

—Supongo. La conexión por empatía. Pero...

—He de contarte otra cosa, Percy. En realidad, dos cosas desagradables.

—Genial.

—Chris Rodríguez, nuestro invitado...

Recordé lo que había visto en el sótano, cuando sorprendí a Clarisse hablándole mientras él no paraba de farfullar incoherencias sobre el laberinto.

—¿Ha muerto?

—Aún no —respondió Quirón con gravedad—. Pero está mucho peor. Lo hemos trasladado a la enfermería; no le quedan fuerzas para moverse. Tuve que ordenar a Clarisse que regresara a sus actividades normales, porque se pasaba el día junto a su cabecera. El enfermo no responde a ningún tratamiento. No acepta comida ni bebida. Ninguna de mis medicinas le ha servido. Ha perdido las ganas de vivir, sencillamente.

Me estremecí. A pesar de todas mis trifulcas con Clarisse, me sentía fatal por ella. Había tratado de ayudarlo con todas sus fuerzas. Pero ahora que habíamos estado en el laberinto comprendía por qué al fantasma de Minos le había resultado tan fácil volver loco a Chris. Si yo hubiera vagado solo por aquellos túneles sin ningún amigo que me ayudara, nunca habría salido de allí.

—Lamento decir que la otra noticia es aún más desagradable —continuó Quirón—. Quintus ha desaparecido.

—¿Que ha desaparecido? ¿Cómo?

—Hace tres noches entró en el laberinto. Enebro lo vio. Parece que tenías razón sobre él.

—Es un espía de Luke. —Le hablé del Rancho Triple G y le conté que Quintus había comprado sus escorpiones allí y que Gerión se había dedicado a proporcionar suministros al ejército de Cronos—. No puede ser una coincidencia.

Quirón respiró hondo.

—¡Cuántas traiciones! Confiaba en que Quintus demostraría ser un amigo. Por lo visto, me equivocaba.

—¿Y la *Señorita O'Leary*? —pregunté.

—El perro del infierno sigue en el ruedo de arena. No deja que se acerque nadie. No tuve valor para encerrarla en una jaula... ni para sacrificarla.

—Quintus no la habría dejado así como así.

—Como te he dicho, Percy, por lo visto nos equivocamos con él. Y ahora deberías prepararte para mañana. Os queda aún mucho que hacer a ti y a Annabeth.

Lo dejé en su silla de ruedas, contemplando con tristeza la chimenea. Me pregunté cuántas veces habría permanecido allí sentado, esperando la vuelta de unos héroes que jamás habrían de regresar.

Antes de la cena, me pasé un momento por la arena. La *Señorita O'Leary*, en efecto, estaba allí acurrucada, como una montaña negra y peluda, masticando con desgana la cabeza de un maniquí de combate.

En cuanto me vio se puso a ladrarme y se me acercó dando saltos. Creí que era hombre muerto. Sólo me dio tiempo a decir «¡Vaya!» antes de que me tirase al suelo y empezara a lamerme la cara. Normalmente, siendo como soy el hijo de Poseidón, yo sólo me mojo si quiero, pero mis poderes al parecer no incluían la saliva de perro, porque me quedé completamente bañado en babas.

—¡Vaya, chica! —grité—. No puedo respirar. ¡Deja que me levante!

Finalmente, logré quitármela de encima. Le rasqué las orejas y le di una gigantesca galleta para perros.

—¿Dónde está tu amo? —le pregunté—. ¿Cómo es que te dejó aquí?, ¿eh?

Ella lloriqueó, como si también le hubiera gustado saberlo. Estaba dispuesto a creer que Quintus era un enemigo, pero aún no acababa de comprender por qué había dejado allí a la *Señorita O'Leary*. Si de algo estaba convencido era de que su mega perra le importaba de verdad.

Estaba pensando en ello y secándome las babas de la cara cuando oí la voz de una chica:

—Tienes suerte de que no te haya arrancado la cabeza.

Era Clarisse, que estaba al otro lado del ruedo con su espada y su escudo.

—Vine a practicar ayer —gruñó— y trató de morderme.

—Es una perra inteligente —comenté.

—Qué gracioso.

Se acercó a nosotros. La *Señorita O'Leary* soltó un gruñido, pero le di unas palmaditas en la cabeza y la calmé.

—Ese estúpido perro del infierno —masculló Clarisse— no va a impedirme que practique.

—Me he enterado de lo de Chris —dije—. Lo siento.

Clarisse dio unos pasos por la arena. Al pasar junto al maniquí más cercano, lo atacó con crueldad, le arrancó la cabeza de un tajo y le atravesó las tripas con la espada. Luego sacó el arma y continuó caminando.

—Ya, bueno, a veces las cosas salen mal. —Le temblaba la voz—. Los héroes quedan malheridos. Se... se mueren y los monstruos, en cambio, regresan una y otra vez.

Tomó una jabalina y la lanzó al otro extremo del ruedo. Fue a clavarse en otro maniquí, justo entre los dos orificios para los ojos del casco.

Había llamado héroe a Chris, como si nunca se hubiera pasado al bando del titán. Me recordó el modo que a veces tenía Annabeth de hablar de Luke. Decidí no mencionar el tema.

—Chris era valiente —dije—. Espero que se mejore.

Me lanzó una mirada furiosa, como si yo fuera su próxima diana. La *Señorita O'Leary* gruñó.

—Hazme un favor —murmuró Clarisse.

—Sí, claro.

—Si encuentras a Dédalo, no te fíes de él. No le pidas ayuda. Mátalo, simplemente.

—Clarisse...

—Porque una persona capaz de construir una cosa como el laberinto... es la maldad en persona. La maldad sin más.

Por un instante me recordó a Euritión, el pastor, que no dejaba de ser un hermanastro suyo, aunque muchísimo más viejo. Ella también tenía una expresión muy dura en los ojos, como si la hubiesen utilizado durante los últimos dos mil años y ya estuviera harta. Envainó la espada.

—Se acabaron las prácticas. A partir de ahora va en serio.


Esa noche dormí en mi propia litera y, por primera vez desde hacía semanas, desde que había despertado en la isla de Calipso, los sueños volvieron a encontrarme.

Me hallaba en la corte de un rey: una espaciosa sala blanca en la que destacaban unas columnas de mármol y un trono de madera en el que se sentaba un tipo rollizo con el pelo rizado y rojizo, tocado por una corona de laurel. Había tres chicas a su lado que parecían sus hijas, todas pelirrojas como él y con túnicas azules.

Las puertas se abrieron con un crujido y un heraldo se adelantó y anunció:

—¡Minos, rey de Creta!

Me puse alerta, pero el hombre del trono se limitó a sonreír a sus hijas.

—Me muero de impaciencia por ver la expresión de su cara.

Minos, el siniestro monarca en persona, entró majestuosamente. Era tan alto y tenía un aire tan serio que el otro rey parecía ridículo comparado con él. La barba puntiaguda de Minos se había vuelto gris. Estaba más delgado que la última vez que lo había visto en sueños y tenía las sandalias manchadas de barro, pero en sus ojos habitaba la crueldad de siempre.

Se inclinó rígidamente ante el hombre del trono.

—Rey Cócalo, tengo entendido que habéis resuelto mi pequeño enigma.

Éste sonrió.

—Yo no lo llamaría pequeño, rey Minos. Sobre todo cuando vos mismo habéis anunciado a los cuatro vientos que estáis dispuesto a pagar mil talentos de oro a quien sea capaz de resolverlo. ¿Es auténtica esa oferta?

Minos dio una palmada. Aparecieron dos guardias fornidos, que a duras penas lograban sostener una enorme caja de madera. La pusieron a los pies de Cócalo y la abrieron. Un sinfín de barras de oro perfectamente apiladas refulgía en su interior. Aquello debía de valer tropecientos millones de dólares.

Cócalo silbó, admirado.

—Habréis dejado vuestro reino en la bancarrota para reunir semejante recompensa, amigo mío.

—Eso no es asunto vuestro.

Cócalo se encogió de hombros.

—El enigma era bastante sencillo, en realidad. Uno de mis criados lo resolvió.

—Padre —le dijo una de las chicas, en señal de advertencia. Era algo más alta que sus hermanas y parecía la mayor.

Pero él hizo caso omiso. De los pliegues de sus ropas, sacó un caparazón de molusco en espiral. Lo habían atravesado con un hilo plateado, de tal manera que colgaba como si fuese la abultada cuenta de un collar.

Minos se adelantó y tomó el caparazón.

—¿Uno de vuestros criados, decís? ¿Cómo pasó el hilo sin romper el caparazón?

—Usó una hormiga, lo creáis o no. Ató un hilo de seda a esa criatura diminuta y la espoleó para que cruzara todo el caparazón poniendo miel en el otro extremo.

—Un hombre ingenioso —comentó Minos.

—Ya lo creo. Es el tutor de mis hijas. Ellas lo aprecian mucho.

Minos lo miró con ojos glaciales.

—Yo en vuestro lugar me andaría con cuidado.

Habría deseado advertir a Cócalo: «¡No te fíes de este tipo! ¡Enciérralo en una mazmorra con varios leones devoradores de hombres!» Pero el rey pelirrojo se limitó a reírse.

—No hay de qué preocuparse, Minos. Mis hijas son más sabias de lo que corresponde a su edad. En cuanto a mi oro...

—Sí —dijo Minos—. Pero, veréis, el oro es para el hombre que ha solventado el enigma. Y sólo existe un hombre capaz de hacerlo. Estáis ocultando a Dédalo.

Cócalo se removió incómodo en su trono.

—¿Cómo es que conocéis su nombre?

—Es un ladrón —respondió Minos—. En otro tiempo trabajó en mi corte y volvió a mi hija contra mí. Ayudó a un usurpador a ponerme en ridículo en mi propio palacio. Y luego huyó de la justicia. Llevo diez años persiguiéndolo.

—No sabía nada. Pero yo le he ofrecido a ese hombre mi protección. Ha sido extraordinariamente...

—Os propongo una cosa —lo interrumpió Minos—. Entregadme al fugitivo y el oro será vuestro. De lo contrario, debéis arriesgaros a convertiros en mi enemigo. No querréis tener en contra a Creta.

Cócalo palideció. Pensé que era absurdo que pareciese tan asustado en su propia sala del trono. Podría haber llamado a su ejército o algo así. Minos sólo tenía dos guardias. Pero Cócalo permaneció sudando en su trono.

—Padre —dijo su hija mayor—, no podéis...

—Silencio, Aelia. —El rey se retorcía la barba. Volvió a echar un vistazo al oro reluciente—. Esto me causa un gran dolor, Minos. Los dioses no aman a un hombre que rompe sus promesas de hospitalidad.

—Los dioses tampoco aman a quienes dan cobijo a los criminales.

Cócalo asintió.

—Muy bien. Os entregaré encadenado a vuestro hombre.

—¡Padre! —intervino Aelia otra vez. Luego se dominó y habló con un tono más dulce—. Al menos... dejad que obsequiemos primero a nuestro invitado. Después de un viaje tan largo, deberíamos ofrecerle un baño caliente, ropa limpia y una comida digna. Será para mí un gran honor prepararle el baño personalmente.

Sonrió con gracia a Minos y el viejo rey soltó un gruñido.

—Supongo que no me vendría mal un baño. —Miró a su anfitrión—. Os veré en la cena. Con el prisionero.

—Por aquí, majestad —dijo la joven, y en compañía de sus hermanas, condujo a Minos fuera de la sala.

Los seguí hasta un gran baño decorado con mosaicos. El vapor inundaba el aire. Un grifo de agua caliente iba llenando la bañera. Aelia y sus hermanas arrojaron pétalos de rosa y algún producto que debía de ser el equivalente al gel Burbujitas de la antigua Grecia, porque el agua quedó cubierta enseguida de una espuma multicolor. Las chicas se dieron la vuelta cuando Minos se despojó de su túnica y se deslizó en la bañera.

—¡Aahh! —suspiró con una sonrisa—. Un baño excelente. Gracias, queridas. El viaje ha sido muy largo, en verdad.

—¿Y habéis seguido a vuestra presa durante diez años, mi señor? —preguntó Aelia, con mucho juego de pestañas—. Debéis de ser un hombre muy decidido.

—Nunca olvido una deuda —respondió Minos, sonriendo—. Vuestro padre ha actuado sabiamente accediendo a mis deseos.

—Ya lo creo, mi señor —convino Aelia. Me pareció que se estaba pasando con la adulación, pero el viejo se lo tragaba todo sin sospechar. Las otras dos hermanas rociaron la cabeza del rey con aceites perfumados—. ¿Sabéis, mi señor? —prosiguió ella—, Dédalo pensaba que vendríais. Sospechaba que el enigma podía ser una trampa, pero no pudo resistir la tentación de resolverlo.

Minos frunció el ceño.

—¿Dédalo os habló de mí?

—Sí, mi señor.

—Es una mala persona, princesa. Mi propia hija cayó bajo su hechizo. No le prestéis oídos.

—Es un genio —replicó Aelia—. Y considera que una mujer es tan inteligente como un hombre. Él fue el primero en enseñarnos como si tuviéramos mente propia. Quizá vuestra hija sintió lo mismo.

Minos trató de incorporarse, pero las hermanas de Aelia lo empujaron para que permaneciese en el agua. La mayor se situó detrás de él. Tenía tres esferas diminutas en la palma de la mano. Al principio creí que serían perlas de baño, pero cuando las arrojó en el agua brotaron de ellas unos hilos de cobre que empezaron a envolver el cuerpo del rey, atando sus tobillos, amarrándole las muñecas a los costados y rodeándole el cuello. Aunque yo odiaba a Minos, contemplar aquello resultaba horrible. Él gritó y se debatió, pero las chicas eran mucho más fuertes y muy pronto quedó totalmente indefenso, tendido en el fondo de la bañera y con la barbilla justo por encima del agua. Las hebras de bronce seguían envolviendo firmemente su cuerpo como un capullo metálico.

—¿Qué pretendéis? —protestó Minos—. ¿Por qué hacéis esto?

Aelia sonrió.

—Dédalo ha sido muy bueno con nosotras, majestad. Y no me gusta que nadie amenace a nuestro padre.

—Decídselo a Dédalo —rugió el rey—. ¡Decidle que lo acosaré incluso después de muerto! Si hay justicia en el inframundo, ¡mi alma lo atormentará durante toda la eternidad!

—Valerosas palabras, majestad —dijo la joven—. Os deseo suerte en vuestra búsqueda de justicia en el inframundo.

Y apenas hubo pronunciado estas palabras, los hilos de bronce envolvieron el rostro de Minos y lo convirtieron en una momia de bronce.

Se abrió la puerta del baño. Dédalo entró con una bolsa de viaje en las manos. Llevaba el pelo muy corto y tenía la barba completamente blanca. Parecía frágil y entristecido. Se agachó y tocó la frente de la momia. Los hilos se desenredaron y se hundieron en el fondo de la bañera. Bajo ellos no había nada. Era como si el rey Minos se hubiera disuelto.

—Una muerte indolora —musitó Dédalo—. Más de lo que merecía. Gracias, mis princesas.

Aelia lo abrazó.

—No podéis quedaros aquí, maestro. Cuando nuestro padre descubra...

—Sí —convino Dédalo—. Me temo que os he traído problemas.

—Oh, no os preocupéis por nosotras. Nuestro padre se quedará con mucho gusto el oro de ese viejo. Y Creta está muy lejos de aquí. Pero él os acusará de la muerte de Minos. Tenéis que huir a un lugar seguro.

—Un lugar seguro —repitió el anciano—. Durante años he huido de reino en reino, buscando un sitio seguro. Me temo que Minos decía la verdad. La muerte no impedirá que siga acosándome. En cuanto corra la voz de este crimen, no habrá ningún lugar bajo el sol donde cobijarme.

—¿Adónde iréis, entonces? —preguntó Aelia.

—A un lugar al que juré no volver jamás. Mi prisión será quizá mi único santuario.

—No os entiendo.

—Mejor así.

—¿Y en el inframundo? —preguntó otra de las hermanas—. ¡Os aguarda un terrible juicio! Y todos los hombres deben morir.

—Tal vez —dijo Dédalo. Sacó un rollo de su bolsa de viaje: el mismo rollo que había visto en mi sueño anterior, con las notas de su sobrino—. O tal vez no.

Le dio a la mayor una palmadita en el hombro y luego bendijo a las tres hermanas. Echó una última mirada a los hilos de cobre que brillaban en el fondo de la bañera.

—Encuéntrame si te atreves, rey de los fantasmas.

Se volvió hacia la pared de mosaico y presionó un azulejo. Surgió una marca resplandeciente —una Δ griega— y la pared se deslizó hacia un lado. Las princesas sofocaron un grito.

—¡Nunca nos hablasteis de pasadizos secretos! —exclamó Aelia—. ¡Cuánto habéis trabajado!

—Cuánto ha trabajado el laberinto, más bien —la corrigió Dédalo—. No tratéis de seguirme, mis queridas princesas, si apreciáis vuestra cordura.


Mi sueño cambió de escenario. Me hallaba en una cámara subterránea de piedra. Luke y otro guerrero mestizo estudiaban un mapa con una linterna.

El primero soltó una maldición.

—Debía de ser por el último desvío. —Arrugó el mapa y lo tiró.

—¡Señor! —protestó su compañero.

—Los mapas aquí son inútiles. No te preocupes. Lo encontraré.

—Señor, ¿es cierto que cuanto más grande es el grupo...?

—¿Mayores son las probabilidades de perderse? Sí, es cierto. ¿Por qué crees que los primeros exploradores que enviamos iban solos? Aunque no debes preocuparte. En cuanto tengamos el hilo, podremos guiar a la vanguardia de nuestro ejército sin problemas.

—Pero ¿cómo vamos a conseguirlo?

Luke se levantó y flexionó los dedos.

—Ah, Quintus nos lo proporcionará. Lo único que debemos hacer es llegar a la pista de combate. Está en una encrucijada. No se puede ir a ninguna parte sin pasar por allí. Por eso hemos de hacer un trato con su dueño. Tenemos que mantenernos con vida hasta que...

—¡Señor! —Ahora era una voz que procedía del pasadizo. Enseguida apareció un tipo con armadura griega y una antorcha—. ¡Las *dracaenae* han encontrado a un mestizo!

Luke frunció el ceño.

—¿Solo? ¿Vagando por el laberinto?

—¡Sí, señor! Será mejor que venga enseguida. Están en la cámara siguiente. Lo tienen acorralado.

—¿Quién es?

—Nunca lo había visto, señor.

Luke asintió.

—Una bendición de Cronos. Quizá podamos utilizar a ese mestizo. ¡Vamos!

Echaron a correr por el pasadizo y yo desperté de repente en mitad de la oscuridad. «Un mestizo vagando solo por el laberinto.» Me costó mucho volver a dormirme.

A la mañana siguiente me ocupé personalmente de que la *Señorita O'Leary* tuviera suficientes galletas y le pedí a Beckendorf que no la perdiese de vista, cosa que no pareció hacerle mucha gracia. Luego crucé a pie la Colina Mestiza y me encontré en la carretera con Argos y Annabeth.

Subimos a la furgoneta. Ella y yo permanecimos en silencio. Argos nunca hablaba, tal vez porque tenía ojos por todo el cuerpo, incluida —según decían— la punta de la lengua, y no quería hacer alarde de ello.

Annabeth parecía mareada, como si hubiese dormido incluso peor que yo.

—¿Pesadillas? —le pregunté por fin.

Meneó la cabeza.

—Un mensaje Iris de Euritión.

—¡Euritión! ¿Le ha pasado algo a Nico?

—Abandonó el rancho anoche y entró en el laberinto.

—¿Qué? ¿Euritión no intentó detenerlo?

—Nico se había ido antes de que despertara. *Ortos* siguió su rastro hasta la rejilla de retención. Euritión me ha dicho que en las últimas noches había oído a Nico hablando solo. Aunque ahora cree que hablaba con el fantasma de Minos.

—Corre un gran peligro.

—Ya lo creo. Minos es uno de los jueces de los muertos, pero su crueldad es increíble. No sé lo que querrá de Nico, pero...

—No me refería a eso. He tenido un sueño esta noche... —Le conté todo lo que le había oído decir a Luke, incluida su alusión a Quintus, y también que sus hombres habían encontrado a un mestizo que andaba solo por el laberinto.

Annabeth apretó los dientes.

—Es una noticia terrible.

—¿Qué vamos a hacer?

Ella arqueó una ceja irónicamente.

—Menos mal que tú tienes un plan para guiarnos, ¿no?


Era sábado y había mucho tráfico para entrar en la ciudad. Llegamos al apartamento de mi madre hacia mediodía. Nada más abrir la puerta, se abalanzó sobre mí y me dio un abrazo un poco menos abrumador —sólo un poco— que las muestras de afecto de la *Señorita O'Leary*.

—Ya les decía yo que estabas bien —dijo mi madre, aunque parecía como si se hubiera quitado de encima todo el peso del cielo (y, créeme, conozco la sensación por experiencia).

Nos hizo sentar a la mesa de la cocina e insistió en servirnos sus galletas azules de chocolate mientras la poníamos al día sobre nuestra búsqueda. Como siempre, procuré suavizar las partes más terroríficas (o sea, casi todas). Pero, por algún motivo, así sólo conseguía que sonaran más peligrosas.

Cuando llegué a la parte de Gerión y los establos, mi madre hizo ademán de estrangularme.

—No hay forma de que limpie su habitación y, en cambio... ¡está dispuesto a limpiar las toneladas de estiércol de los establos de un monstruo!

Annabeth se echó a reír. Era la primera vez que oía su risa en mucho tiempo y la sensación resultaba agradable.

—En resumen —dijo mi madre, cuando terminé de contarle la historia—, has destrozado la isla de Alcatraz, has hecho saltar por los aires el monte Saint Helens y provocado el desplazamiento de medio millón de personas, pero por lo menos estás sano y salvo.

Así es ella: siempre sabe ver el lado positivo de las cosas.

—Sí —admití—. Eso lo resume todo más o menos.

—Ojalá estuviera Paul aquí —dijo, en parte hablando consigo misma—. Quería charlar un poco contigo.

—Ya, vale. El colegio.

Habían pasado tantas cosas desde entonces que ya casi se me había olvidado la sesión de orientación de la escuela Goode; o, más exactamente, el hecho de que yo hubiera abandonado la sala de música en llamas y de que el novio de mi madre me hubiese visto huir por una ventana.

—¿Qué le contaste? —pregunté.

Mi madre meneó la cabeza.

—¿Qué podía decirle? Él es consciente de que hay algo diferente en ti, Percy. Es un hombre inteligente. Y está convencido de que no eres mala persona. Pero no entiende lo que ocurre y la escuela lo está presionando. Al fin y al cabo, Paul logró que te admitieran. Tiene que convencerlos de que el incendio no fue culpa tuya. Pero, como huiste, va a resultarle difícil.

Annabeth me observaba. Parecía compadecerme: ella había pasado por situaciones similares. Para un mestizo es difícil desenvolverse en el mundo de los mortales.

—Hablaré con él —le prometí—. En cuanto hayamos terminado la búsqueda. Incluso le contaré la verdad, si quieres.

Mi madre me puso la mano en el hombro.

—¿En serio?

—Bueno, sí. Aunque pensará que estamos locos.

—Ya lo piensa.

—Entonces no tenemos nada que perder.

—Gracias, Percy. Le diré que vendrás a casa... —Arrugó la frente—. Pero ¿cuándo? ¿Qué ha de suceder ahora?

Annabeth partió una galleta en dos.

—Percy tiene una especie de plan.

Se lo conté a mi madre de mala gana y ella asintió lentamente.

—Suena peligroso. Pero quizá funcione.

—Tú tienes esa misma capacidad, ¿verdad? —le pregunté—. Puedes ver a través de la Niebla.

Mi madre suspiró.

—Ya no tanto. Cuando era más joven me resultaba fácil. Pero sí, siempre he sido capaz de ver más de lo que me hubiera convenido. Es una de las cosas que le llamó la atención a tu padre cuando nos conocimos. Tú ve con cuidado. Prométeme que no os pasará nada.

—Lo intentaremos, señora Jackson —dijo Annabeth—. Aunque mantener a salvo a su hijo es una tarea abrumadora. —Cruzó los brazos y miró airada por la ventana de la cocina, mientras yo desmenuzaba mi servilleta de papel, procurando mantenerme calladito.

Mi madre frunció el ceño.

—¿Qué os pasa? ¿Os habéis peleado?

Ninguno de los dos respondió.

—Ya veo —dijo mi madre, y yo me pregunté si no sólo sería capaz de ver a través de la Niebla. Daba la impresión de que entendía lo que nos pasaba, aunque a mí me resultara incomprensible—. Bueno, recordad que Grover y Tyson cuentan con vosotros. Con los dos.

—Lo sé —respondimos Annabeth y yo al unísono, cosa que aún me resultó más embarazosa.

Mi madre sonrió.

—Será mejor que uses el teléfono del vestíbulo, Percy. Buena suerte.

Me sentí aliviado al salir de la cocina, aunque por otra parte me inquietara lo que estaba a punto de hacer. Tomé el teléfono y llamé. El número se me había borrado de la mano hacía mucho, pero no importaba. Sin proponérmelo, me lo había aprendido de memoria.


Habíamos quedado en Times Square. Rachel Elizabeth Dare nos aguardaba delante del hotel Marriot Marquis y estaba completamente pintada de color dorado.

Quiero decir, su cara, su pelo, su ropa: todo. Parecía que la hubiese tocado el rey Midas. Se hallaba de pie como una estatua con otros cinco chavales, todos pintados con colores metálicos —cobre, bronce, plata— y todos congelados en distintas posturas, mientras los turistas pasaban por delante a toda prisa o se detenían a contemplarlos. Algunos lanzaban unas monedas a una lona extendida sobre la acera.

El cartel, a los pies de Rachel, ponía: «ARTE URBANO PARA NIÑOS. SE AGRADECEN LOS DONATIVOS.»

Annabeth y yo permanecimos unos cinco minutos observando a Rachel sin que ella diera muestras de haber reparado en nosotros. No se movió ni pestañeó. Yo, con mi THDA, habría sido incapaz de quedarme tanto tiempo inmóvil. Me habría vuelto loco. Era muy raro ver a Rachel dorada, además. Parecía la estatua de un personaje famoso: una actriz o algo así. Sólo sus ojos tenían su color verde normal.

—Quizá si le damos un empujón... —sugirió Annabeth.

Me pareció un poco malicioso por su parte, pero Rachel no respondió. Al cabo de unos minutos, un chico pintado de plata se acercó desde la parada de taxis del hotel, donde se había tomado un pequeño descanso. Se situó junto a Rachel y adoptó postura de orador, como si estuviera pronunciando un discurso. Ella se descongeló y salió de la lona.

—Hola, Percy —saludó con una sonrisa—. ¡Llegas en el momento justo! Vamos a tomar un café.

Caminamos hasta un local llamado El Alce de Java, en la calle Cuarenta y tres Este. Rachel pidió un expreso *extreme*, el tipo de brebaje que le gustaría a Grover; Annabeth y yo, zumo de frutas. Fuimos a sentarnos a una mesa situada justo debajo del alce disecado. A pesar de su disfraz dorado, nadie miró a Rachel dos veces.

—Bueno —dijo—, ¿ella es Annabell, verdad?

—Annabeth —la corrigió la interesada—. ¿Siempre vas así?

—Normalmente no. Estamos recaudando dinero para nuestro grupo. Trabajamos como voluntarios en proyectos de arte para niños, porque están suprimiendo el arte en los colegios, ¿lo sabías? Lo hacemos una vez al mes y llegamos a sacarnos quinientos dólares en un buen fin de semana. Aunque supongo que no has venido a hablar de esto. ¿Tú también eres una mestiza?

—¡Chist! —dijo Annabeth, mirando alrededor—. ¿Por qué no lo proclamas a los cuatro vientos?

—Vale. —Rachel se puso de pie y dijo en voz alta—. ¡Oigan todos! ¡Estos dos no son humanos! ¡Son semidioses griegos!

Nadie se molestó en volverse siquiera. Rachel se encogió de hombros y se sentó otra vez.

—No les interesa.

—No tiene gracia —protestó Annabeth—. Esto no es un juego, niña mortal.

—Parad las dos —intervine—. Un poco de calma.

—Yo estoy calmada —aseguró Rachel—. Cada vez que te tengo cerca nos ataca un monstruo. ¿Por qué iba a ponerme nerviosa?

—Mira —dije—, siento lo de la sala de música. Espero que no te expulsaran ni nada parecido.

—Qué va. Me formularon un montón de preguntas sobre ti. Yo me hice la tonta.

—¿Te costó mucho? —preguntó Annabeth.

—¡Vale ya! —corté—. Rachel, tenemos un problema. Y necesitamos tu ayuda.

Ella miró a Annabeth con los ojos entornados.

—¿Tú necesitas mi ayuda?

Mi amiga revolvió el zumo con su pajita.

—Pse —dijo a regañadientes—. Es posible.

Le hablé a Rachel del laberinto, le expliqué que necesitábamos encontrar a Dédalo y le conté lo que había sucedido cuando nos habíamos internado por los pasadizos.

—O sea, que queréis que os guíe —concluyó—. Por un lugar en el que nunca he estado.

—Tú puedes ver a través de la Niebla —expliqué—. Igual que Ariadna. Apostaría a que eres capaz de distinguir el camino correcto. A ti el laberinto no podrá confundirte tan fácilmente.

—¿Y si te equivocas?

—Entonces nos perderemos. De un modo u otro, será peligroso. Muy peligroso.

—¿Podría morir?

—Sí.

—Creía que habías dicho que a los monstruos no les interesan los mortales. Esa espada tuya...

—Exacto —asentí—. El bronce celestial no hiere a los mortales. Y la mayoría de los monstruos no te harán ni caso. Pero eso a Luke le tiene sin cuidado. Él es capaz de utilizar a los mortales, a los semidioses, a los monstruos. A quien sea. Y matará a cualquiera que se interponga en su camino.

—Un tipo simpático —comentó Rachel.

—Se halla bajo la influencia de un titán —dijo Annabeth, a la defensiva—. Ha sido engañado.

Rachel nos miró a los dos varias veces.

—Vale —accedió—. Me apunto.

Parpadeé, perplejo. No me había imaginado que fuese a resultar tan fácil.

—¿Estás segura?

—Bueno, el verano se presentaba bastante aburrido. Ésta es la mejor oferta que he recibido. ¿Qué tengo que buscar?

—Hemos de encontrar una entrada al laberinto —dijo Annabeth—. Hay una en el Campamento Mestizo, pero allí no puedes entrar. Está prohibido el acceso a los mortales.

Pronunció la palabra «mortales» como si fuera una especie de enfermedad horrible, pero Rachel se limitó a asentir.

—Vale. ¿Qué pinta tiene una entrada al laberinto?

—Podría ser cualquier cosa —respondió Annabeth—. Una parte de un muro. Una puerta. Una alcantarilla. Pero debe tener la marca de Dédalo. Una delta griega con un resplandor azulado.

—¿Así? —Rachel dibujó una delta en la mesa.

—Exacto —asintió Annabeth—. ¿Sabes griego?

—No. —Rachel se sacó del bolsillo un cepillo de plástico azul y empezó a quitarse el dorado del pelo—. Dejad que me cambie. Aunque será mejor que vengáis al Marriot conmigo.

—¿Por qué? —preguntó Annabeth.

—Porque hay una entrada como ésa en el sótano del hotel, donde guardamos los disfraces. Tiene la marca de Dédalo.

## 14

## Mi hermano me desafía
## a un duelo a muerte

La puerta estaba medio escondida detrás de una cesta de la lavandería del hotel llena de toallas sucias. No tenía nada de particular, pero Rachel me señaló dónde debía mirar y distinguí el símbolo azul, apenas visible en la superficie de metal.

—Lleva mucho tiempo en desuso —observó Annabeth.

—Traté de abrirla una vez —dijo Rachel—. Por simple curiosidad. Está atrancada por el óxido.

—No. —Annabeth se adelantó—. Sólo le hace falta el toque de un mestizo.

En efecto, en cuanto puso la mano encima, la marca adquirió un fulgor azul y la puerta metálica se abrió con un chirrido a una oscura escalera que descendía hacia las profundidades.

—¡Uau! —Rachel parecía tranquila, aunque yo no sabía si fingía. Se había puesto una raída camiseta del Museo de Arte Moderno y sus vaqueros de siempre, decorados con rotulador. Del bolsillo le sobresalía el cepillo de plástico azul. Llevaba el pelo rojo recogido en la nuca, todavía con algunas motas doradas. En la cara también le brillaban algunos restos de pintura—. Bueno... ¿pasáis vosotros delante?

—Tú eres la guía —replicó Annabeth con burlona educación—. Adelante.

Las escaleras descendían a un gran túnel de ladrillo. Estaba tan oscuro que no se veía nada a medio metro, pero Annabeth y yo nos habíamos aprovisionado con varias linternas y, en cuanto las encendimos, Rachel soltó un aullido.

Un esqueleto nos dedicaba una gran sonrisa. No era humano. Tenía una estatura descomunal, de al menos tres metros. Lo habían sujetado con cadenas por las muñecas y los tobillos de manera que trazaba una «X» gigantesca sobre el túnel. Pero lo que me provocó un escalofrío fue el oscuro agujero que se abría en el centro de la calavera: la cuenca de un solo ojo.

—Un cíclope —señaló Annabeth—. Es muy antiguo. Nadie... que conozcamos.

«No es Tyson», quería decir, aunque eso no me tranquilizó. Tenía la impresión de que lo habían puesto allí en señal de advertencia. No me apetecía tropezarme con lo que fuera capaz de matar a un cíclope adulto.

Rachel tragó saliva.

—¿Tenéis un amigo cíclope?

—Tyson —contesté—. Mi hermanastro.

—¿Cómo?

—Espero que nos lo encontremos por aquí abajo —comenté—. Y también a Grover. Un sátiro.

—Ah —dijo con una vocecita intimidada—. Bueno, entonces será mejor que avancemos.

Pasó por debajo del brazo izquierdo del esqueleto y continuó caminando. Annabeth y yo nos miramos un momento; ella se encogió de hombros y luego seguimos a Rachel rumbo a las profundidades del laberinto.

Después de recorrer unos ciento cincuenta metros llegamos a una encrucijada. El túnel de ladrillo seguía recto. Hacia la derecha, se abría un pasadizo con paredes de mármol antiguo; hacia la izquierda, un túnel de tierra cuajada de raíces.

Señalé a la izquierda.

—Se parece al camino que tomaron Tyson y Grover.

Annabeth frunció el ceño.

—Ya, pero a juzgar por la arquitectura de esas viejas losas de la derecha, es probable que por ahí se llegue a una parte más antigua del laberinto. Tal vez al taller de Dédalo.

—Debemos seguir recto —decidió Rachel.

Los dos la miramos.

—Es la opción menos probable —objetó Annabeth.

—¿No os dais cuenta? —preguntó Rachel—. Mirad el suelo.

Yo no veía nada, salvo ladrillos gastados y barro.

—Hay un brillo ahí —insistió ella—. Muy leve. Pero el camino correcto es ése. Las raíces del túnel de la izquierda empiezan a moverse como antenas más adelante, cosa que no me gusta nada. En el pasadizo de la derecha hay una trampa de seis metros de profundidad y agujeros en las paredes, quizá con pinchos. No creo que debamos arriesgarnos.

Yo no captaba nada de lo que describía, pero asentí.

—Vale. Recto.

—¿Te crees lo que dice? —me preguntó Annabeth.

—Sí. ¿Tú no?

Parecía a punto de discutir, pero indicó a Rachel que siguiera adelante. Avanzamos por el túnel de ladrillo. Tenía muchas vueltas y revueltas, pero ya no presentaba más desvíos. Daba la sensación de que descendíamos y nos íbamos sumiendo cada vez a mayor profundidad.

—¿No hay trampas? —le pregunté, inquieto.

—Nada —respondió Rachel, arqueando las cejas—. ¿No debería resultar tan fácil?

—No lo sé —admití—. Hasta ahora no lo ha sido.

—Dime, Rachel —preguntó Annabeth—, ¿de dónde eres exactamente?

Sonaba como: «¿De qué planeta has salido?» Pero Rachel no pareció ofenderse.

—De Brooklyn.

—¿No se preocuparán tus padres si llegas tarde a casa?

Ella resopló.

—No creo. Podría pasarme una semana fuera y no se darían ni cuenta.

—¿Por qué no? —Esta vez mi amiga no fue tan sarcástica. Los problemas con los padres los entendía muy bien.

Antes de que Rachel pudiera responder, se oyó un gran chirrido, como si hubieran abierto unas puertas gigantescas.

—¿Qué ha sido eso? —preguntó Annabeth.

—No lo sé —dijo Rachel—. Unas bisagras metálicas.

—Ya, gracias por la información. Quería decir: «¿Qué es eso?»

Entonces sonaron unos pasos que sacudían el pasadizo entero y se acercaban a nosotros.

—¿Corremos? —pregunté.

—Corremos —asintió Rachel.

Dimos media vuelta y salimos disparados por donde habíamos venido. No habíamos recorrido más de seis metros cuando nos tropezamos con unas viejas amigas. Dos *dracaenae*, mujeres serpiente con armadura griega, nos apuntaron al pecho con sus jabalinas. Entre ambas venía Kelli, la *empusa* del equipo de animadoras.

—Vaya, vaya —dijo.

Saqué a *Contracorriente* y Annabeth agarró su cuchillo, pero, antes de que mi bolígrafo adoptase forma de espada, Kelli se abalanzó sobre Rachel, la agarró por el cuello con unas manos que ya eran garras y la sujetó muy firmemente.

—¿Conque has sacado de paseo a tu pequeña mascota mortal? —me dijo—. ¡Son tan frágiles! ¡Tan fáciles de romper!

A nuestra espalda, los pasos retumbaron cada vez más cerca hasta que una silueta descomunal se perfiló entre las sombras: un gigante lestrigón de dos metros y medio con colmillos afilados y los ojos inyectados en sangre.

El gigante se relamió al vernos.

—¿Puedo comérmelos?

—No —replicó Kelli—. Tu amo los querrá vivos. Le proporcionarán diversión de la buena. —Me dirigió una sonrisa sarcástica—. En marcha, mestizos. O sucumbiréis aquí mismo los tres, empezando por la mascota mortal.


Aquello venía a ser mi peor pesadilla. Y te aseguro que había tenido ya unas cuantas. Nos hicieron desfilar por el túnel flanqueados por las *dracaenae*. Kelli y el gigante iban detrás, por si tratábamos de escapar. A nadie parecía preocuparle que echáramos a correr hacia delante: era la dirección que querían que siguiéramos.

Al fondo distinguí unas puertas de bronce que tendrían tres metros de altura y se hallaban decoradas con un par de espadas cruzadas. Desde el otro lado nos llegó un rugido amortiguado, como el de una gran multitud.

—Ah, sssssí —susurró la mujer serpiente de mi izquierda—. Le gustaréisss mucho a nuestro anfitrión.

Nunca había visto a una *dracaena* tan de cerca y, la verdad, no me emocionaba demasiado esa oportunidad única. Tenía una cara que tal vez habría resultado hermosa de no ser por su lengua bífida y por aquellos ojos amarillos con ranuras negras en lugar de pupilas. Llevaba una armadura de bronce que le llegaba a la cintura. Por debajo, en vez de piernas le salían dos gruesos troncos de serpiente moteados de bronce y verde. Avanzaba medio deslizándose y medio caminando, como si llevara puestos unos esquíes animados.

—¿Quién es vuestro anfitrión? —pregunté.

—Ah, ya lo verásss. Os llevaréisss divinamente. Al fin y al cabo, es tu hermano.

—¿Mi qué? —Pensé inmediatamente en Tyson, pero no era posible. ¿A quién podría referirse?

El gigante se adelantó y abrió las puertas.

—Tú te quedas aquí —le dijo a Annabeth, sujetándola de la camisa.

—¡Eh! —protestó mi amiga, pero el tipo era el doble de grande que ella y ya nos había confiscado su cuchillo y mi espada.

Kelli se echó a reír. Todavía sujetaba a Rachel del cuello con sus garras.

—Vamos, Percy. Diviértenos. Te esperamos aquí con tus amigas para asegurarnos de que te portas bien.

Miré a Rachel.

—Lo siento. Te sacaré de ésta.

Ella asintió en la medida de lo posible, porque apenas podía moverse con aquellas garras en la garganta.

—Sería estupendo.

Las *dracaenae* me hostigaron con la punta de las jabalinas para que cruzara el umbral y, sin más, me vi metido en una pista de combate.

Quizá no era la más grande que había visto en mi vida, pero parecía muy espaciosa si se consideraba que estaba bajo tierra. Tenía forma circular y tamaño suficiente como para poder recorrerla con un coche sin despegarse del borde. En el centro, se desarrollaba un combate entre un gigante y un centauro. Este último parecía muerto de pánico y galopaba alrededor de su enemigo con una espada y un escudo; el gigante blandía una jabalina del tamaño de un poste telefónico y la muchedumbre lo vitoreaba enloquecida.

La primera fila se hallaba a más de tres metros de altura. Las gradas de piedra daban la vuelta completa a la pista y todos los asientos estaban ocupados. Había gigantes, *dracaenae*, semidioses, telekhines y criaturas todavía más extrañas: demonios con alas de murciélago y seres que parecían medio humanos y medio... lo que se te ocurra: pájaros, reptiles, insectos, mamíferos...

Pero lo más espeluznante eran las calaveras. La pista de tierra estaba llena de ellas. También se alineaban, una tras otra, por todo el borde de la valla, y había pilas de casi un metro decorando los escalones entre los asientos. Sonreían clavadas en picas desde lo alto de las gradas o colgadas del techo con cadenas, como lámparas espantosas. Algunas parecían muy antiguas: sólo quedaba el hueso blanqueado. Otras eran mucho más recientes. No voy a describírtelas. Créeme, no te gustaría.

Y en mitad de este panorama, orgullosamente desplegada en la valla, había una cosa que para mí no tenía ningún sentido: una pancarta verde con el tridente de Poseidón. ¿Qué significaba aquel símbolo allí, en un lugar tan horrible?

Por encima de la pancarta, en un asiento de honor, distinguí a un viejo enemigo.

—¡Luke! —exclamé.

No sé si llegó a oírme entre el rugido de la multitud, pero me sonrió fríamente. Llevaba unos pantalones de camuflaje, una camiseta blanca y una coraza de bronce, tal como lo había visto en mi sueño. Pero todavía iba sin su espada, cosa que me pareció extraña. Junto a él se sentaba el gigante más enorme que he visto jamás: muchísimo más grande, en todo caso, que el que luchaba en la pista con el centauro. Aquél debía de medir cerca de cinco metros y era tan corpulento que ocupaba él solo tres asientos. Llevaba únicamente un taparrabos, como un luchador de sumo.

Su piel de color rojo oscuro estaba tatuada con dibujos de olas azules. Supuse que sería el nuevo guardaespaldas de Luke.

Se oyó un alarido en el ruedo y retrocedí de un salto justo cuando el centauro aterrizaba a mi lado.

Me miró con ojos suplicantes.

—¡Socorro!

Eché mano a la espada, pero me la habían quitado y aún no había reaparecido en mi bolsillo.

El centauro se debatía en el suelo y trataba de incorporarse, mientras el gigante se acercaba con la jabalina en ristre.

Una mano férrea me agarró del hombro.

—Si aprecias las vidasss de tus amigasss —me advirtió la *dracaena* que me custodiaba—, será mejor que no te entrometas. Éste no es tu combate. Aguarda a que llegue tu turno.

El centauro no podía levantarse. Se había roto una pata. El gigante le puso su enorme pie en el pecho y alzó la jabalina. Levantó la vista para mirar a Luke. La muchedumbre gritó:

—¡MUERTE! ¡MUERTE!

Luke no movió una ceja, pero su colega, el luchador de sumo tatuado, se puso en pie y dirigió una sonrisa al centauro, que gimoteaba desesperado:

—¡No! ¡Por favor!

El tipo extendió la mano y colocó el pulgar hacia abajo.

Cerré los ojos cuando el gladiador levantó el arma sobre su víctima. Al volver a abrirlos, el centauro se había desintegrado y convertido en ceniza. Lo único que quedaba era una pezuña, que el gigante recogió del suelo y mostró a la multitud como si fuese un trofeo. Se alzó un rugido de aprobación.

En el extremo opuesto de la pista se abrió una puerta y el gigante desfiló con aire triunfal.

Arriba, en las gradas, el luchador de sumo alzó las manos para pedir silencio.

—¡Una buena diversión! —bramó—. Pero nada que no hubiera visto antes. ¿Qué más tenéis, Luke, hijo de Hermes?

Éste apretó los dientes. Era evidente que no le gustaba que lo llamaran «hijo de Hermes», pues odiaba a su padre.

Pese a ello se levantó tranquilamente, con los ojos brillantes. De hecho, parecía de muy buen humor.

—Señor Anteo —dijo, levantando la voz para que todos los espectadores lo oyesen—. ¡Habéis sido un excelente anfitrión! ¡Nos encantaría divertiros para pagaros el favor de dejarnos cruzar vuestro territorio!

—¡Un favor que no he concedido todavía! —refunfuñó Anteo—. ¡Quiero diversión!

Luke hizo una reverencia.

—Creo que tengo algo mejor que un centauro para combatir en vuestro estadio. Se trata de un hermano vuestro. —Me señaló con el dedo—. Percy Jackson, hijo de Poseidón.

La multitud empezó a abuchearme y a lanzarme piedras. Esquivé la mayoría, pero una me dio de lleno en la mejilla y me hizo un corte bastante grande.

Los ojos de Anteo se iluminaron.

—¿Un hijo de Poseidón? ¡Entonces sabrá luchar bien! ¡O morir bien!

—Si su muerte os complace, ¿dejaréis que nuestros ejércitos crucen vuestro territorio?

—Tal vez —respondió Anteo.

A Luke no pareció convencerle aquella respuesta. Me lanzó una mirada asesina, como advirtiéndome que procurase morir de un modo espectacular... o me vería metido en un buen lío.

—¡Luke! —chilló Annabeth—. ¡Termina con esto! ¡Suéltanos!

Sólo entonces Luke pareció reparar en ella. Por un momento se quedó atónito.

—¿Annabeth?

—Ya habrá tiempo para que luchen las mujeres —lo interrumpió Anteo—. Primero, Percy Jackson. ¿Qué armas piensas elegir?

La *dracaena* me empujó hacia el centro de la pista, desde donde miré a Anteo.

—¿Cómo es posible que seas hijo de Poseidón?

Anteo se rió y la muchedumbre estalló en carcajadas.

—¡Soy su hijo favorito! —declaró con voz tonante—. ¡Mira el templo que he erigido al Agitador de la Tierra con los cráneos de todos los que he matado en su nombre! ¡El tuyo se unirá a mi colección!

Miré horrorizado los centenares de calaveras y la pancarta de Poseidón. ¿Cómo iba a ser aquello un templo dedicado a mi padre? Él era un buen tipo. Nunca me había exigido que le enviara una postal el Día del Padre, mucho menos la calavera de alguien.

—¡Percy! —me gritó Annabeth—. ¡Su madre es Gea! ¡Gea...!

El lestrigón que la custodiaba le tapó la boca con la mano. «Su madre es Gea.» La diosa de la Tierra. Annabeth trataba de indicarme que eso era importante, pero no entendía por qué. Quizá porque el tipo tenía dos padres divinos. Con lo cual sería aún más difícil matarlo.

—Estás loco, Anteo —le dije—. Si crees que ésa es una buena manera de rendir honores a Poseidón, es que no lo conoces.

Los espectadores me insultaban a gritos, pero Anteo levantó la mano para imponer silencio.

—Armas —insistió—. Así veremos cómo mueres. ¿Quieres un par de hachas? ¿Escudos? ¿Redes? ¿Lanzallamas?

—Sólo mi espada —repliqué.

Una gran carcajada se elevó de las gradas, pero de inmediato apareció *Contracorriente* en mis manos y algunas voces de la multitud vacilaron, inquietas. La hoja de bronce relucía con un leve fulgor.

—¡Primer asalto! —anunció Anteo. Se abrieron las puertas y salió a la pista una *dracaena* con un tridente en una mano y una red en la otra: el equipo clásico del gladiador. Yo llevaba años entrenándome en el campamento contra aquel tipo de armas.

Me lanzó un viaje con el tridente para probarme y me hice a un lado. Enseguida me arrojó la red para trabarme la mano con la que sujetaba la espada, pero yo me aparté con facilidad, le partí en dos el mango del tridente y le clave la espada aprovechando una grieta de su armadura. Con un alarido de dolor, la criatura se volatilizó. Los vítores del público se apagaron instantáneamente.

—¡No! —bramó Anteo—. ¡Demasiado deprisa! Has de esperar para matarla. ¡Sólo yo puedo dar esa orden!

Miré a Annabeth y Rachel por encima del hombro. Tenía que hallar el modo de liberarlas, quizá distrayendo a sus guardias.

—¡Buen trabajo, Percy! —dijo Luke sonriendo—. Has mejorado con la espada, lo reconozco.

—¡Segundo asalto! —bramó Anteo—. ¡Y esta vez más despacio! ¡Más entretenido! ¡Aguarda mi señal antes de matar a alguien, o sabrás lo que es bueno!

Se abrieron otra vez las puertas y esta vez apareció un joven guerrero algo mayor que yo, de unos dieciséis años. Tenía el pelo negro y reluciente, y llevaba un parche en el ojo izquierdo. Era flaco y nervudo, de manera que la armadura griega le venía holgada. Clavó su espada en el suelo, se ajustó las correas del escudo y se puso un casco con un penacho de crin.

—¿Quién eres? —le pregunté.

—Ethan Nakamura —dijo—. Debo matarte.

—¿Por qué haces esto?

—¡Eh! —nos abucheó un monstruo desde las gradas—. ¡Dejaos de charla y luchad! —Los demás se pusieron a corear lo mismo.

—Tengo que probarme a mí mismo —explicó Ethan—. ¡Es la única manera de alistarse!

Dicho lo cual, arremetió contra mí. Nuestras espadas entrechocaron y la multitud rugió entusiasmada. No me parecía justo. No quería combatir para distraer a una pandilla de monstruos, pero Ethan Nakamura no me dejaba alternativa.

Me presionaba. Era bueno. Nunca había estado en el Campamento Mestizo, que yo supiera, pero se le notaba bien entrenado. Paró mi estocada y casi me arrolló con un golpe de su escudo, pero yo retrocedí de un salto. Me lanzó un tajo y rodé hacia un lado. Intercambiamos mandobles y paradas mientras estudiábamos nuestros respectivos estilos. Yo procuraba mantenerme en el lado ciego de Ethan, pero no me servía demasiado. Por lo visto, llevaba mucho tiempo luchando con un solo ojo, porque defendía su lado izquierdo con excelente destreza.

—¡Sangre! —gritaban los monstruos.

Mi contrincante levantó la vista hacia las gradas. Ése era su punto flaco, pensé. Necesitaba impresionarlos. Yo no.

Lanzó un iracundo grito de guerra y arremetió otra vez con su espada. Paré el golpe y retrocedí, dejando que me siguiera.

—¡Buuuu! —gritó Anteo—. ¡Aguanta y lucha!

Ethan me acosaba, pero, aun sin escudo, yo no tenía problemas para defenderme. Él iba vestido de un modo defensivo —con escudo y una pesada armadura— y pasar a la ofensiva le resultaba muy fatigoso. Yo era un blanco más vulnerable, pero también más ligero y rápido. La multitud había enloquecido, protestaba a gritos y nos lanzaba piedras. Llevábamos casi cinco minutos luchando y aún no había sangre a la vista.

Finalmente, Ethan cometió un error. Intentó clavarme la espada en el estómago, le bloqueé la empuñadura con la mía y giré bruscamente la muñeca. Su arma cayó al suelo. Antes de que él atinara a recuperarla, le golpeé el casco con el mango de *Contracorriente* y le propiné un buen empujón. Su pesada armadura me ayudó lo suyo. Aturdido y exhausto, se vino abajo. Le puse la punta de la espada en el pecho.

—Acaba ya —gimió Ethan.

Alcé la vista hacia Anteo. Su cara rubicunda se había quedado de piedra de pura contrariedad, pero extendió la mano y colocó el pulgar hacia abajo.

—Ni hablar. —Envainé la espada.

—No seas idiota —gimió Ethan—. Nos matarán a los dos.

Le tendí la mano. Él la agarró de mala gana y lo ayudé a levantarse.

—¡Nadie osa deshonrar los juegos! —bramó Anteo—. ¡Vuestras dos cabezas se convertirán en tributo al dios Poseidón!

Miré a Ethan.

—Cuando tengas la oportunidad, corre.

Luego me volví hacia Anteo.

—¿Por qué no luchas conmigo tú mismo? ¡Si es cierto que gozas del favor de papá, baja aquí y demuéstralo!

Los monstruos volvieron a rugir en las gradas. Anteo miró alrededor y comprendió que no tenía alternativa. No podía negarse sin parecer un cobarde.

—Soy el mejor luchador del mundo, chico —me advirtió—. ¡Llevo combatiendo desde el primer *pankration*!

—¿*Pankration*? —pregunté.

—Quiere decir «lucha a muerte» —explicó Ethan—. Sin reglas, sin llaves prohibidas. En la Antigüedad era un deporte olímpico.

—Gracias por la información.

—No hay de qué.

Rachel me miraba con los ojos como platos. Annabeth movió la cabeza enérgicamente una y otra vez, pese a que el lestrigón seguía tapándole la boca con una mano.

Apunté a Anteo con mi espada.

—¡El vencedor se lo queda todo! Si gano yo, nos liberas a todos. Si ganas tú, moriremos todos. Júralo por el río Estigio.

Anteo se echó a reír.

—Esto va a ser rápido. ¡Lo juro con tus condiciones!

Saltó la valla y aterrizó en la pista.

—Buena suerte —me deseó Ethan—. La necesitarás. —Y se retiró a toda prisa.

Anteo hizo crujir los nudillos y sonrió. Entonces me fijé en que incluso sus dientes tenían grabado un diseño de olas. Debía de ser un suplicio cepillárselos después de las comidas.

—¿Armas? —preguntó.

—Me quedo con mi espada. ¿Y tú?

Él alzó sus grandiosas manazas y flexionó los dedos.

—¡No necesito nada más! Maestro Luke, vos seréis el árbitro del combate.

—Con mucho gusto —respondió éste dirigiéndome una sonrisa desde lo alto.

Anteo se lanzó sobre mí. Yo rodé por debajo de sus piernas y le di una estocada en la parte trasera del muslo.

—¡Aj! —aulló. Pero no salió sangre, sino un chorro de arena que se derramó en el suelo. La tierra de la pista se alzó en el acto y se acumuló en tornó a su pierna, casi como un molde. Cuando volvió a caer, la herida había desaparecido.

Cargó otra vez contra mí. Por suerte, yo tenía experiencia en el combate con gigantes. Hice un quiebro, le di una estocada por debajo del brazo y la hoja de *Contracorriente* se le hundió hasta la empuñadura entre las costillas. Ésa era la buena noticia. La mala era que cuando el gigante se volvió, se me escapó la espada y salí disparado hasta el centro de la pista, donde aterricé totalmente desarmado.

Anteo bramaba de dolor. Aguardé a que se desintegrara. Ningún monstruo había resistido una herida como aquélla. La hoja de bronce celestial debía de estar destruyéndolo por completo. Pero mi contrincante buscó la empuñadura a tientas, se arrancó la espada y la lanzó hacia atrás con fuerza. Una vez más cayó arena de la brecha y una vez más la tierra se alzó para cubrirlo, rodeándole todo el cuerpo hasta los hombros. Cuando Anteo quedó de nuevo a la vista, se había recobrado.

—¿Comprendes ahora por qué nunca pierdo, semidiós? —dijo, regodeándose—. Ven aquí para que te aplaste. ¡Será rápido!

Ahora se interponía entre la espada y yo. Desesperado, me volví a uno y otro lado y mi mirada se encontró con la de Annabeth.

La tierra, pensé. ¿Qué había tratado de decirme mi amiga? La madre de Anteo era Gea, la madre tierra, la más antigua de todas las diosas. Su padre podía ser Poseidón, pero era Gea quien lo mantenía con vida. Era imposible herirlo de verdad mientras tuviera los pies en el suelo.

Intenté rodearlo, pero él se anticipó y me cerró el paso, riéndose entre dientes. Ahora estaba jugando conmigo. Me tenía acorralado.

Levanté la vista hacia las cadenas que colgaban del techo con los cráneos de sus enemigos sujetos con ganchos y súbitamente se me ocurrió una idea.

Hice una finta hacia el otro lado. Anteo me impidió el paso. La multitud me abucheaba y le pedía a gritos al gigante que acabara conmigo. Pero él se estaba divirtiendo de lo lindo.

—Vaya un enclenque —dijo—. ¡No eres digno de ser hijo del dios de mar!

Noté que el bolígrafo regresaba a mi bolsillo, aunque eso Anteo no lo sabía. Él creía que *Contracorriente* seguía en el suelo, a su espalda. Suponía que mi único objetivo era recuperar el arma. Tal vez no era una gran ventaja, pero era lo único que tenía.

Arremetí de frente, agazapándome para que pensara que iba a rodar otra vez entre sus piernas. Mientras se agachaba para atraparme, salté con todas mis fuerzas, le aparté el brazo de una patada, me encaramé sobre su hombro como si se tratara de una escalera y le apoyé un pie en la cabeza. Él hizo lo que cabía esperar. Se enderezó indignado y gritó: «¡Eh!» Me di impulso, utilizando su propia fuerza para catapultarme hacia el techo, y me agarré de lo alto de una cadena. Las calaveras y los ganchos tintinearon debajo. Rodeé la cadena con las piernas, como hacía en los ejercicios con cuerdas de la clase de gimnasia. Saqué a *Contracorriente* y corté la cadena más cercana.

—¡Baja, cobarde! —bramaba Anteo. Intentó agarrarme desde el suelo, pero yo quedaba fuera de su alcance.

Aferrándome como si me fuera en ello la vida, grité:

—¡Sube aquí y atrápame! ¿O acaso eres demasiado lento y gordinflón?

Soltó un aullido e intentó agarrarme de nuevo. No lo consiguió, pero sí atrapó una cadena y trató de izarse. Mientras él forcejeaba, bajé la cadena que había cortado, como si fuese una caña de pescar, con el gancho colgando en la punta. Me costó dos intentos, pero al final logré prenderlo en el taparrabos de Anteo.

—¡¡¡Aj!!!

Rápidamente, deslicé el amarre de la cadena suelta en la mía, procurando tensarla al máximo y asegurarla lo mejor posible. Anteo procuró bajar al suelo, pero su trasero permanecía suspendido por el taparrabos. Tuvo que sujetarse en otras cadenas con ambas manos para no volcarse y quedar boca abajo. Recé para que el taparrabos y la cadena resistieran unos segundos más. Mientras él maldecía y se agitaba, trepé entre las cadenas, columpiándome y saltando como un mono enloquecido, y enlacé ganchos y eslabones metálicos. No sé cómo lo hice, la verdad. Mi madre siempre dice que tengo un don especial para enredar las cosas. Además, quería salvar a mis amigas a cualquier precio. El caso es que en un par de minutos tuve al gigante completamente envuelto en cadenas y suspendido por encima del suelo.

Me dejé caer en la pista, jadeante y sudoroso. Tenía las manos en carne viva de tanto aferrarme a las cadenas.

—¡Bájame de aquí! —berreó Anteo.

—¡Libéralo! —exigió Luke—. ¡Es nuestro anfitrión!

Destapé otra vez a *Contracorriente*.

—Muy bien. Voy a liberarlo.

Y le atravesé el estómago al gigante. Él bramó y aulló mientras derramaba arena por la herida, pero esta vez estaba demasiado alto y no tenía contacto con la tierra, de manera que la arena no se alzó para ayudarlo. Anteo se fue vaciando poco a poco hasta que no quedó más que un montón de cadenas balanceándose, un taparrabos gigantesco colgado de un gancho y un montón de calaveras sonrientes que bailaban por encima de mi cabeza como si tuvieran por fin algo que celebrar.

—¡Jackson! —aulló Luke—. ¡Tendría que haberte matado hace tiempo!

—Ya lo intentaste —le recordé—. Ahora déjanos marchar. He hecho un trato con Anteo bajo juramento. Soy el ganador.

Él reaccionó como me esperaba.

—Anteo está muerto —replicó—. Su juramento muere con él. Pero, como hoy me siento clemente, haré que te maten deprisa.

Señaló a Annabeth.

—Perdonadle la vida a la chica. —La voz le tembló un poco—. Quiero hablar con ella... antes de nuestro gran triunfo.

Todos los monstruos de la audiencia sacaron un arma o extendieron sus garras. Estábamos atrapados. Nos superaban de un modo abrumador.

Entonces noté algo en el bolsillo: una sensación gélida que se hacía más y más glacial. «El silbato para perros.» Lo rodeé con mis dedos. Durante días había evitado recurrir al regalo de Quintus. Tenía que ser una trampa. Pero en esa situación... no tenía alternativa. Me lo saqué del bolsillo y soplé. No produjo ningún ruido audible y se partió en pedazos de hielo que se me derritieron en la mano.

—¿Para qué se supone que servía eso? —se burló Luke.

Desde detrás me llegó un gañido de sorpresa. El gigante lestrigón que custodiaba a Annabeth pasó por mi lado corriendo y se estrelló contra la pared.

—¡AJ!

Kelli, la *empusa*, soltó un chillido. Un mastín negro de doscientos kilos la había agarrado con los dientes como si fuera un pelele y la lanzó por los aires, directa al regazo de Luke. La *Señorita O'Leary* gruñó amenazadora y las dos *dracaenae* retrocedieron. Durante un instante, los monstruos de las gradas quedaron sobrecogidos por la sorpresa.

—¡Vamos! —grité a mis amigas—. ¡Aquí, *Señorita O'Leary*!

—¡Por el otro lado! —dijo Rachel—. ¡Ése es el camino!

Ethan Nakamura nos siguió sin pensárselo dos veces. Cruzamos el ruedo corriendo todos juntos y salimos por el extremo opuesto, seguidos por la *Señorita O'Leary*. Mientras corríamos, oí el tremendo tumulto de un ejército entero que saltaba desordenadamente de las gradas, dispuesto a perseguirnos.

## 15

## Robamos unas alas usadas

—¡Por aquí! —gritó Rachel.

—¿Por qué habríamos de seguirte? —preguntó Annabeth—. ¡Nos has llevado a una trampa mortal!

—Era el camino que teníais que seguir. Igual que éste. ¡Vamos!

Annabeth no parecía muy contenta, pero siguió corriendo con todos los demás. Rachel parecía saber exactamente adónde se dirigía. Doblaba los recodos a toda prisa y ni siquiera vacilaba en los cruces. En una ocasión dijo «¡Agachaos!», y todos nos agazapamos justo cuando un hacha descomunal se deslizaba por encima de nuestras cabezas. Luego seguimos como si nada.

Perdí la cuenta de las vueltas que dimos. No nos detuvimos a descansar hasta que llegamos a una estancia del tamaño de un gimnasio con antiguas columnas de mármol. Me paré un instante en el umbral y agucé el oído para comprobar si nos seguían, pero no percibí nada. Al parecer, habíamos despistado a Luke y sus secuaces por el laberinto.

Entonces me di cuenta de otra cosa: la *Señorita O'Leary* no venía detrás. No sabía cuándo había desaparecido, ni tampoco si se había perdido o la habían alcanzado los monstruos. Se me encogió el corazón. Nos había salvado la vida y yo ni siquiera la había esperado para asegurarme de que nos seguía.

Ethan se desmoronó en el suelo.

—¡Estáis todos locos!

Se quitó el casco. Tenía la cara cubierta de sudor.

Annabeth sofocó un grito.

—¡Ahora me acuerdo de ti! ¡Estabas en la cabaña de Hermes hace unos años!, ¡eras uno de los chavales que aún no habían sido reconocidos!

Él le dirigió una mirada hostil.

—Sí, y tú eres Annabeth. Ya me acuerdo.

—¿Qué te pasó en el ojo?

Ethan miró para otro lado y a mí me dio la impresión de que aquél era un asunto del que no pensaba hablar.

—Tú debes de ser el mestizo de mi sueño —dije—. El que acorralaron los esbirros de Luke. No era Nico, a fin de cuentas.

—¿Quién es Nico?

—No importa —replicó Annabeth rápidamente—. ¿Por qué querías unirte al bando de los malos?

Ethan la miró con desdén.

—Porque el bando de los buenos no existe. Los dioses nunca se han preocupado de nosotros. ¿Por qué no iba...?

—Claro, ¿por qué no ibas a alistarte en un ejército que te hace combatir a muerte por pura diversión? —le espetó Annabeth—. Jo, me preguntó por qué.

Ethan se incorporó con esfuerzo.

—No pienso discutir contigo. Gracias por la ayuda, pero me largo.

—Estamos buscando a Dédalo —dije—. Ven con nosotros. Una vez que lo consigamos, serás bienvenido en el campamento.

—¡Estáis completamente locos si creéis que Dédalo va a ayudaros!

—Tiene que hacerlo —apuntó Annabeth—. Lo obligaremos a escucharnos.

Ethan resopló.

—Sí, vale. Buena suerte.

Lo agarré del brazo.

—¿Piensas largarte tú solo por el laberinto? Es un suicidio.

Él me miró conteniendo apenas la ira. El parche negro que le tapaba el ojo tenía la tela descolorida y los bordes deshilachados, como si lo hubiera llevado durante mucho tiempo.

—No deberías haberme perdonado la vida, Jackson. No hay lugar para la clemencia en esta guerra.

Luego echó a correr y desapareció en la oscuridad por la que habíamos venido.


Annabeth, Rachel y yo estábamos tan exhaustos que decidimos acampar allí mismo. Encontré unos trozos de madera y encendimos fuego. Las sombras bailaban entre las columnas y se alzaban a nuestro alrededor como árboles gigantescos.

—Algo le pasaba a Luke —murmuró Annabeth, mientras atizaba el fuego con el cuchillo—. ¿Has visto cómo se comportaba?

—A mí me ha parecido muy satisfecho —señalé—. Como si hubiese pasado un día estupendo torturando a un héroe tras otro.

—¡No es verdad! Algo le pasaba. Parecía... nervioso. Ha ordenado a sus monstruos que me perdonaran la vida. Quería decirme algo.

—Seguramente: «¡Hola, Annabeth! Siéntate aquí conmigo y mira cómo destrozo a tus amigos. ¡Va a ser divertido!»

—Eres insufrible —rezongó ella. Envainó su cuchillo y miró a Rachel—. Bueno, ¿y ahora por dónde?

Rachel no respondió enseguida. Estaba muy silenciosa desde que habíamos pasado por la pista de combate. Ahora, cada vez que mi amiga hacía un comentario sarcástico, apenas se molestaba en responder. Había quemado en la hoguera la punta de un palito y, con la ceniza, iba dibujando en el suelo imágenes de los monstruos que habíamos visto. Le bastaron unos trazos para captar a la perfección la forma de una *dracaena*.

—Seguiremos el camino —dijo—. El brillo del suelo.

—¿Te refieres al brillo que nos ha metido directamente en una trampa? —preguntó Annabeth.

—Déjala en paz —le dije—. Hace lo que puede.

Annabeth se puso de pie.

—El fuego se está apagando. Voy a buscar un poco más de madera mientras vosotros habláis de estrategia. —Y desapareció entre las sombras.

Rachel dibujó otra figura con su palito: un Anteo de ceniza colgado de sus cadenas.

—Normalmente no se comporta así —le dije—. No sé qué le pasa.

Rachel arqueó las cejas.

—¿Seguro que no lo sabes?

—¿A qué te refieres?

—Chicos... —murmuró entre dientes—. Totalmente ciegos.

—¡Oye, ahora no te metas tú también conmigo! Mira, siento mucho haberte involucrado en esto.

—No, tú tenías razón. Veo el camino. No podría explicarlo, pero está muy claro. —Señaló el otro extremo de la estancia, ahora sumido en la oscuridad—. El taller está por allí. En el corazón del laberinto. Ya nos encontramos muy cerca. Lo que no sé es por qué tenía que pasar el camino por la pista de combate. Eso sí lo lamento. Creía que ibas a morir.

Me pareció que estaba al borde de las lágrimas.

—Bueno, he estado a punto de morir muchas veces —le aseguré—. No vayas a sentirte mal por eso.

Ella me miró fijamente.

—¿Así que esto es lo que haces cada verano?, ¿luchar con monstruos y salvar el mundo? ¿Nunca tienes la oportunidad de hacer... no sé, ya me entiendes, cosas normales?

Nunca lo había pensado de esa manera. La última vez que había disfrutado de algo parecido a una vida normal había sido... Bueno, nunca.

—Si eres mestizo al final acabas acostumbrándote. O quizá no exactamente... —Me removí incómodo—. ¿Qué me dices de ti? ¿Qué haces en circunstancias normales?

Rachel se encogió de hombros.

—Pinto. Leo un montón.

Vale, pensé. Por ahora, cero puntos en la tabla de aficiones comunes.

—¿Y tu familia?

Noté que se alzaban sus barreras mentales. Era un tema de conversación delicado, por lo visto.

—Ah... Son, bueno, ya sabes... una familia.

—Antes has dicho que si desaparecieras no se darían cuenta.

Dejó a un lado su palito.

—¡Uf! Estoy muy cansada. Me parece que voy a dormir un poco, ¿vale?

—Claro. Perdona si...

Pero ella ya estaba acurrucándose y colocando su mochila a modo de almohada. Cerró los ojos y se quedó inmóvil, aunque me dio la impresión de que no estaba dormida.

Unos minutos más tarde, regresó Annabeth. Echó unos trozos de madera al fuego. Miró a Rachel y luego a mí.

—Yo hago la primera guardia —dijo—. Tú también deberías dormir.

—No hace falta que te comportes así.

—¿Cómo?

—Pues... No importa, da igual. —Me tumbé con una sensación de tristeza. Estaba tan cansado que me quedé dormido nada más cerrar los ojos.


Oía risas en sueños. Risas heladas y estridentes, parecidas al sonido de un cuchillo al ser afilado.

Me hallaba al borde de un abismo en las profundidades del Tártaro. La oscuridad burbujeaba a mis pies como una sopa de tinta.

—Tan cerca de tu propia destrucción, pequeño héroe —me reprendió la voz de Cronos—. Y todavía sigues ciego.

No era la misma voz que tenía antes. Casi parecía poseer consistencia física, como si hablara desde un cuerpo real y no... desde su extraño estado anterior, cuando se hallaba cortado en pedacitos.

—Tengo mucho que agradecerte —dijo Cronos—. Tú has hecho posible que me alce de nuevo.

Las sombras de la caverna se hicieron más densas e impenetrables. Traté de retroceder y de alejarme del abismo, pero era como nadar en una balsa de aceite. El tiempo se ralentizó. Mi respiración casi se detuvo.

—Un favor —prosiguió Cronos—. El señor de los titanes siempre paga sus deudas. Tal vez una visión momentánea de los amigos que abandonaste...

La oscuridad que me rodeaba se onduló y, súbitamente, me encontré en otra cueva.

—¡Rápido! —dijo Tyson al tiempo que entraba a toda prisa.

Grover apareció detrás, trastabillando. Sonó un ruido retumbante en el corredor por el que habían llegado y la cabeza de una serpiente enorme irrumpió en la cueva. En realidad, aquella cosa era tan grande que su cuerpo apenas cabía en el túnel. Tenía escamas cobrizas, una cabeza en forma de rombo, como una serpiente de cascabel, y unos ojos amarillos que relucían de odio. Cuando abrió la boca, vi que sus colmillos eran tan altos como el mismísimo Tyson.

Le lanzó un mordisco a Grover, pero él se escabulló dando saltos y la serpiente no se llevó más que un bocado de tierra. Tyson agarró una roca y se la arrojó al monstruo. Le dio entre los ojos, pero el reptil se limitó a retroceder con un escalofriante silbido.

—¡Te va a comer! —le gritó Grover a Tyson.

—¿Cómo lo sabes?

—¡Me lo acaba de decir! ¡Corre!

Tyson salió disparado, pero el monstruo usó la cabeza como una porra y lo derribó.

—¡No! —chilló Grover. Antes de que Tyson pudiera incorporarse, la serpiente lo envolvió con sus anillos y empezó a apretar.

Tyson tensó al máximo sus músculos y trató de zafarse con su inmensa potencia, pero el abrazo de la serpiente era todavía más poderoso. Grover la aporreaba frenético con sus flautas de junco y exactamente con los mismos resultados que si hubiera aporreado las paredes de piedra.

Toda la cueva tembló cuando la serpiente flexionó su musculatura con un estremecimiento para superar la resistencia de su víctima.

Grover se puso a tocar sus flautas y empezaron a caer estalactitas del techo. La cueva entera parecía a punto de venirse abajo...


Annabeth me despertó, sacudiéndome del hombro.

—¡Percy, despierta!

—¡Tyson! ¡Tyson corre peligro! —dije—. ¡Hemos de ayudarle!

—Lo primero es lo primero —replicó ella—. ¡Hay un terremoto!

En efecto: la estancia entera se sacudía.

—¡Rachel! —grité.

Ella abrió los ojos al instante, tomó su mochila y los tres echamos a correr. Casi habíamos llegado al túnel del fondo cuando la columna más cercana crujió y se partió. Seguimos a toda marcha mientras un centenar de toneladas de mármol se desmoronaba a nuestras espaldas.

Llegamos al pasadizo y nos volvimos un instante, cuando ya se desplomaban las demás columnas. Una nube de polvo se nos vino encima y continuamos corriendo.

—¿Sabes? —dijo Annabeth—. Empieza a gustarme este camino.

No había pasado mucho tiempo cuando divisamos luz al fondo: una iluminación eléctrica normal.

—Allí —señaló Rachel.

La seguimos hasta un vestíbulo hecho totalmente de acero inoxidable, como los que debían de tener en las estaciones espaciales. Había tubos fluorescentes en el techo. El suelo era una rejilla metálica.

Estaba tan acostumbrado a la oscuridad que me vi obligado a guiñar los ojos. Annabeth y Rachel parecían muy pálidas bajo aquella luz tan cruda.

—Por aquí —indicó Rachel, quien echó a correr de nuevo—. ¡Ya casi hemos llegado!

—¡No puede ser! —objetó Annabeth—. El taller debería estar en la parte más antigua del laberinto. Esto no...

Titubeó porque habíamos llegado a una doble puerta de metal. Grabada en la superficie de acero, destacaba una gran Δ griega de color azul.

—¡Es aquí! —anunció Rachel—. El taller de Dédalo.

Annabeth pulsó el símbolo y las puertas se abrieron con un chirrido.

—De poco nos ha servido la arquitectura antigua —dije.

Mi amiga me miró ceñuda y entramos los tres.

Lo primero que me impresionó fue la luz del día: un sol deslumbrante que entraba por unos gigantescos ventanales. No era precisamente lo que uno se espera en el corazón de una mazmorra. El taller venía a ser como el estudio de un artista, con techos de nueve metros de alto, lámparas industriales, suelos de piedra pulida y bancos de trabajo junto a los ventanales. Una escalera de caracol conducía a un altillo. Media docena de caballetes mostraban esquemas de edificios y máquinas que se parecían a los esbozos de Leonardo da Vinci. Había varios ordenadores portátiles por las mesas. En un estante se alineaba una hilera de jarras de un aceite verde: fuego griego. También se veían inventos: extrañas máquinas de metal que no tenían el menor sentido para mí. Una de ellas era una silla de bronce con un montón de cables eléctricos, como un instrumento de tortura. En otro rincón se alzaba un huevo metálico gigante que tendría el tamaño de un hombre. Había un reloj de péndulo que parecía completamente de cristal, de manera que se veían los engranajes girando en su interior. Y en una de las paredes habían colgado numerosas alas de bronce y de plata.

—¡Dioses del cielo! —musitó Annabeth. Corrió hacia el primer caballete y examinó el esquema—. Es un genio. ¡Mira las curvas de este edificio!

—Y un artista —dijo Rachel, maravillada—. ¡Esas alas son increíbles!

Las alas parecían más avanzadas que las que había visto en sueños. Las plumas estaban entrelazadas más estrechamente. En lugar de estar pegadas con cera, tenían tiras autoadhesivas que seguían los bordes.

Mantuve bien sujeta a *Contracorriente*. Al parecer, Dédalo no estaba allí, pero daba la impresión de que el taller había sido utilizado hasta hacía un momento. Los portátiles seguían encendidos, con sus respectivos salvapantallas. En un banco había una magdalena de arándanos mordida y una taza de café.

Me acerqué al ventanal. La vista era increíble. Identifiqué a lo lejos las Montañas Rocosas. Estábamos en lo alto de una cordillera, al menos a mil quinientos metros, y a nuestros pies se extendía un valle con una variopinta colección de colinas, rocas y formaciones de piedra rojiza. Parecía como si un niño hubiera construido una ciudad de juguete con bloques del tamaño de rascacielos y luego la hubiera destrozado a patadas.

—¿Dónde estamos? —me pregunté.

—En Colorado Springs —respondió una voz a nuestra espalda—. El Jardín de los Dioses.

De pie en lo alto de la escalera de caracol, con el arma desenvainada, vimos a nuestro desaparecido instructor de combate a espada. Quintus.

—¡Tú! —exclamó Annabeth—. ¿Qué has hecho con Dédalo?

Él sonrió levemente.

—Créeme, querida: no te conviene conocerlo.

—A ver si nos entendemos, señor Traidor —gruñó ella—, no he luchado con una mujer dragón, con un hombre de tres cuerpos y una esfinge psicótica para verte a ti. Así que... ¿dónde está Dédalo?

Quintus bajó las escaleras, sosteniendo la espada desenvainada en un costado. Llevaba vaqueros, botas y una camiseta de instructor del Campamento Mestizo, que parecía un insulto ahora que sabíamos que era un espía. Yo no estaba muy seguro de poder vencerlo en un duelo a espada, porque Quintus era muy bueno, pero pensé que igualmente debía intentarlo.

—Creéis que soy un agente de Cronos —dijo—. Que trabajo para Luke.

—Vaya novedad —soltó Annabeth.

—Eres una chica inteligente, pero te equivocas. Yo sólo trabajo para mí.

—Luke habló de ti —le dije—. Y Gerión también te conocía. Estuviste en su rancho.

—Claro —admitió—. He estado en casi todas partes. Incluso aquí.

Pasó por mi lado, como si yo no representara ninguna amenaza, y se situó junto a la ventana.

—La vista cambia todos los días —musitó—. Siempre un lugar alto. Ayer era un rascacielos desde el que se dominaba todo Manhattan. Anteayer, una preciosa vista del lago Michigan. Pero siempre reaparece el Jardín de los Dioses. Supongo que al laberinto le gusta este lugar. Un nombre apropiado, imagino.

—O sea, que ya habías estado aquí antes —apunté.

—Desde luego.

—¿La vista es un espejismo ? —pregunté—. ¿Una proyección?

—No —murmuró Rachel—. Es auténtica. Estamos realmente en Colorado.

Quintus la observó.

—Tienes una visión muy clara, ¿no es cierto? Me recuerdas a otra mortal que conocí. Otra princesa que sufrió un accidente.

—Basta de juegos —dije—. ¿Qué has hecho con Dédalo?

Quintus me miró fijamente.

—Muchacho, necesitas unas lecciones de tu amiga para ver con más claridad. Yo soy Dédalo.


Podía haberle respondido de muchas maneras, desde «¡Lo sabía!» hasta «¡¡Mentiroso!!» o «Sí, claro, y yo soy Zeus».

En cambio, lo único que se me ocurrió fue:

—Pero ¡tú no eres inventor! ¡Eres un maestro de espada!

—Soy ambas cosas —explicó Quintus—. Y arquitecto. Y erudito. También juego al baloncesto bastante bien para un tipo que no empezó a practicar hasta los dos mil años de edad. Un verdadero artista debe dominar muchas materias.

—Eso es cierto —observó Rachel—. Yo pinto también con el pie, no sólo con las manos.

—¿Lo ves? —dijo Quintus—. Una chica muy dotada.

—Pero si ni siquiera te pareces a Dédalo —protesté—. Lo he visto en sueños y...

De repente se me ocurrió un pensamiento espantoso.

—Sí —dijo Quintus—. Por fin has adivinado la verdad.

—Eres un autómata. Te construiste un cuerpo nuevo.

—Percy —intervino Annabeth—, no es posible. Eso... eso no puede ser un autómata.

Quintus rió entre dientes.

—¿Sabes qué quiere decir *quintus*, querida?

—«El quinto», en latín. Pero...

—Éste es mi quinto cuerpo. —El maestro de espada extendió el brazo, se apretó el codo con la mano y una tapa rectangular se abrió como un resorte en su muñeca. Debajo zumbaban unos engranajes de bronce y relucía una maraña de cables.

—¡Es alucinante! —se asombró Rachel.

—Es rarísimo —dije yo.

—¿Encontraste un medio de transferir tu *animus* a una máquina? —preguntó Annabeth—. Es... antinatural.

—Ah, querida, te aseguro que sigo siendo yo. Soy el mismísimo Dédalo de siempre. Nuestra madre, Atenea, se encarga de que no lo olvide. —Tiró de su camiseta hacia abajo. En la base del cuello tenía una marca que ya había visto antes: la forma oscura de un pájaro injertada en su piel.

—La marca de un asesino —declaró Annabeth.

—Por tu sobrino, Perdix —deduje—. El chico que empujaste desde la torre.

El rostro de Quintus se ensombreció.

—No lo empujé. Simplemente...

—Hiciste que perdiera el equilibrio —concluí—. Lo dejaste morir.

Quintus contempló las montañas violáceas por la ventana.

—Me arrepiento de lo que hice, Percy. Estaba furioso y amargado. Pero ya no puedo remediarlo y Atenea no me permite olvidar. Cuando Perdix murió, lo convirtió en un pequeño pájaro: una perdiz. Me marcó en el cuello la forma de ese pájaro a modo de recordatorio. Sea cual sea el cuerpo que adopte, la marca reaparece en mi piel.

Lo miré a los ojos y me di cuenta de que era el mismo hombre que había visto en mis sueños. Su rostro podía ser totalmente distinto, pero allí dentro residía la misma alma, la misma inteligencia, la misma infinita tristeza.

—Realmente eres Dédalo —decidí—. Pero ¿por qué viniste al campamento? ¿Para qué querías espiarnos?

—Para ver si vuestro campamento merecía salvarse. Luke me había ofrecido una versión de la historia. Preferí extraer mis propias conclusiones.

—O sea, que has hablado con Luke.

—Ah, sí, muchas veces. Un tipo bastante persuasivo.

—Pero ¡ahora has visto el campamento! —insistió Annabeth—. Y sabes que necesitamos tu ayuda. ¡No puedes permitir que Luke cruce el laberinto!

Dédalo dejó la espada en el banco de trabajo.

—El laberinto ya no está bajo mi control, Annabeth. Yo lo creé, sí. De hecho, está ligado a mi fuerza vital. Pero he dejado que viva y se desarrolle por sí mismo. Es el precio que he pagado para mantenerme a salvo.

—¿A salvo de qué?

—De los dioses. Y de la muerte. Llevo dos milenios vivo, querida, ocultándome de ella.

—Pero ¿cómo has podido ocultarte de Hades? —le pregunté—. Quiero decir... Hades tiene a las Furias.

—Ellas no lo saben todo —respondió—. Y tampoco lo ven todo. Tú te has tropezado con ellas, Percy, y sabes que es así. Un hombre inteligente puede esconderse durante mucho tiempo, y yo me he enterrado a mí mismo en una profundidad inaccesible. Sólo mi gran enemigo ha continuado persiguiéndome, y también he logrado desbaratar sus planes.

—Te refieres a Minos —supuse.

Dédalo asintió.

—Me acosa sin cesar. Ahora que es juez de los muertos, nada le gustaría más que ver cómo me presento ante él para poder castigarme por mis crímenes. Desde que las hijas de Cócalo lo mataron, el fantasma de Minos empezó a torturarme en sueños. Prometió darme caza. Y no tuve más remedio que retirarme por completo del mundo. Descendí a mi laberinto. Decidí que ése sería mi máximo logro: engañar a la muerte.

—Y lo has logrado —apuntó Annabeth—. Durante dos mil años.

Parecía impresionada, pese a las cosas horribles que Dédalo había hecho.

Justo en ese momento sonó un fuerte ladrido en el túnel. Oí el pa-PUM, pa-PUM, pa-PUM de unas pezuñas enormes y la *Señorita O'Leary* entró brincando en el taller. Me dio un lametón en la cara y luego casi derribó a Dédalo con las fiestas y saltos entusiastas que le dedicó.

—Aquí está mi vieja amiga. —Dédalo le rascó detrás de las orejas—. Mi única compañera durante todos estos años solitarios.

—Permitiste que me salvara —dije—. Al final resulta que el silbato funcionaba.

—Por supuesto que sí —asintió Dédalo—. Tienes buen corazón, Percy. Y sabía que le caías bien a la *Señori-*

*ta O'Leary.* Yo quería ayudarte. Quizá me sentía culpable, además.

—¿Culpable de qué?

—De que toda vuestra búsqueda vaya a resultar inútil.

—¿Qué? —exclamó Annabeth—. Aún puedes ayudarnos. ¡Tienes que hacerlo! Danos el hilo de Ariadna para que Luke no pueda apoderarse de él.

—Ah... el hilo. Ya le dije a Luke que los ojos de un mortal dotado de una clara visión son los mejores guías, pero él no se fió de mí. Estaba obsesionado con la idea de un objeto mágico. Y el hilo funciona. Tal vez no tiene tanta precisión como vuestra amiga mortal, pero cumple su cometido. Sí, funciona bastante bien.

—¿Dónde está? —quiso saber Annabeth.

—Lo tiene Luke —respondió él con tristeza—. Lo lamento, querida. Llegas con varias horas de retraso.

Con un escalofrío, comprendí entonces por qué estaba Luke de tan buen humor en la pista de Anteo. Ya había conseguido el hilo de Dédalo. El único obstáculo que se interponía en su camino era el dueño de la pista de combate. Y yo me había encargado de librarlo de él, matándolo.

—Cronos me ha prometido la libertad —dijo Quintus—. Una vez que Hades sea derrocado, pondrá el inframundo bajo mi tutela. Entonces reclamaré a mi hijo Ícaro. Arreglaré las cosas con el pobre Perdix. Y haré que el alma de Minos sea arrojada al fondo del Tártaro, donde no pueda atormentarme más. Ya no tendré que seguir huyendo de la muerte.

—¿Ésa es tu gran idea? —gritó Annabeth—. ¿Vas a dejar que Luke destruya nuestro campamento, que mate a cientos de semidioses y ataque el Olimpo? ¿Vas a permitir que se venga abajo el mundo entero sólo para lograr lo que deseas?

—La tuya es una causa perdida, querida. Me di cuenta apenas comencé a trabajar en vuestro campamento. Es imposible que podáis resistir al poderoso Cronos.

—¡No es cierto! —estalló ella.

—No podía hacer otra cosa, querida. La oferta era demasiado buena para rechazarla. Lo lamento.

Annabeth dio un empujón a un caballete y los esquemas arquitectónicos se desparramaron por el suelo.

—Yo te respetaba ¡Eras mi héroe! Construías... cosas increíbles, resolvías problemas. Y ahora... no sé lo que eres. Se supone que los hijos de Atenea han de poseer sabiduría, no sólo inteligencia. Quizá no seas más que una máquina, a fin de cuentas. Deberías haber muerto hace dos mil años.

En lugar de ponerse furioso, Dédalo bajó la cabeza.

—Deberíais iros y alertar al campamento. Ahora que Luke tiene el hilo...

La *Señorita O'Leary* alzó de repente las orejas.

—¡Alguien viene! —dijo Rachel.

Las puertas del taller se abrieron violentamente y Nico entró a trompicones con las manos encadenadas. Detrás venían Kelli y los dos lestrigones, seguidos por el fantasma de Minos. Éste casi parecía sólido: un rey pálido y barbado de ojos glaciales, de cuya túnica se desprendían jirones de niebla.

Su mirada se concentró en Dédalo.

—Aquí estás, mi viejo amigo.

Dédalo apretó los dientes y miró a Kelli.

—¿Qué significa esto?

—Luke te manda recuerdos —dijo ella—. Ha pensado que quizá te gustaría ver a tu antiguo jefe, Minos.

—Eso no formaba parte de nuestro acuerdo —espetó Dédalo.

—Cierto —admitió Kelli—. Pero ahora ya tenemos lo que queríamos de ti; y también hemos llegado a otros acuerdos. Minos nos ha pedido una sola cosa para entregarnos a este joven y bello semidiós —dijo deslizándole un dedo por el cuello a Nico—. Nos será muy útil, por cierto. Y lo único que Minos nos ha pedido a cambio ha sido tu cabeza, anciano.

Dédalo palideció.

—Traición.

—Vete acostumbrando —soltó ella.

—Nico —dije—. ¿Estás bien?

Él asintió con aire enfurruñado.

—Lo siento... Percy. Minos me aseguró que estabais en peligro. Me convenció para que volviera al laberinto.

—¿Pretendías salvarnos?

—Me engañó —dijo—. Nos ha engañado a todos.

Miré a Kelli.

—¿Y Luke? ¿Por qué no está aquí?

La mujer demonio sonrió como quien comparte un chiste privado.

—Luke está... ocupado. Ha de preparar el ataque. Pero no os preocupéis, tenemos más amigos en camino. Y mientras tanto, ¡voy a tomar un suculento aperitivo! —Sus manos se transformaron en garras, su pelo ardió en llamas y sus piernas adoptaron su forma real: una pata de burro y otra de bronce.

—Percy —me susurró Rachel—, las alas. ¿Tú crees...?

—Descuélgalas —dije—. Trataré de ganar tiempo.

Entonces se armó un auténtico pandemonio. Annabeth y yo arremetimos contra Kelli. Los gigantes lestrigones se lanzaron sobre Dédalo, pero la *Señorita O'Leary* se interpuso de un salto para defenderlo. Nico había sido derribado de un empujón y forcejeaba en el suelo con sus cadenas mientras el espíritu de Minos aullaba:

—¡Matad al inventor! ¡Matadlo!

Rachel tomó las alas de la pared. Nadie le prestaba atención. Kelli atacó con sus garras a Annabeth. Yo intenté clavarle mi espada, pero la mujer demonio era rápida y mortífera: volcaba mesas, aplastaba inventos y no permitía que nos acercáramos. Por el rabillo de ojo, vi que la *Señorita O'Leary* mascaba el brazo de un gigante. El monstruo daba alaridos de dolor y arrojaba a la perra de un lado para otro, tratando de sacudírsela. Dédalo intentó recuperar su espada, pero el segundo gigante le dio un puñetazo al banco donde la había apoyado y el arma salió volando por los aires. Una vasija de fuego griego cayó al suelo y empezó a arder. Sus llamas verdes se propagaron rápidamente.

—¡A mí! —gritó Minos—. ¡Espíritus de los muertos!

Alzó sus manos espectrales y el aire empezó a temblar.

—¡No! —gritó Nico, que había conseguido levantarse y quitarse los grilletes.

—¡No tienes ningún control sobre mí, estúpido jovenzuelo! —le espetó Minos con desprecio—. ¡He sido yo quien te ha controlado desde el principio! Un alma por otra alma, sí. Pero no será tu hermana la que regrese de entre los muertos. Seré yo, en cuanto haya matado al inventor.

Los espíritus empezaron a congregarse alrededor de Minos: siluetas temblorosas que se multiplicaban y se solidificaban hasta convertirse en soldados cretenses.

—Soy el hijo de Hades —insistió Nico—. ¡Desaparece!

El rey soltó una carcajada.

—No tienes poder sobre mí. ¡Yo soy el señor de los espíritus! ¡El rey de los fantasmas!

—No. —Nico sacó su espada—. Lo soy yo.

Hincó la hoja negra en el suelo, que se rajó como si fuese de mantequilla.

—¡Nunca! —La forma de Minos se onduló—. Yo...

La tierra empezó a retumbar. Las ventanas se resquebrajaron y se hicieron añicos, tras lo cual una violenta ráfaga de aire fresco entró en la estancia. Entonces se abrió una grieta en el suelo de piedra y Minos y todos sus espíritus cayeron en el vacío con un espantoso alarido.

La mala noticia: la lucha continuaba a nuestro alrededor y yo me había distraído. Kelli se echó sobre mí a tal velocidad que no tuve tiempo de defenderme. La espada se me escapó y, al caer al suelo, me di un porrazo en la cabeza con un banco. La vista se me nubló. No podía alzar los brazos.

—¡Seguro que tienes un sabor delicioso! —dijo Kelli riéndose y enseñándome los colmillos.

Súbitamente, su cuerpo se puso rígido y sus ojos inyectados en sangre se abrieron de par en par. Sofocó un grito.

—No... escuela... espíritu...

Annabeth sacó el cuchillo de su espalda. Con un chillido escalofriante, Kelli se esfumó en un vapor amarillo.

Mi amiga me ayudó a incorporarme. Todavía estaba mareado, pero no teníamos tiempo que perder. La *Señorita O'Leary* y Dédalo seguían enzarzados en su lucha con los gigantes mientras se oía un griterío en el túnel: se acercaban más monstruos que no tardarían en llegar al taller.

—¡Hemos de ayudar a Dédalo! —dije.

—No hay tiempo —gritó Rachel—. ¡Vienen muchos más!

Ya se había colocado las alas y estaba ayudando a Nico, que se había quedado pálido como la cera y cubierto de sudor tras su lucha con Minos. Las alas se ajustaron al instante a su espalda y sus hombros.

—¡Ahora tú! —me indicó.

En unos segundos, Nico, Annabeth, Rachel y yo tuvimos colocadas las alas de cobre. Ya me sentía impulsado hacia arriba por el viento que entraba por la ventana. El fuego griego se había apoderado de las mesas y los muebles, y se extendía también por la escalera de caracol.

—¡Dédalo! —grité—. ¡Vamos!

Tenía multitud de heridas por todo el cuerpo, pero no le salía sangre, sino un aceite dorado. Había recuperado su espada y usaba la plancha de una mesa destrozada como escudo frente a los gigantes.

—¡No abandonaré a la *Señorita O'Leary*! —replicó—. ¡Marchaos!

No había tiempo para discusiones. Aunque nos quedáramos, estaba seguro de que no serviría de nada.

—¡Ninguno de nosotros sabe cómo volar! —dijo Nico.

—¡Estupenda ocasión para averiguarlo! —respondí.

Y los cuatro juntos saltamos por la ventana.

# 16

## Abro un ataúd

Saltar por una ventana a mil quinientos metros del suelo no suele ser mi diversión favorita. Sobre todo si llevo encima unas alas de bronce y tengo que agitar los brazos como un pato.

Caía en picado hacia el valle: directo hacia las rocas rojizas del fondo. Ya estaba convencido de que iba a convertirme en una mancha de grasa en el Jardín de los Dioses cuando oí que Annabeth me gritaba desde arriba:

—¡Extiende los brazos! ¡Mantenlos extendidos!

Por suerte, la pequeña parte de mi cerebro de la que aún no se había apoderado el pánico captó sus instrucciones y mis brazos obedecieron. En cuanto los extendí, las alas se pusieron rígidas, atraparon el viento y frenaron mi caída. Empecé a descender planeando, pero ya con un ángulo sensato, como un halcón cuando se lanza sobre su presa.

Aleteé una vez con los brazos, para probar, y tracé un arco en el aire con el viento soplándome en los oídos.

—¡Yuju! —grité. Era una sensación increíble. En cuanto le pillé el tranquillo, sentí como si las alas formaran parte de mi cuerpo. Podía remontarme en el cielo o bajar en picado cuando lo deseaba.

Levanté la vista y vi a mis amigos —Rachel, Annabeth y Nico— describiendo círculos y destellando al sol con sus alas metálicas. Más allá, se divisaba la humareda que salía por los ventanales del taller de Dédalo.

—¡Aterricemos! —gritó Annabeth—. Estas alas no durarán eternamente.

—¿Cuánto tiempo calculas? —preguntó Rachel.

—¡Prefiero no averiguarlo!

Nos lanzamos en picado hacia el Jardín de los Dioses. Tracé un círculo completo alrededor de una de las agujas de piedra y les di un susto de muerte a un par de escaladores. Luego planeamos los cuatro sobre el valle, sobrevolamos una carretera y fuimos a parar a la terraza del centro de visitantes. Era media tarde y aquello estaba repleto de gente, pero nos quitamos las alas a toda prisa. Al examinarlas de cerca, vi que Annabeth tenía razón. Los sellos autoadhesivos que las sujetaban a la espalda estaban a punto de despegarse y algunas plumas de bronce ya empezaban a desprenderse. Era una lástima, pero no podíamos arreglarlas ni mucho menos dejarlas allí para que las encontraran los mortales, así que las metimos a presión en un cubo de basura que había frente a la cafetería.

Usé los prismáticos turísticos para observar la montaña donde estaba el taller de Dédalo y descubrí que se había desvanecido. No se veía ni rastro del humo ni de los ventanales rotos. Sólo una ladera árida y desnuda.

—El taller se ha desplazado —dedujo Annabeth—. Vete a saber adónde.

—¿Qué hacemos ahora? —pregunté—. ¿Cómo regresamos al laberinto?

Annabeth escrutó a los lejos la cumbre de Pikes Peak.

—Quizá no podamos. Si Dédalo muriera... Él ha dicho que su fuerza vital estaba ligada al laberinto. O sea, que tal vez haya quedado totalmente destruido. Quizá eso detenga la invasión de Luke.

Pensé en Grover y Tyson, todavía en alguna parte allá abajo. En cuanto a Dédalo... aunque hubiese cometido horribles faltas y puesto en peligro a todas las personas que me importaban, igualmente pensé que le había caído en suerte una muerte horrible.

—No —dijo Nico—. No ha muerto.

—¿Cómo puedes estar tan seguro? —pregunté.

—Cuando la gente muere, yo lo sé. Tengo una sensación, como un zumbido en los oídos.

—¿Y Tyson y Grover?

Nico meneó la cabeza.

—Eso es más difícil. Ellos no son humanos ni mestizos. No tienen alma mortal.

—Hemos de llegar a la ciudad —decidió Annabeth—. Allí tendremos más posibilidades de encontrar una entrada al laberinto. Debemos volver al campamento antes que aparezcan Luke y su ejército.

—Podríamos tomar un avión —sugirió Rachel.

Me estremecí.

—Yo no vuelo.

—Pero si acabas de hacerlo.

—Eso era a poca altura, y de todas formas ya entrañaba su riesgo. Pero volar muy alto es otra cosa... Es territorio de Zeus, no puedo hacerlo. Además, no hay tiempo para un avión. El camino de regreso más rápido es el laberinto.

No lo expresé en voz alta, pero tenía la esperanza de que tal vez, sólo tal vez, encontráramos por el camino a Grover y Tyson.

—Necesitamos un coche para llegar a la ciudad —señaló Annabeth.

Rachel echó un vistazo al aparcamiento. Esbozó una mueca, como si estuviera a punto de hacer una cosa que lamentaba por anticipado.

—Yo me encargo.

—¿Cómo? —preguntó Annabeth.

—Confía en mí.

Mi amiga parecía molesta, pero asintió.

—Vale, voy a comprar un prisma en la tienda de regalos. Intentaré crear un arco iris y enviar un mensaje al campamento.

—Voy contigo —intervino Nico—. Tengo hambre.

—Entonces yo me quedo con Rachel —dije—. Nos vemos en el aparcamiento.

Rachel frunció el ceño, como si no quisiera que la acompañara. Lo cual me hizo sentir un poco incómodo, pero la seguí de todos modos.

Se dirigió hacia un gran coche negro estacionado en un extremo del aparcamiento. Era un Lexus, con chófer y todo: el tipo de cochazo que veía a menudo por las calles de Manhattan. El conductor estaba fuera, leyendo el periódico. Iba con traje oscuro y corbata.

—¿Qué vas a hacer? —le pregunté a Rachel.

—Tú espera aquí —contestó, agobiada—. Por favor.

Se fue directa hacia el chófer y habló con él. El hombre puso mala cara. Rachel añadió algo más. Entonces el tipo palideció y dobló el periódico a toda prisa. Asintió y buscó a tientas el teléfono móvil. Tras una breve llamada, le abrió a Rachel la puerta trasera para que subiera. Ella me señaló y el chófer inclinó otra vez la cabeza, como diciendo: «Sí, señorita. Lo que usted quiera.»

No entendía por qué se había puesto tan nervioso.

Rachel vino a buscarme justo cuando Nico y Annabeth salían de la tienda de regalos.

—He hablado con Quirón —dijo Annabeth—. Se están preparando lo mejor posible para la batalla, pero quiere que volvamos al campamento. Necesitan a todos los héroes que puedan reclutar. ¿Hemos conseguido un coche?

—El conductor está listo —contestó Rachel.

El chófer estaba hablando con un tipo vestido con un polo y un pantalón caqui, que debía de ser el cliente que le había alquilado el coche. El tipo protestaba airadamente, pero oí que el otro le decía:

—Lo lamento mucho, señor. Se trata de una emergencia. Acabo de pedirle otro coche.

—Vamos —dijo Rachel.

Subió sin mirar siquiera al cliente, que se había quedado patidifuso, y los demás la seguimos. Unos minutos más tarde volábamos por la carretera. Los asientos eran de cuero y sobraba espacio para estirar las piernas. Había pantallas planas de televisión en los reposacabezas de delante y un minibar lleno de agua mineral, refrescos y aperitivos. Empezamos a ponernos morados.

—¿Adónde, señorita Dare? —preguntó el conductor.

—Aún no estoy segura, Robert. Debemos dar una vuelta por la ciudad y... echar un vistazo.

—Como usted diga, señorita.

Miré a Rachel.

—¿Conoces a este tipo?

—No.

—Pero lo ha dejado todo para ayudarte. ¿Por qué?

—Tú mantén los ojos abiertos —replicó ella—. Ayúdame a buscar.

Lo cual no era precisamente una respuesta.

Circulamos por Colorado Springs durante una media hora y no vimos nada que a Rachel le pareciera una posible entrada al laberinto. En ese momento era muy consciente del contacto de su hombro contra el mío. No podía dejar de preguntarme quién sería exactamente y cómo podía arreglárselas para acercarse a un chófer cualquiera y conseguir en el acto que la llevara.

Después de una hora dando vueltas, decidimos dirigirnos al norte, hacia Denver, pensando que quizá en una ciudad más grande nos resultaría más fácil encontrar una entrada al laberinto, aunque la verdad es que habíamos empezado a ponernos nerviosos. Estábamos perdiendo tiempo.

Entonces, cuando ya salíamos de Colorado Springs, Rachel se incorporó de golpe en su asiento.

—¡Salga de la autopista!

El conductor se volvió.

—¿Sí, señorita?

—He visto algo. Creo. Salga por ahí.

El hombre viró bruscamente entre los coches y tomó la salida.

—¿Qué has visto? —le pregunté, porque ya estábamos prácticamente fuera de la ciudad. No se veía nada alrededor, salvo colinas, prados y algunas granjas dispersas. Rachel indicó al hombre que tomara un camino de tierra muy poco prometedor. Pasamos junto a un cartel demasiado deprisa para que me diese tiempo a leerlo, pero Rachel dijo:

—Museo de Minería e Industria.

Para tratarse de un museo, no parecía gran cosa: un edificio pequeño, como una estación de tren antigua, con perforadoras, máquinas de bombeo y viejas excavadoras expuestas afuera.

—Allí. —Rachel señaló un orificio en la ladera de una colina cercana: un túnel cerrado con tablones y cadenas—. Una antigua entrada a la mina.

—¿Es una puerta del laberinto? —preguntó Annabeth—. ¿Cómo puedes estar tan segura?

—Bueno, ¡mírala! —respondió Rachel—. O sea... yo lo veo, ¿vale?

Le dio las gracias al chófer y nos bajamos los cuatro. Él ni siquiera pidió que le pagásemos.

—¿Está segura de que no corre ningún peligro, señorita Dare? Con mucho gusto puedo llamar a su...

—¡No! —exclamó Rachel—. No, de veras. Gracias, Robert. No necesitamos nada.

El museo parecía cerrado, así que nadie nos molestó mientras subíamos la cuesta hacia la entrada de la mina. En cuanto llegamos vi la marca de Dédalo grabada en el candado. El misterio era cómo podía haber captado Rachel una cosa tan diminuta desde la autopista. Toqué el candado y las cadenas cayeron al suelo en el acto. Quitamos los tablones a patadas y entramos. Para bien o para mal, estábamos de nuevo en el laberinto.

Los túneles de tierra se volvieron enseguida de piedra. Giraban y se ramificaban una y otra vez, tratando de confundirnos, pero Rachel no tenía problemas para guiarnos. Le dijimos que teníamos que regresar a Nueva York y ella apenas se detenía cuando los túneles planteaban un dilema.

Para mi sorpresa, Rachel y Annabeth se pusieron a charlar mientras caminábamos. Annabeth le hizo varias preguntas personales, pero, como Rachel se mostraba evasiva, empezaron a hablar de arquitectura. Resultó que Rachel tenía ciertos conocimientos de la materia porque había estudiado arte. Hablaban de las fachadas de distintos edificios de Nueva York («¿Has visto ese otro?», bla, bla, bla), así que me quedé un poco más atrás con Nico, sumido en un incómodo silencio.

—Gracias por venir a buscarnos —le dije por fin.

Nico entornó los párpados. Ya no parecía enfurecido como antes; sólo receloso y cauto.

—Te debía una por lo del rancho, Percy. Además... quería ver a Dédalo con mis propios ojos. Minos tenía razón, en cierto modo. Dédalo habría de morir. Nadie debería ser capaz de eludir la muerte tanto tiempo. No es natural.

—Es lo que tú has buscado todo el tiempo —comenté—. Intercambiar el alma de Dédalo por la de tu hermana.

Nico caminó otros cincuenta metros antes de responder.

—No ha sido fácil, ¿sabes? Tener sólo a los muertos por compañía. Saber que jamás seré aceptado entre los vivos. Sólo los muertos me respetan, y es porque me tienen miedo.

—Podrías ser aceptado —aseguré—. Podrías hacer amigos en el campamento.

Él se quedó mirándome.

—¿De veras lo crees, Percy?

No respondí. La verdad era que no lo sabía. Nico siempre había sido algo diferente, pero desde la muerte de Bianca se había vuelto casi... espeluznante. Tenía los ojos de su padre: ese fuego intenso y maníaco que te hacía sospechar que era un genio o un loco. Y la manera en que había fulminado a Minos y se había llamado a sí mismo el rey de los fantasmas... resultaba impresionante, desde luego, pero también me intimidaba.

Antes de que atinara a decirle algo, me tropecé con Rachel, que se había detenido. Nos encontrábamos en una encrucijada. El túnel continuaba recto, pero había un ramal que doblaba a la derecha: un pasadizo circular excavado en la oscura roca volcánica.

—¿Qué pasa? —pregunté.

Rachel examinó aquel túnel oscuro. A la débil luz de la linterna, su rostro se parecía al de uno de los espectros de Nico.

—¿Es éste el camino? —preguntó Annabeth.

—No —contestó Rachel, nerviosa—. En absoluto.

—Entonces, ¿por qué nos paramos? —pregunté.

—Escucha —indicó Nico.

Noté una ráfaga de viento procedente del túnel, como si la salida estuviera cerca. Y percibí un olor conocido que me traía malos recuerdos.

—Eucaliptos —dije—. Como en California.

El pasado invierno, cuando nos enfrentamos a Luke y el titán Atlas en la cima del monte Tamalpais, el aire olía exactamente igual.

—Hay algo maligno al fondo de ese túnel —dijo Rachel—. Algo muy poderoso.

—Y el aroma de la muerte —añadió Nico, lo cual no contribuyó a que me sintiera mejor.

Annabeth y yo nos miramos.

—La entrada de Luke —dedujo—. La que lleva al monte Othrys, al palacio del titán.

—He de comprobarlo —dije.

—No, Percy.

—Luke podría estar ahí mismo —insistí—. O Cronos... Tengo que averiguar qué pasa.

Annabeth vaciló.

—Entonces iremos todos.

—No —dije—. Es demasiado peligroso. Si cayera Nico en sus manos, o la propia Rachel, Cronos podría utilizarlos. Tú quédate aquí para protegerlos.

Me guardé una cosa: que me preocupaba Annabeth. No me fiaba de lo que pudiera hacer si veía otra vez a Luke. Él ya la había engañado y manipulado demasiadas veces.

—No, Percy —rogó Rachel—, no vayas tú solo.

—Iré deprisa —le prometí—. No cometeré ninguna estupidez.

Annabeth se sacó del bolsillo la gorra de los Yankees.

—Llévate esto, por lo menos. Y anda con cuidado.

—Gracias. —Recordé la última vez que nos habíamos separado, cuando me había deseado suerte con un beso en el monte Saint Helens. Esta vez lo único que me había ganado había sido la gorra.

Me la puse.

—Ahí va la nada andante...

Y me deslicé, invisible, por el oscuro pasadizo de roca.

Incluso antes de llegar a la salida oí voces: los rugidos y ladridos de los herreros-demonios marinos, los telekhines.

—Al menos conseguimos salvar la hoja —dijo uno—. El amo nos recompensará de todos modos.

—Sí, sí —chilló otro—. Una recompensa fuera de lo común.

Otra voz, ésta más humana, balbuceó:

—Hummm, sí, fantástico. Y ahora, si habéis terminado conmigo...

—¡No, mestizo! —dijo un telekhine—. Debes ayudarnos a hacer la presentación. ¡Es un gran honor!

—Ah, bueno... gracias —respondió el mestizo, y entonces me di cuenta de que era Ethan Nakamura, el tipo que había huido después de que le salvara la vida en la pista de combate.

Me deslicé hacia la salida. Tuve que recordarme a mí mismo que era invisible. Se suponía que ellos no podían verme.

Al salir me azotó una ráfaga de viento frío. Me hallaba muy cerca de la cima del monte Tamalpais. El océano Pacífico se extendía a mis pies, todo gris bajo un cielo encapotado. Unos seis metros más abajo, vi a dos telekhines colocando una cosa sobre una roca: un objeto largo y delgado, envuelto en un paño negro. Ethan les ayudaba a desenvolverlo.

—Cuidado, idiota —le regañó el telekhine—. Al menor contacto, la hoja arrancará el alma de tu cuerpo.

Ethan tragó saliva.

—Entonces será mejor que la desenvolváis vosotros.

Levanté la vista hacia la cima, donde se alzaba con aire amenazador una fortaleza de mármol negro idéntica a la que había visto en sueños. Me hacía pensar en un mausoleo gigantesco, con muros de quince metros de altura. No entendía cómo era posible que los mortales no lo vieran. Pero también era verdad que yo mismo veía borroso todo lo que quedaba por debajo de la cumbre, como si hubiese un espeso velo entre mis ojos y la parte baja de la montaña. Había allí un fenómeno mágico funcionando: una Niebla muy poderosa. Por encima de mí, en el cielo se arremolinaba una enorme nube con forma de embudo. No veía a Atlas, pero lo oía gemir a lo lejos, más allá de la fortaleza, todavía agobiado bajo el peso del cielo.

—¡Ahora! —dijo el telekhine y, con actitud reverente, alzó el arma. La sangre se me heló en las venas.

Era una guadaña: una hoja curvada, como una luna creciente, de casi dos metros, con un mango de madera recubierto de cuero. La hoja destellaba con dos colores distintos: el del acero y el del bronce. Era el arma de Cronos, la que utilizó para cortar en pedazos a su padre, Urano, antes de que los dioses lograran arrebatársela y lo cortaran a él a su vez en trocitos que arrojaron al fondo del Tártaro. Habían vuelto a forjar aquella arma mortífera.

—Hemos de santificarla con sangre —dijo el telekhine—. Luego tú, mestizo, cuando nuestro señor despierte, nos ayudarás a ofrecérsela.

Corrí hacia la fortaleza. Me palpitaban los oídos. No es que me apeteciera mucho acercarme a aquel espantoso mausoleo negro, pero tenía que hacerlo. Debía impedir que Cronos se alzara, y aquella sería tal vez mi única ocasión.

Crucé volando un vestíbulo oscuro y llegué a la sala principal. El suelo relucía como un piano de caoba: completamente negro y, sin embargo, lleno de luz. Junto a las paredes, se alineaban estatuas de mármol negro. No reconocía las caras, pero comprendía que se trataba de las imágenes de los titanes que habían gobernado antes de los dioses. Al fondo de la sala, entre dos braseros de bronce, se alzaba un estrado, y sobre éste se hallaba el sarcófago dorado.

Aparte del chisporroteo del fuego, reinaba un completo silencio. No estaba Luke. No había guardias. Nada.

Parecía demasiado fácil, pero me acerqué al estrado.

El sarcófago era tal como lo recordaba: de unos tres metros de largo, demasiado grande para un ser humano. Tenía esculpidas en relieve una serie de intrincadas escenas de muerte y destrucción: imágenes de los dioses pisoteados por carros de combate y de los templos y monumentos más famosos del mundo, destrozados y envueltos en llamas. Todo el ataúd desprendía un halo de frío glacial. Mi aliento se transformaba en nubes de vapor, como si estuviera en el interior de un frigorífico.

Saqué a *Contracorriente*. Sentir su peso en mi mano me reconfortó un poco.

Cada vez que me había acercado a Cronos en el pasado, su voz maligna me había hablado en el interior de mi mente. ¿Por qué permanecía ahora en silencio? Había sido descuartizado en millares de pedazos con su propia guadaña. ¿Qué iba a encontrarme si abría la tapa del ataúd? ¿Cómo podían construirle un nuevo cuerpo?

No tenía respuesta para eso. Solamente sabía una cosa: si estaba a punto de alzarse, debía abatirlo antes de que se hiciera con su guadaña. Tenía que hallar el modo de detenerlo.

Me detuve junto al sarcófago. La tapa estaba decorada todavía más profusamente que los costados, con escenas de terribles carnicerías y de poderío desatado. En medio había una inscripción grabada con letras más antiguas que el griego: una lengua mágica. No pude leerla bien, pero sabía lo que decía: «CRONOS, SEÑOR DEL TIEMPO.»

Toqué la tapa con la mano. Las yemas de los dedos se me pusieron azules. Una capa de escarcha rodeó mi espada.

Entonces oí ruido a mi espalda. Voces que se aproximaban. Ahora o nunca. Empujé la tapa dorada y cayó al suelo con un enorme ¡BRAAAAMMM!

Alcé la espada, lista para asestar un golpe mortal. Pero, al mirar al interior, no comprendí lo que veía. Unas piernas mortales, con pantalones grises. Una camiseta blanca y unas manos entrelazadas sobre el estómago. Le faltaba una parte del pecho: un orificio negro del tamaño de una herida de bala allí donde debía estar el corazón. Tenía los ojos cerrados y la piel muy pálida. El pelo rubio... y una cicatriz que le recorría el lado izquierdo de la cara.

El cuerpo del ataúd era el de Luke.


Debería haberle asestado una estocada en aquel momento. Tendría que haberle clavado la punta de *Contracorriente* con todas mis fuerzas. Pero estaba demasiado aturdido. No comprendía nada. Por mucho que odiara a Luke, por mucho que me hubiese traicionado, no acababa de entender por qué estaba en el ataúd y por qué parecía tan rematadamente muerto.

Las voces de los telekhines sonaron ahora muy cerca.

—¿Qué ha pasado? —gritó uno de los demonios al ver la tapa caída. Me alejé tambaleante del estrado, olvidando que era invisible, y me oculté tras una columna.

—¡Cuidado! —le advirtió el otro demonio—. Tal vez ha despertado. Hemos de ofrecerle ahora los presentes. ¡Inmediatamente!

Los dos telekhines avanzaron arrastrando los pies y se arrodillaron, sujetando la guadaña con su envoltorio de tela.

—Mi señor —dijo uno—. El símbolo de vuestro poder ha sido forjado de nuevo.

Silencio. En el ataúd no sucedió nada.

—Serás idiota —masculló el otro telekhine—. Primero le hace falta el mestizo.

Ethan retrocedió.

—¿Qué significa que le hago falta?

—¡No seas cobarde! —ladró el primer telekhine—. No precisa tu muerte, sólo tu lealtad. Júrale que te pones a su servicio. Renuncia a los dioses. Con eso basta.

—¡No! —grité. Era una estupidez, sin duda, pero salí de mi escondite y destapé el bolígrafo—. ¡No, Ethan!

—¡Un intruso! —Los telekhines me mostraron sus dientes de foca—. Nuestro amo se ocupará de ti enseguida. ¡Deprisa, chico!

—Ethan —supliqué—, no les hagas caso. ¡Ayúdame a destruirlo!

Él se volvió hacia mí. Entre las sombras de su rostro se perfilaba el parche de su ojo. Parecía apenado.

—Te dije que no me perdonaras la vida, Percy. «Ojo por ojo.» ¿Nunca has oído este dicho? Yo aprendí su significado del peor modo... al descubrir de qué divinidad procedo. Soy el hijo de Némesis, diosa de la Venganza. Y fui creado precisamente para esto.

Se volvió hacia el estrado.

—¡Renuncio a los dioses! ¿Qué han hecho ellos por mí? Asistiré a su destrucción. Serviré a Cronos.

El edificio entero retumbó. Una voluta de luz azul se alzó del suelo, a los pies de Ethan Nakamura, y lentamente se deslizó hacia el ataúd y empezó a temblar en el aire, como una nube de pura energía. Luego descendió hacia el sarcófago.

Luke se incorporó de golpe. Abrió los ojos. Ya no eran azules, sino dorados, del mismo color que el féretro. El orificio de su pecho había desaparecido. Estaba completo. Saltó del sarcófago con agilidad. Allí donde sus pies tocaron el suelo, el mármol se congeló dibujando un cráter de hielo.

Miró a Ethan y los telekhines con aquellos espantosos ojos dorados, como si fuese un niño recién nacido y no comprendiera lo que veía. Luego volvió la vista hacia mí y una sonrisa de reconocimiento se dibujó en sus labios.

—Este cuerpo ha sido bien preparado. —Su voz era como la hoja de una cuchilla de afeitar que se deslizara por mi piel. Era la de Luke, sí, pero ya no era de él mismo. Por debajo, resonaba un timbre más horrible: un sonido frío y antiguo, como de un metal arañando una piedra—. ¿No te parece, Percy Jackson?

No podía moverme, ni siquiera responder.

Cronos echó la cabeza atrás y soltó una carcajada. La cicatriz de su rostro se arrugó de un modo siniestro

—Luke te temía —dijo la voz del titán—. Sus celos y su odio han sido instrumentos muy poderosos. Lo han mantenido obediente. Te doy las gracias por ello.

Ethan se derrumbó de puro terror, tapándose la cara con las manos. Los telekhines sostenían la guadaña, temblorosos.

Finalmente, recuperé el valor. Me arrojé sobre aquella cosa que había sido Luke para clavarle la espada en el pecho, pero su piel desvió el golpe como si fuese de acero. Me miró con aire divertido. Luego sacudió la mano y salí volando por los aires.

Me estrellé contra una columna. Me puse de pie penosamente, todavía aturdido por el porrazo, pero Cronos ya había tomado el mango de su guadaña.

—Ah... mucho mejor —dijo—. Luke llamaba *Backbiter* a su espada. Un nombre apropiado, sin duda. Ahora que ha sido forjada de nuevo, ésta también devolverá cada mordedura.

—¿Qué has hecho con Luke? —gemí.

Cronos alzó su guadaña.

—Ahora me sirve con todo su ser, como yo necesitaba. La diferencia es que él te temía, Percy Jackson, y yo no.

Entonces eché a correr. No lo pensé siquiera. No lo sopesé en mi mente, en plan: «¿Qué? ¿Le hago frente e intento luchar otra vez?» Nada de eso. Simplemente me limité a correr.

Pero los pies me pesaban como si fueran de plomo. El tiempo se ralentizó, como si el mundo se hubiera vuelto de gelatina. Ya había tenido esa misma sensación otra vez y sabía que procedía del poder de Cronos. Su presencia era tan intensa que era capaz de doblegar el tiempo por sí solo.

—¡Corre, pequeño héroe! —se burló—. ¡Corre!

Miré hacia atrás y vi que se me acercaba tranquilamente, balanceando su guadaña como si disfrutara de la sensación de tenerla de nuevo en sus manos. Ningún arma bastaría para detenerlo. Ni siquiera una tonelada de bronce celestial.

Lo tenía a tres metros cuando oí un grito:

—¡¡¡Percy!!!

Era Rachel.

Algo pasó volando por mi lado y, al cabo de un instante, un cepillo para el pelo de plástico azul le dio a Cronos en el ojo.

—¡Aj! —gritó éste. Por un momento, pareció únicamente la voz de Luke: una voz llena de sorpresa y de dolor. Noté mis miembros otra vez libres y corrí hacia Rachel, Nico y Annabeth, que estaban en la entrada de la sala, consternados.

—¿Luke? —gritó Annabeth—. ¿Qué...?

Corriendo más deprisa que en toda mi vida, la agarré de la camiseta y la arrastré hacia fuera. Salimos de la fortaleza y casi habíamos llegado a la entrada del laberinto cuando oí el bramido más atroz del mundo: la voz de Cronos, que recuperaba el control.

—¡Salid tras ellos!

—¡No! —gritó Nico. Dio una palmada y una columna de piedra del tamaño de un camión brotó de la tierra justo delante de la fortaleza. El temblor que provocó fue tan intenso que se vinieron abajo sus columnas frontales. Me llegaron, amortiguados, los alaridos de los telekhines que habían quedado atrapados dentro. Una nube de polvo lo cubrió todo.

Nos zambullidos en el laberinto y seguimos corriendo mientras, a nuestra espalda, el señor de los titanes estremecía con su aullido el mundo entero.

# 17

## Habla el dios desaparecido

Corrimos hasta quedar exhaustos. Rachel nos mantenía alejados de las trampas, pero nos movíamos sin otro objetivo que alejarnos de aquella siniestra montaña y del rugido de Cronos.

Nos detuvimos en un túnel de roca blanca y húmeda que parecía formar parte de una cueva natural. No oía que nos siguiera nadie, pero no por eso me sentía más seguro. Aún tenía presentes en mi imaginación aquellos ojos dorados y antinaturales en el rostro de Luke, y también la sensación de que mis miembros se iban petrificando poco a poco.

—No puedo seguir —jadeó Rachel, llevándose las manos al pecho.

Annabeth no había cesado de llorar durante todo el trayecto. Ahora se desplomó y escondió la cara entre las rodillas. El eco de sus sollozos rebotaba por todo el túnel. Nico y yo nos sentamos juntos. Él dejó su espada junto a la mía e inspiró, tembloroso.

—¡Vaya mierda! —dijo, expresión que me pareció que resumía bastante bien la situación.

—¡Nos has salvado la vida! —le dije.

Nico se limpió el polvo de la cara.

—Han sido las chicas las que me han arrastrado hasta allí. Es en lo único en lo que estaban de acuerdo: debíamos ir a ayudarte o acabarías fastidiándolo todo.

—Es agradable saber que confían tanto en mí. —Iluminé la cueva con la linterna. Caían gotas de las estalactitas, como una lluvia en cámara lenta—. Pero tú, Nico... te has delatado.

—¿Qué quieres decir?

—Hombre, esa columna de piedra... Ha sido impresionante. Si Cronos no sabía quién eras, ahora ya lo sabe... un hijo del inframundo.

Nico frunció el ceño.

—¡Qué más da!

Lo dejé correr. Me imaginé que trataba de disimular lo asustado que estaba. No le faltaban motivos, la verdad.

Annabeth alzó la cara. Tenía los ojos irritados de tanto llorar.

—¿Qué... qué le pasaba a Luke? ¿Qué le han hecho?

Le conté lo que había visto en el ataúd: cómo había entrado el último fragmento del espíritu de Cronos en el cuerpo de Luke en cuanto Ethan Nakamura juró ponerse a su servicio.

—No —dijo Annabeth—. No puede ser cierto. Él no podría...

—Se ha sacrificado por Cronos —dije—. Lo siento, Annabeth. Luke ya no existe.

—¡No! —insistió—. Ya has visto lo que ha pasado cuando Rachel le ha golpeado.

Asentí y miré a nuestra guía con respeto.

—Le has dado al señor de los titanes en el ojo con un cepillo para el pelo.

Rachel parecía avergonzada.

—Era lo único que tenía a mano.

—Tú mismo lo has visto —insistió Annabeth—. Al recibir el golpe, se ha quedado aturdido durante un segundo. Ha recobrado el juicio.

—O sea, que Cronos quizá no estaba del todo asentado en su cuerpo, o algo así —deduje—. Lo cual no significa que Luke controlara la situación.

—Quieres que sea un malvado, ¿no es eso? —gritó Annabeth—. Tú no lo conocías, Percy. ¡Yo sí!

—¿Y a ti qué te importa? —le espeté—. ¿Por qué lo defiendes tanto?

—Eh, vosotros dos —terció Rachel—. Dejadlo ya.

Annabeth se volvió hacia ella.

—¡Tú no te metas, mortal! Si no fuera por ti...

Algo iba a decir, pero se le quebró la voz. Bajó la cabeza de nuevo y estalló en sollozos. Me habría gustado consolarla, pero no sabía cómo hacerlo. Aún me sentía aturdido, como si el efecto que había provocado Cronos al volver más lento el paso del tiempo me hubiera afectado el cerebro. No conseguía asimilar todo lo que había visto. Cronos estaba vivo. Armado. Y probablemente se avecinaba el fin del mundo.

—Debemos seguir moviéndonos —dijo Nico—. Habrá enviado en nuestra búsqueda a un montón de monstruos.

Nadie estaba en condiciones de correr, pero Nico tenía razón. Me incorporé con esfuerzo y ayudé a Rachel a levantarse.

—Te has portado muy bien allá arriba —le dije.

Ella esbozó una leve sonrisa.

—Sí, bueno. No quería que murieras. —Se ruborizó—. O sea... simplemente porque, ya me entiendes... me debes demasiados favores. ¿Cómo voy a cobrármelos si te mueres?

Me arrodillé junto a Annabeth.

—Eh. Lo siento. Debemos ponernos en marcha.

—Lo sé —asintió—. Estoy... bien.

Evidentemente, no era cierto. Pero se puso de pie y echamos a caminar penosamente por el laberinto.

—De vuelta a Nueva York —indiqué—. Rachel, ¿podrías...?

Me quedé petrificado. Apenas a un metro, el haz de luz de mi linterna iluminó en el suelo un amasijo pisoteado de tela roja. Era un gorro rasta: el de Grover.


Me temblaban las manos al recoger la prenda. Parecía que la hubiera pisado una enorme bota embarrada. Después de todo lo que había vivido ese día, no podía soportar la mera idea de que a Grover también le hubiera pasado algo.

Entonces me fijé en otra cosa: el suelo de la cueva estaba húmedo y blando, a causa del agua que goteaba de las estalactitas, y se veían unas huellas grandes como las de Tyson y otras más pequeñas —pezuñas de cabra— que se desviaban hacia la izquierda.

—Debemos seguirlas —dije—. Han ido por allí. Tiene que haber sido hace poco.

—¿Y el campamento? —preguntó Nico—. No queda tiempo.

—Hemos de encontrarlos —sentenció Annabeth—. Son nuestros amigos.

Tomó la gorra aplastada de mis manos y echó a andar.

La seguí, preparándome para lo peor. El túnel era traicionero: tenía bruscas pendientes cubiertas de barro. Más que caminar, nos pasábamos casi todo el tiempo resbalando y deslizándonos.

Por fin, bajamos una pronunciada pendiente y nos encontramos en una cueva inmensa con enormes estalagmitas. Por el centro pasaba un río subterráneo. Junto a la orilla, vislumbré la silueta de Tyson. Tenía en el regazo a Grover, que permanecía inmóvil y con los ojos cerrados.

—¡Tyson! —grité.

—¡Percy! ¡Deprisa!

Corrimos a su encuentro. Grover no estaba muerto, gracias a los dioses, pero temblaba de pies a cabeza como si estuviera muriéndose de frío.

—¿Qué ha pasado? —le pregunté.

—Muchas cosas —murmuró Tyson—. Una serpiente gigante. Perros grandiosos. Hombres con espadas... Cuando nos acercábamos aquí, Grover estaba muy nervioso. Ha echado a correr. Hemos llegado a esta cueva, se ha caído y se ha quedado así.

—¿Ha dicho algo? —pregunté.

—Ha dicho: «Estamos cerca.» Luego se ha dado un porrazo en la cabeza.

Me arrodillé junto a él. La única vez que había visto a Grover desmayarse había sido el invierno anterior, cuando había detectado la presencia de Pan.

Enfoqué la caverna con mi linterna. Las rocas relucían. En el otro extremo se veía la entrada a otra cueva, flanqueada por unas gigantescas columnas de cristal que parecían diamantes. Y más allá de aquella entrada...

—Grover —dije—. Despierta.

—Arg.

Annabeth se arrodilló a su lado y le roció la cara con un poco de agua del río, que estaba helada.

—¡Arf! —Movió los párpados—. ¿Percy? ¿Annabeth? ¿Dónde...?

—No pasa nada —le aseguré—. Sólo te has desmayado. La presencia ha sido demasiado para ti.

—Ya... recuerdo. Pan.

—Sí. Hay algo muy poderoso más allá de esas columnas.

Hice unas rápidas presentaciones, porque Tyson y Grover no conocían a Rachel. Tyson le dijo que era muy mona y Annabeth, al oírlo, pareció a punto de echar fuego por la nariz.

—Bueno —dije—. Vamos, Grover. Apóyate en mí.

Entre Annabeth y yo lo levantamos y lo ayudamos a vadear el río subterráneo. La corriente era bastante fuerte. El agua nos llegaba a la cintura. Decidí mantenerme seco, una pequeña habilidad que me resulta muy útil, pero que no podía aplicar a los demás. De todos modos, el frío lo sentía igual, como si estuviera atravesando un ventisquero.

—Creo que estamos en las Cavernas Carlsbad —comentó Annabeth, tiritando y entre castañeteos de dientes—. Quizá una zona aún inexplorada.

—¿Cómo lo sabes?

—Carlsbad está en Nuevo México —dijo—. Lo cual explicaría lo de este invierno.

Asentí. El desmayo de Grover se había producido justamente cuando pasábamos por Nuevo México. Fue allí donde percibió la cercanía del poder de Pan.

Salimos del agua y seguimos caminando. Al aproximarnos, pude apreciar mejor el increíble tamaño de las columnas de cristal y empecé a captar el intenso poder que emanaba de la otra cueva. Había estado otras veces en presencia de los dioses, pero aquello era diferente. La piel me hormigueaba con una energía viva. Mi agotamiento se evaporó de golpe, como si acabase de dormir una noche entera. Sentía cómo aumentaba mi vigor, igual que en esos vídeos que muestran a cámara rápida el desarrollo de una planta. La fragancia procedente de la cueva no tenía nada que ver con el tufo a humedad de los subterráneos. Olía a árboles, a flores, a un cálido día de verano.

Grover gimoteaba de nerviosismo. Yo estaba demasiado atónito para pronunciar palabra. Hasta Nico parecía sin habla. Entramos en la cueva.

—¡Vaya! —exclamó Rachel.

Los muros relucían cubiertos de cristales rojos, verdes y azules. Bajo aquella luz extraña, crecían plantas preciosas: orquídeas gigantes, flores con forma de estrella, enredaderas cargadas de bayas anaranjadas y moradas que trepaban entre los cristales. El suelo estaba alfombrado con un musgo verde y mullido. El techo era más alto que el de una catedral y destellaba como una galaxia repleta de estrellas. En el centro de la cueva había un lecho romano de madera dorada con forma de U, cubierto de almohadones de terciopelo. Alrededor se veían animales ganduleando, pero eran seres que ya no existían, que no deberían haber estado vivos. Había un pájaro dodo, una criatura que venía a ser un cruce entre un lobo y un tigre, un enorme roedor que parecía la madre de todas las cobayas y, algo más atrás, recogiendo bayas con su trompa, un mamut lanudo.

Sobre el lecho reposaba un viejo sátiro. Mientras nos acercábamos, nos observó con unos ojos azules como el cielo. Su pelo ensortijado, y también su barba puntiaguda, eran completamente blancos; incluso el pelaje de sus patas estaba escarchado de gris. Tenía unos cuernos enormes y retorcidos de un marrón reluciente que habría sido imposible disimular con un gorro como hacía Grover. Llevaba colgado del cuello un juego de flautas de junco.

Grover cayó ante él de rodillas.

—¡Señor Pan!

El dios sonrió gentilmente, pero había una expresión de tristeza en sus ojos.

—Grover, mi querido y valeroso sátiro. Te he esperado mucho tiempo.

—Me... perdí —se disculpó él.

Pan se echó a reír con un sonido maravilloso, como una brisa primaveral que llenó de esperanza la cueva entera. El tigre-lobo dio un suspiro y apoyó la cabeza en la rodilla del dios. El dodo le picoteó cariñosamente las pezuñas y produjo una cadencia extraña. Habría jurado que tarareaba la canción de Disney *It's a Small World*.

Pese a todo, Pan parecía cansado. Su forma entera temblaba como si estuviera hecha de niebla.

Me di cuenta de que todos mis amigos se habían arrodillado y tenían una expresión de pavor y veneración en la cara, así que yo también me puse de rodillas.

—Vuestro pájaro dodo tararea —comenté a lo tonto.

Los ojos del dios centellearon.

—Sí, se llama *Dede*. Mi pequeña actriz.

*Dede*, la dodo, pareció ofendida. Le dio un picotazo a Pan en la rodilla y tarareó una melodía que sonaba como una marcha fúnebre.

—¡Éste es el lugar más hermoso del mundo! —dijo Annabeth—. ¡Más que cualquier edificio construido a lo largo de la historia!

—Me alegra que te guste, querida —respondió Pan—. Es uno de los últimos lugares salvajes. Arriba, me temo que mi reino ha desaparecido. Sólo quedan algunos reductos, diminutas islas de vida. Ésta permanecerá intacta... durante algo más de tiempo.

—Mi señor —intervino Grover—, ¡por favor, tenéis que volver conmigo! ¡Los viejos Sabios no se lo van a creer! ¡Se pondrán contentísimos! ¡Aún podéis salvar la vida salvaje!

Pan le puso la mano en la cabeza y le alborotó su pelo ensortijado.

—Qué joven eres, Grover. Qué bueno y qué fiel. Creo que escogí bien.

—¿Escogisteis? —dijo él—. N... no comprendo.

La imagen de Pan parpadeó y por un instante se convirtió en humo. La cobaya gigante se deslizó corriendo bajo el lecho con un chillido de terror. El mamut lanudo soltó un gruñido y *Dede* escondió la cabeza bajo el ala. Pan volvió a formarse enseguida.

—He dormido durante muchos eones —explicó el dios, con aire desolado—. He tenido sueños sombríos. Me he despertado a ratos y mi vigilia cada vez ha sido más breve. Ahora nos acercamos al fin.

—¿Cómo? —gritó Grover—. Pero ¡no es así! ¡Estáis aquí!

—Mi querido sátiro —suspiró Pan—. Ya traté de decírselo al mundo hace dos mil años. Se lo anuncié a Lysas, un sátiro muy parecido a ti que vivía en Éfeso, y él intentó propagar la noticia.

Annabeth abrió los ojos como platos.

—Es la antigua leyenda. Un marinero que pasaba junto a las costas de Éfeso oyó una voz que gritaba desde la orilla: «¡Diles que el gran dios Pan ha muerto!»

—¡Pero no era cierto! —estalló Grover.

—Los de tu especie nunca lo creyeron —admitió Pan—. Vosotros, dulces y testarudos sátiros, os negasteis a aceptar mi muerte. Y os quiero por ello, pero no habéis hecho más que retrasar lo inevitable. Sólo habéis prolongado mi larga y dolorosa agonía, mi oscuro sueño crepuscular. Pero ahora debe llegar a su fin.

—¡No! —protestó Grover con voz temblorosa.

—Querido Grover —repuso Pan—, debes aceptar la verdad. Tu compañero, Nico, lo entiende.

Nico asintió lentamente.

—Se está muriendo. Debería haber muerto hace mucho. Esto... es como una especie de recuerdo.

—Pero los dioses no pueden morir —alegó Grover.

—Pueden desvanecerse —dijo Pan—. Cuando todo lo que representaban ya no existe. Cuando dejan de tener poder y sus lugares sagrados desaparecen. La vida salvaje, querido Grover, es tan reducida y tan precaria que ningún dios es capaz de salvarla. Mi reino se ha esfumado. Por eso te necesito, para que transmitas un mensaje. Debes regresar ante el Consejo. Debes comunicar a los sátiros, y a las dríadas, y a los demás espíritus de la naturaleza que el gran dios Pan ha muerto. Relátales mi muerte, porque han de dejar de esperar que vaya a salvarlos. Ya no está en mi mano hacerlo. La única salvación debéis buscarla vosotros mismos. Cada uno de vosotros ha de...

Se detuvo y miró ceñudo al pájaro dodo, que se había puesto a tararear otra vez.

—¿Qué haces, *Dede*? —preguntó Pan—. ¿Estás cantando *Kumbayá* otra vez?

La dodo alzó sus ojos amarillos con aire inocente y parpadeó.

Pan suspiró.

—Todo el mundo se ha vuelto cínico. Pero, como iba diciendo, mi querido Grover, cada uno de vosotros debe asumir mi labor.

—Pero... ¡no! —gimoteó él.

—Sé fuerte —dijo Pan—. Me has encontrado. Y ahora has de liberarme. Debes perpetuar mi espíritu. Ya no puede encarnarlo un dios. Habéis de asumirlo todos vosotros.

Pan me miró con sus claros ojos azules y comprendí que se refería no sólo a los sátiros, sino también a los mestizos y a los humanos. A todos.

—Percy Jackson —prosiguió el dios—, sé lo que has visto hoy. Conozco tus dudas. Pero te doy una noticia: cuando llegue la hora, el miedo no se adueñará de ti.

Se volvió hacia Annabeth.

—Hija de Atenea, tu hora se acerca. Desempeñarás un gran papel, aunque tal vez no sea el que imaginas.

Luego miró a Tyson.

—Maestro cíclope, no desesperes. Los héroes casi nunca están a la altura de nuestras esperanzas. Pero en tu caso, Tyson, tu nombre perdurará entre los de tu raza durante generaciones. Y señorita Rachel Dare...

Ella se sobresaltó al oír su nombre y retrocedió como si fuese culpable de algo malo. Pero Pan se limitó a sonreír. Alzó la mano en señal de bendición.

—Ya sé que piensas que no puedes arreglar nada —continuó—. Pero eres tan importante como tu padre.

—Yo... —Rachel titubeó. Una lágrima se deslizó por su mejilla.

—Sé que ahora no lo crees —señaló Pan—. Pero busca las ocasiones propicias. Se presentarán.

Finalmente se volvió de nuevo hacia Grover.

—Mi querido sátiro —dijo Pan bondadosamente—, ¿transmitirás mi mensaje?

—N... no puedo.

—Sí puedes —aseguró Pan—. Eres el más fuerte y el más valiente. Tienes un corazón puro. Has creído en mí más que nadie. Por eso debes ser tú quien lleve el mensaje, por eso debes ser el primero en liberarme.

—No quiero hacerlo.

—Lo sé. Escucha. «Pan» significaba originalmente «rústico», ¿lo sabías? Pero con el tiempo ha acabado significando «todo». El espíritu de lo salvaje debe pasar ahora a todos vosotros. Tienes que decírselo a todo aquél que encuentres en tu camino. Si buscáis a Pan, debéis asumir su espíritu. Rehaced el mundo salvaje, aunque sea poco a poco, cada uno en vuestro rincón del mundo. No podéis aguardar a que sea otro, ni siquiera un dios, quien lo haga por vosotros.

Grover se secó los ojos y se puso de pie lentamente.

—He pasado toda mi vida buscándoos. Y ahora... os libero.

Pan sonrió.

—Gracias, querido sátiro. Mi última bendición.

Cerró los ojos y se disolvió. Una niebla blanca se deshilachó en volutas de energía, aunque no era espeluznante como el resplandor azul de Cronos. La niebla inundó la cueva. Una voluta me entró en la boca, y en la de Grover y los demás, aunque creo que al sátiro le correspondió una parte más grande. Lentamente, los cristales se fueron apagando. Los animales nos miraron con tristeza. *Dede*, la dodo, suspiró. Luego se volvieron todos grises y quedaron convertidos en un montón de polvo. Las enredaderas se marchitaron. Y por fin nos encontramos solos ante un lecho vacío, en mitad de una cueva oscura.

Encendí la linterna.

Grover respiró hondo.

—¿Te... encuentras bien? —le pregunté.

Parecía más viejo y más triste. Tomó su gorra de las manos de Annabeth, sacudió el barro y se la encasquetó sobre su pelo rizado.

—Hemos de irnos y contárselo a todos —declaró—. El gran dios Pan ha muerto.

# 18

## Grover provoca una estampida

Las distancias eran más cortas en el laberinto. Aun así, cuando llegamos otra vez a Times Square, guiados por Rachel, me sentía como si hubiese hecho todo el camino a pie desde Nuevo México. Salimos al sótano del hotel Marriot y emergimos por fin a la luz deslumbrante de un día veraniego. Aturdidos y guiñando los ojos, contemplamos el tráfico y la muchedumbre. No sabía qué resultaba más irreal: Nueva York o la cueva de cristal en que había visto morir a un dios.

Abrí la marcha hasta llegar a un callejón, donde podía obtener un buen eco. Silbé con todas mis fuerzas cinco veces.

Un minuto más tarde, Rachel sofocó un grito.

—¡Son preciosos!

Un rebaño de pegasos bajó del cielo en picado entre los rascacielos. *Blackjack* iba delante; lo seguían otros cuatro colegas de color blanco.

«¡Eh, jefe! —me dijo mentalmente—. ¡Está vivo!»

—Sí —le respondí—. Soy un tipo con suerte. Escucha, necesito que nos lleves al campamento. Pero muy deprisa.

«¡Mi especialidad! Ah, vaya, ¿ha venido con ese cíclope? Eh, *Guido*, ¿qué tal tienes ese lomo?»

El pegaso *Guido* gimió y protestó, pero al final accedió a llevar a Tyson. Todo el mundo empezó a montar, salvo Rachel.

—Bueno —me dijo—. Supongo que esto se ha acabado.

Asentí, incómodo. Ambos sabíamos que no podía acompañarnos al campamento. Miré un momento a Annabeth, que se hacía la ocupada con su pegaso.

—Gracias, Rachel —dije—. No lo habríamos logrado sin ti.

—No me lo habría perdido por nada del mundo. Bueno, salvo lo de estar a punto de morir, y lo de Pan... —Le flaqueó la voz.

—Dijo algo de tu padre —recordé—. ¿A qué se refería?

Rachel retorció la correa de su mochila.

—Mi padre... El trabajo de mi padre... Bueno, es una especie de hombre de negocios famoso.

—¿Quieres decir que... eres rica?

—Pues... sí.

—¿Así fue como lograste que nos ayudara el chófer? Pronunciaste el nombre de tu padre y...

—Sí —me cortó Rachel—. Percy... mi padre es promotor. Viaja por todo el mundo en busca de zonas poco desarrolladas. —Inspiró, temblorosa—. Las zonas vírgenes... Él las compra. Es horrible, pero desbroza la vegetación, divide la tierra en parcelas y construye centros comerciales. Y ahora que he visto a Pan... La muerte de Pan...

—Pero no debes culparte por eso.

—No sabes lo peor. No... no me gusta hablar de mi familia. No quería que lo supieras. Perdona. No debería haberte contado nada.

—No —repliqué—, has hecho lo mejor. Mira, Rachel, te has portado de maravilla. Nos has guiado por el laberinto. Has demostrado un gran valor. Eso es lo único que yo valoro, me tiene sin cuidado lo que haga tu padre.

Rachel me miró, agradecida.

—Bueno... Si alguna vez te apetece dar una vuelta con una mortal... puedes llamarme y eso.

—Ah, sí. Claro. ·

Arqueó las cejas. Supongo que no demostré mucho entusiasmo, aunque no era eso lo que pretendía. Simplemente, no sabía muy bien qué decir delante de todos mis amigos. Además, supongo que me había hecho un buen lío con mis sentimientos en los dos últimos días.

—Quiero decir... me gustaría —añadí.

—Mi número no está en la guía —dijo ella.

—Lo tengo.

—¿Aún no se ha borrado? Imposible.

—No. Eh... me lo aprendí de memoria.

Su sonrisa reapareció lentamente, ahora más luminosa.

—Nos vemos, Percy Jackson. Ve a salvar el mundo por mí, ¿vale?

Echó a andar por la Séptima Avenida y desapareció entre la multitud.

Al regresar junto a los caballos, vi que Nico tenía problemas. Su pegaso retrocedía una y otra vez, y no se dejaba montar.

«¡Huele como los muertos!», protestaba el animal.

«Bueno, bueno —dijo *Blackjack*—. Venga, *Porkpie*. Hay cantidad de semidioses que huelen mal. No es culpa suya. Ah... eh, no me refería a usted, jefe.»

—¡Marchaos sin mí! —dijo Nico—. No quiero volver a ese campamento, de todos modos.

—Nico —repliqué—, necesitamos tu ayuda.

Él se cruzó de brazos y frunció el ceño. Annabeth le puso una mano en el hombro.

—Nico. Por favor.

Poco a poco, su expresión se fue suavizando.

—Está bien —accedió, de mala gana—. Lo hago por ti. Pero no voy a quedarme.

Miré a Annabeth arqueando una ceja, como diciendo: «¿Desde cuándo te hace caso a ti?» Ella me sacó la lengua.

Por fin montamos todos y salimos disparados por el aire. Muy pronto sobrevolábamos el East River mientras toda la panorámica de Long Island se extendía a nuestros pies.

Aterrizamos en mitad de la zona de las cabañas y enseguida salieron a recibirnos Quirón y Sileno, el sátiro barrigón, junto con un par de arqueros de Apolo. Quirón arqueó una ceja cuando vio a Nico, pero si yo esperaba sorprenderle con nuestras últimas noticias, o sea, al contarle que Quintus era Dédalo y que Cronos se había alzado, me llevé un buen chasco.

—Me lo temía —dijo—. Debemos apresurarnos. Esperemos que hayas logrado retrasar un poco al señor de los titanes, pero la vanguardia de su ejército ya debe de estar en camino. Y llegará sedienta de sangre. La mayor parte de nuestros defensores se halla en sus puestos. ¡Venid!

—Un momento —intervino Sileno—. ¿Qué hay de la búsqueda de Pan? ¡Llegas con casi tres semanas de retraso, Grover Underwood! ¡Tu permiso de buscador ha sido revocado!

Mi amigo sátiro respiró hondo. Se enderezó y miró a Sileno a los ojos.

—Los permisos de buscador ya no importan. El gran dios Pan ha muerto. Ha fallecido y nos ha dejado su espíritu.

—¿Qué? —Sileno se había puesto rojo como la grana—. ¡Sacrilegios y mentiras! ¡Grover Underwood, serás exiliado por hablar así!

—Es la verdad —corroboré—. Nosotros estábamos presentes cuando murió. Todos nosotros.

—¡Imposible! ¡Sois unos mentirosos! ¡Destructores de la naturaleza!

Quirón miró a Grover fijamente.

—Hablaremos de eso más tarde.

—¡Hablaremos ahora! —exigió Sileno—. ¡Hemos de ocuparnos...!

—Sileno —lo cortó Quirón—. Mi campamento está siendo atacado. El asunto de Pan ha podido esperar dos mil años. Me temo que deberá esperar un poquito más. Siempre y cuando sigamos aquí esta noche.

Y con esta nota de optimismo, preparó su arco y echó a galopar hacia el bosque. Los demás nos apresuramos a seguirlo.


Aquélla era la mayor operación militar que había visto en el campamento. Todo el mundo estaba en el claro del bosque, con la armadura de combate completa, pero esta vez no era para jugar a capturar la bandera. La cabaña de Hefesto había colocado trampas alrededor de la entrada del laberinto: alambre de espino, fosos llenos de frascos de fuego griego e hileras de estacas aguzadas capaces de repeler una carga. Beckendorf se ocupaba de dos catapultas grandes como un camión, que ya estaban cargadas y orientadas hacia el Puño de Zeus. La cabaña de Ares se había situado en primera línea y ensayaba una formación de falange a las órdenes de Clarisse. Los miembros de las cabañas de Apolo y Hermes se habían dispersado por el bosque, con los arcos preparados. Muchos habían tomado posiciones en los árboles. Incluso las dríadas estaban armadas con arcos y flechas, y los sátiros trotaban de acá para allá con porras de madera y escudos hechos de corteza basta y sin pulir.

Annabeth corrió a unirse a sus compañeras de la cabaña de Atenea, que habían instalado una tienda de mando y dirigían las operaciones. Una gran pancarta con una lechuza parpadeaba en el exterior de la carpa. Nuestro jefe de seguridad, Argos, hacia guardia en la puerta. Las hijas de Afrodita se afanaban ayudando a todo el mundo a colocarse la armadura y ofreciéndose a desenredar los nudos de nuestros penachos de crin. Incluso los chicos de Dioniso habían encontrado algo que hacer. Al dios en persona no se le veía aún por ninguna parte, pero sus dos rubios hijos gemelos andaban repartiendo botellas de agua y cajas de zumo entre los sudorosos guerreros.

Parecía estar todo muy bien organizado, pero Quirón murmuró a mi lado:

—No bastará.

Pensé en lo que había visto en el laberinto: en los monstruos de la pista de combate de Anteo, en el poder de Cronos que yo había sentido en persona en el monte Tamalpais, y se me cayó el alma a los pies. Seguramente Quirón estaba en lo cierto, pero aquél era el ejército que habíamos logrado reunir. Por una vez, me habría gustado que Dioniso estuviera allí, aunque incluso en ese caso no estaba seguro de que hubiera podido hacer nada. Cuando se desataba la guerra, los dioses tenían prohibido intervenir directamente. Por lo visto, los titanes no creían en esa clase de restricciones.

Grover hablaba con Enebro en lo más alejado del claro. Ella le había tomado las manos mientras escuchaba de sus labios el relato de nuestra aventura. Se le saltaron unas lágrimas verdes al enterarse de lo que le había ocurrido a Pan.

Tyson ayudaba a los chavales de Hefesto a preparar las defensas. Tomaba rocas enormes y las apilaba como munición junto a las catapultas.

—Quédate a mi lado por ahora, Percy —indicó Quirón—. Cuando empiece la lucha, quiero que esperes hasta que sepamos con qué nos enfrentamos. Debes acudir a donde sean más necesarios los refuerzos.

—Vi a Cronos —le dije, todavía estupefacto yo mismo—. Lo miré fijamente a los ojos. Era Luke... pero no lo era.

Quirón deslizó los dedos por la cuerda de su arco.

—Supongo que tenía los ojos dorados. Y que el tiempo, en su presencia, parecía volverse líquido.

Asentí.

—¿Cómo ha podido apoderarse de un cuerpo mortal?

—No lo sé, Percy. Los dioses han asumido la apariencia de seres mortales durante siglos. Pero convertirse realmente en uno de ellos... mezclar la forma divina con la mortal... No sé cómo podría hacerse sin que la forma de Luke se hiciera ceniza.

—Cronos dijo que su cuerpo había sido preparado.

—Cuando pienso en lo que significa eso me entran escalofríos. Pero quizá limite el poder de Cronos. Durante algún tiempo, al menos, se halla confinado en una forma humana. Ésta lo mantiene de una pieza. Ojalá también restrinja su potencia.

—Quirón, si es él quien dirige este ataque...

—No lo creo, muchacho. Si se estuviera acercando yo lo notaría. No dudo de que lo tuviera planeado así, pero creo que al hacer que se desmoronase la sala del trono sobre él le complicaste las cosas. —Me miró con una expresión de reproche—. Tú y tu amigo Nico, hijo de Hades.

Sentí un nudo en la garganta.

—Perdona, Quirón. Sé que debería habértelo contado. Es sólo...

Él alzó la mano.

—Entiendo por qué lo hiciste, Percy. Te sentías responsable. Tratabas de protegerlo. Pero, si queremos salir vivos de todo esto, hemos de confiar el uno en el otro. Debemos...

Le flaqueó la voz. El suelo había empezado a temblar bajo nuestros pies.

Todo el mundo se quedó inmóvil. Clarisse gritó una única orden:

—¡Juntad los escudos!

Entonces el ejército del señor de los titanes surgió como una explosión de la boca del laberinto.

Había asistido a muchos combates en mi vida, pero aquello era una batalla a gran escala. Lo primero que vi fue una docena de gigantes lestrigones que brotaban del subsuelo como un volcán, gritando con tal fuerza que creí que iban a estallarme los tímpanos. Llevaban escudos hechos con coches aplastados y porras que eran troncos de árboles rematados con pinchos oxidados. Uno de los gigantes se dirigió con un rugido hacia la falange de Ares, le asestó un golpe con su porra y la cabaña entera salió despedida: una docena de guerreros volando por los aires como muñecos de trapo.

«¡Fuego!», gritó Beckendorf. Las catapultas entraron en acción. Dos grandes rocas volaron hacia los gigantes. Una rebotó en un coche-escudo sin apenas hacerle mella, pero la otra le dio en el pecho a un lestrigón y el gigante se vino abajo. Los arqueros de Apolo lanzaron una descarga y, en un abrir y cerrar de ojos, brotaron docenas de flechas en las armaduras de los gigantes, como si fueran púas de erizo. Algunas se abrieron paso entre las junturas de las piezas de metal y varios gigantes se volatilizaron al ser heridos por el bronce celestial.

Pero, cuando ya parecía que los lestrigones estaban a punto de ser arrollados, surgió la siguiente oleada del laberinto: treinta, tal vez cuarenta *dracaenae* con armadura griega completa, que empuñaban lanzas y redes y se dispersaron en todas direcciones. Algunas cayeron en las trampas que habían tendido los de la cabaña de Hefesto. Una de ellas se quedó atascada entre las estacas y se convirtió en un blanco fácil para los arqueros. Otra accionó un alambre tendido a ras del suelo y, en el acto, estallaron los tarros de fuego griego y las llamas se tragaron a varias mujeres serpiente, aunque seguían llegando muchas más. Argos y los guerreros de Atenea se apresuraron a hacerles frente. Vi que Annabeth desenvainaba su espada y empezaba a luchar con ellas. Tyson, por su parte, cabalgaba sobre un gigante. Se las había ingeniado para trepar a su espalda y le arreaba en la cabeza con un escudo de bronce.

*¡Dong! ¡Dong! ¡Dong!*

Quirón apuntaba con calma y disparaba una flecha tras otra, derribando a un monstruo cada vez, pero seguían surgiendo más enemigos del laberinto. Y finalmente, salió un perro del infierno que no era la *Señorita O'Leary* y arremetió contra los sátiros.

—¡¡¡Allí!!! —me gritó Quirón.

Saqué a *Contracorriente* y me lancé a la carga.

Mientras cruzaba a toda velocidad el campo de batalla, vi cosas terribles. Un mestizo enemigo luchaba con un hijo de Dioniso en un combate muy desigual. El enemigo le dio un tajo en el brazo y luego un golpe en la cabeza con el pomo de la espada. El hijo de Dioniso se desmoronó. Otro guerrero enemigo lanzaba flechas incendiarias a los árboles, sembrando el pánico entre nuestros arqueros y entre las dríadas.

Una docena de *dracaenae* abandonó el combate y se deslizó por el camino que conducía al campamento, como si supieran muy bien adónde se dirigían. Si llegaban allí, podrían incendiar el lugar entero. No encontrarían la menor resistencia.

El único que se hallaba cerca era Nico di Angelo, que acababa de clavarle su espada a un telekhine. La hoja negra de hierro estigio absorbió la esencia del monstruo y chupó su energía hasta convertirlo en un montón de polvo.

—¡Nico! —grité.

Miró hacia donde yo señalaba, vio a las mujeres serpiente y comprendió en el acto.

Inspiró hondo y extendió su negra espada.

—¡Obedéceme! —ordenó.

La tierra tembló. Frente a las *dracaenae* se abrió una grieta de la que surgió una docena de guerreros muertos. Eran cadáveres espeluznantes con uniformes militares de distintos períodos históricos: revolucionarios norteamericanos de la guerra de Independencia, centuriones romanos, oficiales de la caballería de Napoleón con esqueletos de caballo... Todos a una, sacaron sus espadas y se abalanzaron sobre las *dracaenae*. Nico cayó de rodillas; no tuve tiempo de comprobar si se encontraba bien.

Corrí al encuentro del perro del infierno, que estaba haciendo retroceder a los sátiros hacia el bosque. La bestia le lanzó una dentellada a un sátiro, que se apartó con agilidad, pero el golpe lo recibió otro más lento y éste se desplomó con el escudo de corteza destrozado.

—¡Eh! —grité.

El perro del infierno se volvió con un gruñido y saltó sobre mí. Me habría hecho pedazos con sus garras, pero al caer al suelo me encontré un recipiente de barro: uno de los tarros de fuego griego de Beckendorf. Me apresuré a arrojárselo a las fauces y la criatura estalló en llamas. Me aparté, jadeando.

El sátiro que había sido pisoteado por el perro del infierno no se movía. Corrí a ver cómo estaba, pero en ese momento oí la voz de Grover:

—¡Percy!

Se había desatado un incendio en el bosque. El fuego rugía a tres metros del árbol de Enebro, y ella y Grover estaban enloquecidos tratando de salvarlo. Él tocaba una canción de lluvia con sus flautas mientras Enebro, ya a la desesperada, trataba de apagar las llamas con su chal verde, aunque lo único que conseguía era empeorar las cosas.

Corrí hacia ellos, saltando entre distintos contendientes y colándome entre las piernas de los gigantes. La fuente de agua más cercana era el arroyo, que quedaba casi a un kilómetro... Tenía que hacer algo. Me concentré. Sentí un tirón en las entrañas y un fragor en los oídos. Un muro de agua avanzó de repente entre los árboles, sofocó el incendio y dejó empapados a Enebro, Grover y casi todos los demás.

El sátiro escupió un chorro de agua.

—¡Gracias, Percy!

—¡De nada! —Regresé corriendo al combate, al tiempo que la parejita me seguía. Él tenía una porra en la mano y ella, una fusta como las que usaban antiguamente en los colegios. Se la veía muy enfadada, como si estuviera dispuesta a zurrarle a alguien en el trasero.

Cuando ya parecía que la batalla estaba otra vez equilibrada y que quizá teníamos alguna posibilidad, nos llegó desde el laberinto el eco de un chillido sobrenatural: un ruido que en mi vida había oído.

Y súbitamente Campe salió disparada hacia el cielo, con sus alas de murciélago desplegadas, y fue a aterrizar en lo alto del Puño de Zeus, desde donde examinó la carnicería. Su rostro estaba inundado de una euforia maligna. Las cabezas mutantes de animales le crecían en la cintura y las serpientes silbaban y se le arremolinaban alrededor de las piernas. En la mano derecha sostenía un ovillo reluciente de hilo, el de Ariadna, pero enseguida lo guardó en la boca de un león, como si fuera un bolsillo, y sacó sus dos espadas curvas. Las hojas brillaban con su habitual fulgor verde venenoso. Campe soltó un chillido triunfal y algunos campistas gritaron despavoridos; otros trataron de huir corriendo y fueron pisoteados por los perros del infierno o por los gigantes.

—¡Dioses inmortales! —gritó Quirón. Apuntó con su arco, pero Campe pareció detectar su presencia y echó a volar a una velocidad asombrosa. La flecha pasó zumbando sobre su cabeza sin causarle ningún daño.

Tyson se soltó del gigante al que había aporreado hasta dejarlo fuera de combate. Corrió hacia nuestras líneas, gritando:

—¡En vuestros puestos! ¡No huyáis! ¡Luchad!

Un perro del infierno saltó entonces sobre él y ambos rodaron por el suelo.

Campe aterrizó sobre la tienda de mando de Atenea y la aplastó. Corrí hacia ella y me encontré en compañía de Annabeth, que se puso a mi altura con la espada en la mano.

—Esto puede ser el final —dijo.

—Tal vez.

—Ha sido un placer combatir contigo, sesos de alga.

—Lo mismo digo.

Nos lanzamos juntos al encuentro del monstruo. Campe soltó un silbido y nos lanzó sendas estocadas. Hice una finta para intentar distraerla, mientras Annabeth le daba un mandoble, pero la bestia parecía capaz de combatir con ambas manos a la vez. Paró el golpe de Annabeth y ésta tuvo que retroceder de un salto para evitar la nube de veneno. Permanecer cerca de aquella criatura era como meterse en una niebla ácida. Los ojos me escocían y no lograba llenar los pulmones. Sabía que no podríamos mantenernos firmes más que unos segundos.

—¡Vamos! —grité—. ¡Necesitamos ayuda!

Pero no llegaba nadie. Unos se habían desmoronado y otros luchaban para salvar su propia vida o estaban demasiado aterrorizados para avanzar. Tres flechas de Quirón surgieron de repente en el pecho de Campe, pero ella se limitó a rugir con más fuerza.

—¡Ahora! —exclamó Annabeth.

Cargamos juntos, esquivamos los tajos del monstruo, rebasamos su guardia y casi... casi habíamos logrado clavarle nuestras espadas en el pecho cuando de su cintura brotó la cabeza de un oso gigante y tuvimos que retroceder a trompicones para que no nos diese un mordisco mortal.

*¡BRUUUM!*

Se me nubló de golpe la vista. Cuando quise darme cuenta, Annabeth y yo estábamos en el suelo. El monstruo tenía las patas delanteras sobre nosotros y nos sujetaba firmemente. Cientos de serpientes se deslizaban sobre mí, con unos silbidos que parecían carcajadas. Campe alzó sus dos espadas teñidas de verde y comprendí que ya no teníamos salida.

Entonces oí un aullido detrás de mí. Una enorme sombra se abalanzó sobre Campe, quitándola bruscamente de en medio. Ahora era la mole de la *Señorita O'Leary* lo que teníamos encima, soltando gruñidos y lanzándole dentelladas al monstruo.

—¡Buena chica! —dijo una voz conocida. Dédalo se abría paso con su espada desde la entrada del laberinto, abatiendo enemigos a diestra y siniestra y aproximándose a nosotros. Había alguien más a su lado: un gigante muchísimo más alto que los lestrigones, con un centenar de brazos sinuosos y cada uno de ellos con una roca de buen tamaño.

—¡Briares! —gritó Tyson, asombrado.

—¡Hola, hermanito! —bramó el gigante—. ¡Aguanta!

Y mientras la *Señorita O'Leary* se hacía rápidamente a un lado, el centímano le lanzó a Campe una ráfaga de rocas que parecían aumentar de tamaño al salir de sus manos. Y eran tantas que parecía que la mitad de la tierra hubiera aprendido a volar.

*¡BRUUUUUM!*

Allí donde se hallaba Campe un segundo antes sólo vi de repente una montaña de rocas casi tan grande como el

Puño de Zeus. El único signo de que el monstruo había existido eran dos puntas verdes de espada que sobresalían por las grietas.

Una oleada de vítores estalló entre los campistas. Pero nuestros enemigos no estaban vencidos aún.

—¡Acabad con ellos! —chilló una *dracaena*—. ¡Matadlos a todos o Cronos os desollará vivos!

Por lo visto aquella amenaza era más terrorífica que nosotros mismos. Los gigantes se lanzaron en tropel en un último y desesperado intento. Uno de ellos sorprendió a Quirón con un golpe oblicuo en las patas traseras, que lo hizo trastabillar y caer. Otros seis gigantes gritaron eufóricos y avanzaron corriendo.

—¡No! —grité, pero estaba demasiado lejos para echar una mano.

Y entonces sucedió. Grover abrió la boca y de ella surgió el sonido más horrible que he oído. Era como una trompeta amplificada mil veces: el sonido del miedo en estado puro.

Los secuaces de Cronos, todos a una, soltaron sus armas y echaron a correr como si en ello les fuera la vida. Los gigantes pisotearon a las *dracaenae* para huir primero por el laberinto. Los telekhines, los perros del infierno y los mestizos enemigos se apresuraban tras ellos a tropezones. El túnel se cerró, retumbando. La batalla había llegado a su fin. El claro se quedó de repente en silencio, salvo por el crepitar del fuego en el bosque y los lamentos de los heridos.

Ayudé a Annabeth a ponerse de pie y corrimos hacia Quirón.

—¿Te encuentras bien? —le pregunté.

Estaba tendido de lado, tratando en vano de levantarse.

—¡Qué embarazoso! —masculló—. Creo que me recuperaré. Por suerte, nosotros no les pegamos un tiro a los centauros cuando tienen... ¡aj!, una pata rota.

—Necesitas ayuda —dijo Annabeth—. Voy a buscar a un médico de la cabaña de Apolo.

—No —insistió Quirón—. Hay heridas más importantes que atender. ¡Dejadme! Estoy bien. Grover... luego tenemos que hablar de cómo has hecho eso.

—Ha sido increíble —asentí.

Grover se ruborizó.

—No sé de dónde me ha salido.

Enebro lo abrazó con fuerza.

—¡Yo sí lo sé!

Antes de que pudiera añadir más, Tyson me llamó:

—¡Percy, deprisa! ¡Es Nico!

Su ropa negra despedía humo. Tenía los dedos agarrotados y la hierba alrededor de su cuerpo se había vuelto amarilla y se había secado.

Le di la vuelta con todo cuidado y le puse la mano en el pecho. El corazón le latía débilmente.

—¡Traed néctar! —grité.

Uno de los campistas de Ares se acercó cojeando y me tendió una cantimplora. Le eché a Nico en la boca un chorro de la bebida mágica. Empezó a toser y farfullar, pero sus párpados temblaron y se acabaron abriendo.

—¿Qué te ha pasado, Nico? —pregunté—. ¿Puedes hablar?

Asintió débilmente.

—Nunca había intentado convocar a tantos a la vez. Me pondré bien.

Lo ayudamos a sentarse y le di un poco más de néctar. Nos miró parpadeando, como si tratara de recordar quiénes éramos, y se fijó en alguien que estaba a mi espalda.

—Dédalo —graznó.

—Sí, muchacho —dijo el inventor—. Cometí un gran error. He venido a corregirlo.

Tenía varias heridas que sangraban aceite dorado, pero daba la impresión de estar mejor que la mayoría de nosotros. Al parecer, su cuerpo de autómata se curaba por sí solo rápidamente. La *Señorita O'Leary* le lamía las heridas de la cabeza y le iba dejando el pelo levantado de un modo muy gracioso. Un poco más allá, vi a Briares rodeado de un grupo de campistas y de sátiros maravillados. Tenía un aire tímido, pero estaba firmando autógrafos en armaduras, escudos y camisetas.

—Me encontré con el centímano mientras recorría el laberinto —explicó Dédalo—. Había tenido la misma idea, o sea, venir a echar una mano, pero se había perdido. Nos entendimos enseguida. Los dos veníamos a enmendar nuestras faltas.

—¡Yuju! —Tyson se puso a dar saltos de alegría—. ¡Sabía que vendrías, Briares!

—Yo no lo sabía —dijo el centimano—. Pero tú me ayudaste a recordar quién soy, cíclope. Eres tú el héroe.

Tyson se ruborizó, pero yo le di una palmada en la espalda.

—Lo sé desde hace mucho tiempo —dije—. Pero, Dédalo... el ejército del titán sigue ahí abajo. Incluso sin el hilo, regresarán. Darán con el camino tarde o temprano, y esta vez con Cronos al frente.

Dédalo envainó su espada.

—Tienes razón. Mientras el laberinto siga ahí, vuestros enemigos podrán usarlo. Ése es el motivo por el que no puede seguir existiendo.

Annabeth se quedó mirándolo.

—Pero ¡tú dijiste que el laberinto está ligado a tu fuerza vital! Mientras estés vivo...

—Sí, mi joven arquitecta —asintió Dédalo—. Cuando yo muera, el laberinto morirá también. Así que tengo un regalo para ti.

Se quitó la mochila de cuero, abrió la cremallera y sacó un portátil plateado de aspecto impecable: era uno de los que habíamos visto en su taller. En la tapa figuraba una Δ azul.

—Todo mi trabajo está aquí —dijo—. Es lo único que logré salvar del incendio. Son notas de proyectos que nunca he empezado, incluidos algunos de mis diseños preferidos. No he podido desarrollarlos en los últimos milenios. No me atrevía a revelar mi trabajo al mundo de los mortales. Pero tú quizá lo encuentres interesante.

Le tendió el portátil a Annabeth, que lo miraba como si fuese de oro macizo.

—¿Y me lo das a mí? ¡Pero esto tiene un valor incalculable! Debe de costar... ¡Yo qué sé cuánto!

—Una pequeña compensación por tu comportamiento —señaló Dédalo—. Tenías razón, Annabeth, sobre los hijos de Atenea. Deberíamos actuar sabiamente, y yo no lo hice. Algún día llegarás a ser una arquitecta más grande que yo. Toma mis ideas y mejóralas. Es lo mínimo que puedo hacer antes de morir.

—¿De morir? —exclamé—. ¡No puedes quitarte la vida! ¡No está bien!

El negó con la cabeza.

—No tan mal como ocultarme durante dos mil años a causa de mis crímenes. El genio no disculpa la maldad, Percy. Ha llegado mi hora. Debo afrontar mi castigo.

—No tendrás un juicio justo —dijo Annabeth—. El espíritu de Minos está en el tribunal...

—Aceptaré lo que sea —respondió él—. Y confío en la justicia del inframundo. Es lo único que podemos hacer, ¿no? —Miró fijamente a Nico y el rostro de éste se ensombreció.

—Sí —convino.

—¿Vas a tomar entonces mi alma para pedir un rescate? —le preguntó Dédalo—. Podrías usarla para reclamar a tu hermana.

—No —respondió Nico—. Te ayudaré a la liberar tu espíritu. Pero Bianca ha muerto. Debe permanecer donde está.

Dédalo asintió.

—Bien hecho, hijo de Hades. Te estás volviendo sabio. —Luego me miró a mí—. Un último favor, Percy Jackson. No puedo dejar sola a la *Señorita O'Leary*. Y ella no tiene el menor deseo de regresar al inframundo. ¿La cuidarás tú?

Miré el enorme mastín negro, que gimoteaba lastimosamente y seguía lamiéndole el pelo a Dédalo. Pensé que en el edificio de mi madre no se admitían perros, no digamos ya perros como apartamentos, pero aun así contesté:

—Sí, claro.

—Entonces ya estoy listo para ver a mi hijo... y a Perdix —declaró—. He de decirles lo arrepentido que estoy.

Annabeth tenía lágrimas en los ojos.

Dédalo se volvió hacia Nico, quien sacó su espada. Temí que fuese a matar al viejo inventor, pero se limitó a decir:

—Ha llegado tu hora finalmente. Queda liberado y reposa.

Una sonrisa de alivio se expandió por el rostro de Dédalo y, en el acto, se quedó paralizado como una estatua. Su piel se volvió transparente, mostrando los engranajes de bronce y la maquinaria que zumbaba en el interior de su cuerpo. Luego la estatua se transformó en ceniza y se desintegró.

La *Señorita O'Leary* soltó un aullido. Le acaricié la cabeza, tratando de consolarla. La tierra tembló mientras el antiguo laberinto se desmoronaba: una especie de terremoto que seguramente fue registrado en todas las grandes ciudades del país. Los restos del ejército del titán, esperaba, habían quedado sepultados en algún punto del subterráneo.

Contemplé la carnicería que se había producido en el claro del bosque, y luego los rostros agotados de mis amigos.

—Vamos —les dije—. Tenemos cosas que hacer.

# 19

## El consejo se parte en dos

Hubo demasiadas despedidas.

Aquella noche vi usar por primera vez en cuerpos reales las mortajas del campamento; algo que no deseaba volver a presenciar.

Entre los muertos se hallaba Lee Fletcher, de la cabaña de Apolo, que había caído bajo la porra de un gigante. Lo envolvieron en un sudario dorado sin ningún adorno. El hijo de Dioniso que había sucumbido luchando con un mestizo enemigo fue amortajado con un sudario morado oscuro, con un bordado de viñas. Se llamaba Cástor. Me sentía avergonzado porque lo había visto por el campamento durante tres años y ni siquiera me había molestado en aprenderme su nombre. Tenía diecisiete años. Su hermano gemelo, Pólux, trató de pronunciar unas palabras, pero la voz se le estranguló y tomó la antorcha sin más. Encendió la pira funeraria situada en el centro del anfiteatro y, en unos segundos, el fuego se tragó la hilera de mortajas mientras las chispas y el humo se elevaban al cielo.

Nos pasamos el día siguiente atendiendo a los heridos, que eran prácticamente todos los campistas. Los sátiros y las dríadas se afanaron en reparar los daños causados al bosque.

A mediodía, el Consejo de Sabios Ungulados celebró una sesión de urgencia en su arboleda sagrada. Estaban presentes los tres viejos sátiros y también Quirón, que había adoptado su forma con silla de ruedas. Se le estaba soldando el hueso de la pata que se había roto y tendría que permanecer unos meses así, hasta que se le curase y pudiera soportar otra vez su peso. La arboleda estaba atestada de sátiros, de dríadas e incluso de náyades que habían salido del agua, todos ellos —eran centenares— ansiosos por oír lo que había sucedido. Enebro, Annabeth y yo permanecimos junto a Grover.

Sileno quería desterrarlo inmediatamente, pero Quirón lo persuadió para que al menos oyera los testimonios primero. Así pues, le contamos a todo el mundo lo ocurrido en la cueva de cristal y lo que nos había dicho Pan. Luego, numerosos testigos presentes en la batalla describieron el extraño sonido que Grover había emitido, provocando la retirada del ejército del titán.

—Era pánico lo que sentían —insistía Enebro—. Grover consiguió convocar el poder del dios salvaje.

—¿Pánico? —pregunté.

—Percy —me explicó Quirón—, durante la primera guerra entre los dioses y los titanes, el señor Pan soltó un grito horrible y el ejército enemigo huyó despavorido. Ése es... o era su mayor poder: una oleada de miedo que ayudó a los dioses a alzarse con la victoria. La palabra pánico proviene de Pan, ¿entiendes? Y Grover utilizó ese poder, sacándolo de sí mismo.

—¡Absurdo! —bramó Sileno—. ¡Sacrilegio! Tal vez el dios salvaje nos favoreció con una bendición. ¡O tal vez la música de Grover era tan espantosa que asustó al enemigo!

—No fue así, señor —intervino el acusado. Parecía mucho más calmado de lo que habría estado yo si me hubieran insultado de aquella manera—. El dios nos transmitió su espíritu. Debemos actuar. Cada uno debe contribuir a renovar la vida salvaje y preservar la que aún queda. Hemos de propagar la noticia. Pan ha muerto. Sólo quedamos nosotros.

—Después de dos mil años de búsqueda, ¿pretende que nos creamos eso? —gritó Sileno—. ¡Nunca! Hemos de continuar buscando. ¡Destierro al traidor!

Algunos de los sátiros más ancianos murmuraron su aprobación.

—¡Votemos! —exigió Sileno—. ¿Quién va a creer, además, a este joven y ridículo sátiro?

—¡Yo! —exclamó una voz conocida.

Todos nos volvimos. Cruzando la arboleda a grandes zancadas, apareció Dioniso. Llevaba un traje negro muy formal, de modo que casi no lo reconocí, y también una corbata morada, una camisa violeta y su pelo rizado cuidadosamente peinado. Tenía los ojos inyectados en sangre, como de costumbre, y su rollizo rostro parecía algo sofocado, pero daba la impresión de hallarse bajo los efectos del dolor y no de la abstinencia forzada.

Todos los sátiros se levantaron en señal de respeto e inclinaron la cabeza cuando se acercó. Dioniso hizo un gesto con la mano y surgió de la tierra otro asiento junto a Sileno: un trono hecho de ramas de vid.

Tomó asiento y cruzó las piernas. Chasqueó los dedos. Un sátiro se acercó corriendo con una bandeja de queso y galletitas y con una Coca Light.

El dios del vino contempló a la muchedumbre congregada a su alrededor.

—¿Me habéis echado de menos?

Todos los sátiros se apresuraron a asentir y a hacerle reverencias.

—¡Oh, sí! ¡Mucho, señor!

—¡Pues yo no he echado nada de menos este lugar! —les soltó el dios—. Traigo malas noticias, amigos míos. Pésimas noticias. Los dioses menores están cambiando de bando. Morfeo se ha pasado al enemigo. Hécate, Jano y Némesis también. Zeus tonante sabrá cuántos más...

Un trueno resonó a lo lejos.

—¡Peor todavía! —añadió—. Ni siquiera el mismísimo Zeus lo sabe. Bueno, quiero oír la historia de Grover. Otra vez. Desde el principio.

—Pero, ¡mi señor —protestó Sileno—, son sólo sandeces!

Los ojos de Dioniso relampaguearon con un brillo púrpura.

—Acabo de enterarme de que mi hijo Cástor ha muerto, Sileno. No estoy de humor. Harías bien en seguirme la corriente.

Sileno tragó saliva y le hizo un gesto a Grover para que volviera a empezar.

Cuando concluyó, el señor D asintió.

—Da la impresión de que Pan habría hecho una cosa así. Grover tiene razón: esa búsqueda es agotadora. Debéis empezar a pensar por vuestra propia cuenta. —Se volvió hacia un sátiro—. ¡Tráeme unas uvas peladas, rápido!

—¡Sí, señor! —El sátiro salió corriendo.

—¡Hemos de desterrar al traidor! —insistió Sileno.

—Y yo digo que no —le replicó Dioniso—. Ése es mi voto.

—Yo también voto que no —intervino Quirón.

Sileno apretó los dientes con aire testarudo.

—¿A favor de desterrarlo?

Él mismo y los otros dos viejos sátiros alzaron la mano.

—Tres a dos —sentenció Sileno.

—Sí —dijo Dioniso—, pero, por desgracia para ti, el voto de un dios vale por dos. Y como he votado en contra, estamos empatados.

Sileno se puso de pie, indignado.

—¡Esto es un escándalo! ¡El consejo no puede permanecer en semejante callejón sin salida!

—Entonces, ¡disuelve el consejo! —replicó el señor D—. Me tiene sin cuidado.

Sileno le hizo una envarada reverencia y abandonó la arboleda con sus dos colegas. Unos veinte sátiros los siguieron. Los demás permanecieron en su sitio, murmurando con inquietud.

—No os preocupéis —intervino Grover—. No necesitamos a un consejo que nos diga lo que debemos hacer. Eso podemos deducirlo por nuestra cuenta.

Repitió otra vez las palabras de Pan: que debían contribuir a salvar la vida salvaje aunque fuese poco a poco. Luego empezó a dividir a los sátiros en grupos: los que se ocuparían de los parques nacionales, los que debían salir en busca de los últimos rincones salvajes y los que habían de defender los parques de las grandes ciudades.

—Bueno —me dijo Annabeth—. Me parece que Grover se nos está haciendo mayor.


Aquella tarde me encontré a Tyson en la playa hablando con Briares. Éste se había puesto a construir un castillo de arena con unas cincuenta manos. En realidad, lo hacía sin prestar mucha atención, pero sus manos habían levantado por sí solas un recinto de tres pisos con muros fortificados, foso y puente levadizo.

Tyson estaba dibujando un mapa en la arena.

—Gira a la izquierda en el acantilado —le dijo a Briares—. Sigue directamente hacia abajo cuando veas el barco hundido. Luego, a un par de kilómetros hacia el este, pasada la tumba de la sirena, empezarás a ver las hogueras.

—¿Le estás indicando el camino a las fraguas? —pregunté.

Tyson asintió.

—Briares quiere echar una mano. Les enseñará a los cíclopes técnicas que habían caído en el olvido para fabricar armas y armaduras mejores.

—Quiero estar con los cíclopes —asintió Briares—. No quiero seguir solo más tiempo.

—No creo que te sientas solo allá abajo —le dije, aunque con cierta melancolía, porque yo nunca había estado en el reino de Poseidón—. Te van a mantener ocupado.

El rostro de Briares adoptó una expresión de felicidad.

—¡Me gusta cómo suena! ¡Ojalá pudiera venir Tyson también!

Éste se ruborizó.

—He de quedarme con mi hermano. Te irá bien, Briares. Gracias.

El centimano me estrechó la mano unas cien veces.

—Nos veremos de nuevo, Percy. ¡Lo sé!

Luego le dio a Tyson un abrazo de pulpo y empezó a internarse mar adentro. Nos quedamos observándolo hasta que su enorme cabeza desapareció entre las olas.

Le di a Tyson una palmadita en la espalda.

—Le has sido de gran ayuda.

—Sólo hablé con él.

—Creíste en él. Sin Briares, jamás habríamos derrotado a Campe.

Tyson sonrió de oreja a oreja.

—¡Sabe tirar pedruscos!

Me eché a reír.

—Sí, menudos pedruscos. Venga, grandullón, vamos a cenar.

• • •

Resultaba agradable cenar normalmente en el campamento. Tyson se sentó conmigo en la mesa de Poseidón. La perspectiva del crepúsculo sobre Long Island Sound era preciosa. Las cosas no habían vuelto a la normalidad ni mucho menos, pero cuando me acerqué al brasero y arrojé una parte de mi comida a las llamas como ofrenda a Poseidón, sentí que tenía muchos motivos para estar agradecido. Mis amigos y yo seguíamos vivos. El campamento estaba a salvo. Cronos había sufrido un revés, y al menos podríamos respirar un tiempo.

Mi único motivo de preocupación era Nico, que se había recluido entre las sombras del fondo del pabellón. Le habían ofrecido sitio en la mesa de Hermes, e incluso en la mesa principal, pero él lo había rechazado.

Después de la cena, todos los campistas se encaminaron hacia el anfiteatro, donde la cabaña de Apolo nos había prometido un espectacular recital a coro para levantarnos el ánimo, pero Nico dio media vuelta y se adentró en el bosque. Pensé que sería mejor seguirlo.

Al deslizarme bajo las sombras de los árboles, me di cuenta de que se estaba haciendo muy oscuro. Nunca había tenido miedo en el bosque, a pesar de que sabía que estaba plagado de monstruos. Aun así, pensé en la batalla del día anterior y me pregunté si algún día volvería a ser capaz de caminar por allí sin recordar los horrores de aquellos combates.

No veía a Nico, pero tras unos minutos caminando divisé un resplandor un poco más adelante. Primero creí que Nico había encendido una antorcha. Al acercarme más, me di cuenta de que era el resplandor de un fantasma. La forma temblorosa de Bianca di Angelo se alzaba en medio del claro, sonriendo a su hermano. Le dijo algo, le acarició la cara —o lo intentó— y luego su imagen se desvaneció por completo.

Nico se dio la vuelta y me vio, pero no pareció enfurecerse.

—Estaba despidiéndome —explicó con voz ronca.

—Te hemos echado de menos durante la cena —le dije—. Podrías haberte sentado conmigo.

—No.

—No puedes saltarte las comidas, Nico. Si no quieres quedarte en la cabaña de Hermes, quizá puedan hacer una excepción y alojarte en la Casa Grande. Allí hay muchas habitaciones.

—No voy a quedarme, Percy.

—Pero... no puedes marcharte así como así. Es demasiado peligroso que un mestizo ande solo por ahí. Necesitas entrenarte.

—Yo me entreno con los muertos —replicó en tono tajante—. Este campamento no es para mí. Por algo no pusieron una cabaña de Hades. Él no es bienvenido aquí, como tampoco en el Olimpo. Yo no encajo en este lugar. Debo irme.

Habría deseado discutir, pero una parte de mí sabía que estaba en lo cierto. No me gustaba la idea, pero Nico tendría que encontrar su propio y oscuro camino. Me acordé de lo sucedido en la cueva de Pan; el dios salvaje nos había dirigido unas palabras a cada uno... salvo a él.

—¿Cuándo te vas? —le pregunté.

—Ahora. Tengo toneladas de cuestiones pendientes. Como, por ejemplo, quién era mi madre. O quién nos pagaba el colegio a Bianca y a mí. O quién era ese abogado que nos sacó del hotel Loto. No sé nada de mi pasado. He de averiguarlo.

—Es lógico —reconocí—. Pero espero que no tengamos que ser enemigos.

Él bajó la mirada.

—Lamento haberme portado como un mocoso. Debería haberte escuchado cuando pasó lo de Bianca.

—Por cierto... —Me saqué una cosa del bolsillo—. Tyson encontró esto mientras limpiábamos la cabaña. Pensé que quizá lo querrías. —Le tendí una figurita de plomo de Hades: la estatuilla del juego de Mitomagia que Nico había dejado tirada cuando huyó del campamento el invierno anterior.

Él vaciló.

—Ya no juego a esto. Es para críos.

—Tiene una potencia de ataque de cuatro mil —señalé en tono persuasivo.

—De cinco mil —me corrigió—, pero sólo si tu oponente ataca primero.

Sonreí.

—A lo mejor tampoco está mal volver a ser un crío de vez en cuando. —Le lancé la figurita.

Nico la estudió unos segundos y se la guardó en el bolsillo.

—Gracias.

Le tendí la mano. Él me la estrechó de mala gana. Tenía la piel fría como un témpano.

—He de investigar un montón de cosas —dijo—. Algunas... Bueno, si me entero de algo útil, te lo haré saber.

No sabía muy bien a qué se refería, pero asentí.

—Mantente en contacto, Nico.

Dio media vuelta y se alejó lentamente por el bosque. Las sombras parecían doblarse hacia él a medida que avanzaba, como si quisieran llamar su atención.

Una voz dijo a mi espalda:

—Ahí va un joven muy turbado.

Me volví y me encontré a Dioniso allí mismo, vestido aún con su traje negro.

—Acompáñame —indicó.

—¿Adónde? —pregunté, suspicaz.

—A la hoguera del campamento. Estaba empezando a sentirme bien, así que se me ha ocurrido hablar un rato contigo. Tú siempre consigues ponerme de mal humor.

—Ah, gracias.

Caminamos en silencio por el bosque. Advertí que en realidad Dioniso andaba por el aire: sus lustrosos zapatos negros se deslizaban a un par de centímetros del suelo. Supuse que no quería manchárselos.

—Hemos sufrido muchas traiciones —empezó—. Las cosas no pintan bien para el Olimpo. Pero tú y Annabeth habéis salvado el campamento. No estoy seguro de si debo darte las gracias.

—Ha sido un trabajo en equipo.

Él se encogió de hombros.

—A pesar de todo. Yo diría que ha sido un trabajo bastante competente el que habéis llevado a cabo. Y he pensado que debías saber... que no ha sido del todo en vano.

Llegamos al anfiteatro y Dioniso señaló la hoguera. Clarisse estaba pegada a un corpulento chico hispano que parecía contarle un chiste. Era Chris Rodríguez, el mestizo que había perdido la razón en el laberinto.

Me volví hacia Dioniso.

—¿Vos lo habéis curado?

—La locura es mi especialidad. Ha sido sencillo.

—Pero... habéis hecho una buena acción. ¿Por qué?

Arqueó una ceja.

—¡Porque soy bueno! Irradio bondad, Perry Johansson. ¿No lo has notado?

—Eh...

—Tal vez me sentía apesadumbrado por la muerte de mi hijo. Tal vez pensé que ese tal Chris merecía una segunda oportunidad. En todo caso, parece haber servido para mejorarle el humor a Clarisse.

—¿Y por qué me lo contáis?

El dios del vino suspiró.

—Que me aspen si lo sé. Pero recuerda, muchacho, que una buena acción puede ser a veces igual de poderosa que una espada. Como mortal, nunca fui un guerrero, un atleta o un poeta muy destacado. Me dedicaba sólo a hacer vino. Los de mi pueblo se reían de mí. Decían que nunca llegaría a nada. Mírame ahora. A veces las cosas más insignificantes pueden volverse muy grandes.

Me dejó solo para que pensara en ello. Mientras contemplaba a Clarisse y a Chris cantando estúpidas canciones de campamento y tomándose de las manos en la oscuridad, donde creían que nadie los veía, no pude reprimir una sonrisa.

## 20

## Mi fiesta de cumpleaños
## toma un giro siniestro

El resto del verano fue tan normal que casi resultó extraño. Las actividades diarias prosiguieron: tiro al arco, escalada, equitación con pegaso... Jugamos a capturar la bandera (aunque todos evitamos el Puño de Zeus), cantamos canciones junto a la hoguera, celebramos carreras de carros y les gastamos bromas a las demás cabañas. Pasé mucho tiempo con Tyson, jugando con la *Señorita O'Leary*, pero ella seguía aullando por las noches cuando echaba de menos a su antiguo dueño. Annabeth y yo más bien nos rehuíamos el uno al otro. Me gustaba estar con ella, pero también me producía una especie de dolor, una sensación que me abrumaba igualmente aunque no estuviéramos juntos.

Quería hablar con ella de Cronos, pero no podía hacerlo sin sacar a Luke a colación. Y ése era un tema que no podía tocar, porque me cortaba en seco cada vez que lo intentaba.

Pasó el mes de julio, con los fuegos artificiales del día de la Independencia en la playa. Agosto resultó tan caluroso que las fresas se asaban en los campos. Finalmente, llegó el último día de campamento. Después del desayuno, apareció en mi cama la carta de costumbre, advirtiéndome que las arpías de la limpieza me devorarían si seguía allí después de mediodía.

A las diez en punto me aposté en la cima de la Colina Mestiza para esperar a la furgoneta que había de llevarme a la ciudad. Había arreglado las cosas para dejar a la *Señorita O'Leary* en el campamento. Quirón me había prometido que cuidaría de ella. Tyson y yo nos turnaríamos para visitarla durante el curso.

Confiaba en que Annabeth saliera para Manhattan al mismo tiempo que yo, pero sólo vino a despedirme. Me dijo que había decidido quedarse un poco más en el campamento. Atendería a Quirón hasta que se le curase del todo la pata y continuaría estudiando el portátil de Dédalo, que ya la había mantenido totalmente absorta durante los últimos dos meses. Luego regresaría a la casa de su padre en San Francisco.

—Voy a ir a una escuela privada de allí —me dijo—. Seguramente será horrorosa, pero... —Se encogió de hombros.

—Ya, bueno. Llámame, ¿vale?

—Claro —respondió sin mucho entusiasmo—. Mantendré los ojos abiertos por si...

Ya estábamos otra vez. Luke. No podía pronunciar su nombre siquiera sin destapar una caja enorme de dolor, inquietud y rabia.

—Annabeth —le dije—. ¿Cuál era el resto de la profecía?

Ella fijó su mirada en los bosques lejanos, pero no contestó.

—«Rebuscarás en la oscuridad del laberinto sin fin» —recordé—. «El muerto, el traidor y el desaparecido se alzan.» Hicimos que se alzara un montón de muertos. Salvamos a Ethan Nakamura, que resultó ser un traidor. Rescatamos el espíritu de Pan, el desaparecido.

Annabeth meneó la cabeza, como para que me detuviera.

—«Te elevarás o caerás de la mano del rey de los fantasmas» —insistí—. Ése no era Minos, como yo había creído, sino Nico. Al escoger nuestro bando, nos salvó. Y luego, «el último refugio de la criatura de Atenea» se refería a Dédalo.

—Percy...

—«Destruye un héroe con su último aliento.» Ahora sí tiene sentido. Dédalo murió para destruir el laberinto. Pero ¿cuál era el verso...?

—«Y perderás un amor frente a algo peor que la muerte» —recitó Annabeth con lágrimas en los ojos—. Ése era el último verso, Percy. ¿Ya estás contento?

El sol parecía haberse enfriado repentinamente.

—Ah —dije—. Entonces Luke...

—Percy, yo no sabía de quién hablaba la profecía. N... no sabía si... —Se le quebró la voz sin poder evitarlo—. Luke y yo... Él fue durante años la única persona que se preocupó por mí. Creí...

Antes de que pudiera seguir, surgió a nuestro lado un repentino destello de luz, como si alguien hubiera abierto una cortina dorada en el aire.

—No tienes nada de qué disculparte, querida.

Sobre la colina había aparecido una mujer muy alta con una túnica blanca y el pelo oscuro trenzado sobre los hombros.

—¡Hera! —exclamó Annabeth.

La diosa sonrió.

—Has hallado las respuestas, como había previsto. Tu búsqueda ha sido un éxito.

—¿Un éxito? —dijo Annabeth—. Luke ya no existe. Dédalo ha muerto. Pan ha muerto. ¿Cómo podéis...?

—Nuestra familia está a salvo —insistió Hera—. En cuanto a esos otros, mejor que se hayan ido, querida. Estoy orgullosa de ti.

Cerré los puños con fuerza. No podía creer que estuviese diciendo aquello.

—Fuisteis vos quien pagó a Gerión para que nos permitiera cruzar por su rancho, ¿no es cierto?

Hera se encogió de hombros. En la tela de su vestido temblaban los colores del arco iris.

—Quería facilitaros el camino.

—Pero Nico no os importaba. Os parecía bien que se lo entregaran a los titanes.

—Oh, vamos. —La diosa hizo un ademán despectivo—. El propio hijo de Hades lo ha dicho. Nadie quiere tenerlo cerca. Él no encaja, no resulta adecuado en ninguna parte.

—Hefesto tenía razón —mascullé—. Lo único que os importa es vuestra familia «perfecta», no la gente real.

Sus ojos relampaguearon peligrosamente.

—Cuida tus palabras, hijo de Poseidón. Te he orientado en el laberinto más veces de las que crees. Estuve a tu lado cuando te enfrentaste a Gerión. Permití que tu flecha volase recta. Te envié a la isla de Calipso. Te abrí el paso a la montaña del titán... Annabeth, querida, seguro que tú sí eres consciente de lo mucho que os he ayudado. Agradecería un sacrificio por todos mis esfuerzos.

Annabeth permanecía tan inmóvil como una estatua. Podría haberle dado las gracias. Podría haber prometido que arrojaría al brasero una parte de la barbacoa en honor a la divinidad y olvidar sin más el asunto. Pero lo que hizo fue apretar los dientes con aire testarudo. Tenía el mismo aspecto que cuando se había enfrentado a la esfinge: como si no estuviera dispuesta a aceptar una respuesta fácil, aunque ello le acarrease graves problemas. Me di cuenta de que ése era uno de los rasgos que más me gustaban de Annabeth.

—Percy tiene razón —replicó, dándole la espalda—. Sois vos la que no resultáis adecuada, reina Hera. Así que la próxima vez, gracias... Pero no, gracias.

La mueca de desdén de la diosa era mucho peor que la de una *empusa*. Su forma empezó a resplandecer.

—Te arrepentirás de este insulto, Annabeth. Te arrepentirás de verdad.

Desvié la mirada mientras Hera adoptaba su auténtica forma divina y desaparecía en una llamarada de luz.

La cima de la colina volvió a la tranquilidad. Peleo dormitaba junto al pino, bajo el Vellocino de Oro, como si no hubiera pasado nada.

—Lo siento —me dijo Annabeth—. Ten... tengo que volver. Estaremos en contacto.

—Escucha, Annabeth...

Pensé en el monte Saint Helens, en la isla de Calipso, en Luke y Rachel Elizabeth Dare, en cómo se había vuelto de repente todo tan complicado. Quería decirle a Annabeth que yo no deseaba sentirme tan alejado de ella.

Entonces Argos tocó la bocina desde la carretera y perdí mi oportunidad.

—Será mejor que vayas —me dijo Annabeth—. Cuídate, sesos de alga.

Y echó a correr colina abajo. La contemplé hasta que llegó a las cabañas. No miró atrás ni una vez.

• • •

Dos días más tarde era mi cumpleaños. Nunca hacía mucha propaganda porque caía justo después del campamento, de modo que ninguno de mis compañeros de allí podía venir a celebrarlo y, por otro lado, tampoco tenía muchos amigos mortales. Además, hacerme mayor no me parecía un acontecimiento digno de celebrarse desde que conocía la gran profecía según la cual había de destruir o salvar el mundo al cumplir los dieciséis. Ese año cumplía quince. Se me agotaba el tiempo.

Mi madre organizó una pequeña fiesta en nuestro apartamento. Asistió Paul Blofis, aunque ya no había problema, porque Quirón había manipulado la Niebla para convencer a todos los de la Escuela Secundaria Goode de que yo no había tenido nada que ver con la explosión de la sala de música. Paul y los demás testigos creían que Kelli, la animadora, era una loca incendiaria y yo, un chico inocente que pasaba por allí y que había huido presa del pánico. O sea, que me permitirían empezar primero en Goode al mes siguiente. Si pretendía mantenerme a la altura de mi historial y conseguir que me expulsaran de un colegio cada año, tendría que esforzarme más.

Tyson también asistió a la fiesta y mi madre preparó otros dos pasteles azules para que hubiese de sobra. Mientras él la ayudaba a reventar globos, Paul Blofis me pidió que le echara una mano en la cocina para servir el ponche.

—Creo que tu madre ya te ha inscrito para que te saques el permiso de conducir este otoño.

—Sí. Es genial. Me muero de ganas.

Era verdad, siempre me había hecho ilusión la idea de sacarme el permiso. Pero supongo que en ese momento ya no me emocionaba tanto y Paul se dio cuenta. De un modo bastante curioso, a veces me recordaba a Quirón por su facilidad para adivinarme el pensamiento de una simple ojeada. Me imagino que ambos poseían el aura de los maestros.

—Has pasado un verano difícil —comentó—. Deduzco que has perdido a alguien importante. Y también... ¿un problema con una chica?

Lo miré fijamente.

—¿Cómo lo sabes? ¿Te ha dicho mi madre...?

Él levantó las manos.

—Tu madre no me ha contado ni una palabra. Y no voy a entrometerme. Me doy cuenta de que hay algo diferente en ti, Percy. Te pasan muchas cosas que ni siquiera puedo imaginar. Pero yo también tuve quince años y adivino por tu expresión... Bueno, que has pasado una temporada difícil.

Asentí. Había prometido a mi madre que le contaría a Paul la verdad sobre mí, pero aquél no me parecía el momento adecuado. Todavía no.

—Perdí a un par de amigos en ese campamento al que voy en verano —expliqué—. O sea, no eran amigos íntimos, pero aun así...

—Lo siento.

—Ya. Y, eh, supongo que el tema chicas...

—Toma —dijo tendiéndome un vaso de ponche—. Por tus quince años. Y para que este año sea mejor.

Brindamos con los vasos de plástico y bebimos un trago.

—Percy, lamento tener que plantearte una cosa más —añadió Paul—, pero quería hacerte una pregunta.

—¿Sí?

—Del tema chicas.

Fruncí el ceño.

—¿A qué te refieres?

—Tu madre —prosiguió Paul—. Estoy pensando en hacerle una proposición...

Poco faltó para que se me cayera el vaso.

—¿Quieres decir... para casarte con ella? ¿Tú y ella?

—Bueno, ésa es la idea, más o menos. ¿A ti te molestaría?

—¿Me estás pidiendo permiso?

Paul se rascó la barba.

—No sé si tanto como pedirte permiso, pero, en fin, es tu madre. Y sé que ya has tenido que soportar mucho. No me sentiría bien si no lo hablara contigo primero, de hombre a hombre.

—De hombre a hombre —repetí. Sonaba raro. Pensé en Paul y en mi madre: en la manera que ella tenía de sonreír, de reírse mucho más cuando lo tenía cerca, y en las molestias que Paul se había tomado para que me admitieran en secundaria. Y de repente, me sorprendí a mí mismo diciendo—: Creo que es una gran idea, Paul. Adelante.

Él sonrió de oreja a oreja.

—Salud, Percy. Volvamos a la fiesta.


Estaba a punto de soplar las velas cuando sonó el timbre.

Mi madre frunció el ceño.

—¿Quién será?

Parecía raro, porque en nuestro edificio había portero, pero no nos había avisado. Mi madre abrió la puerta y ahogó un grito.

Era mi padre. Iba con bermudas, con una camisa hawaiana y unas sandalias, como siempre. Llevaba la barba perfectamente recortada y sus ojos verde mar centelleaban. Se había puesto también una gorra muy maltrecha, decorada con anzuelos, que decía: «LA GORRA DE LA SUERTE DE NEPTUNO.»

—Posei... —Mi madre se calló en seco. Se había sonrojado hasta la raíz de los cabellos—. Humm, hola.

—Hola, Sally —la saludó Poseidón—. Estás tan guapa como siempre. ¿Puedo pasar?

Mi madre soltó una especie de gritito que igualmente podía significar «sí» o «no». Poseidón lo interpretó como un sí y entró.

Paul iba mirándonos a todos, tratando de descifrar la expresión que teníamos en la cara. Al final, se presentó él mismo.

—Hola, soy Paul Blofis.

Poseidón arqueó las cejas mientras se estrechaban la mano.

—¿Besugoflis, ha dicho?

—Eh, no, Blofis.

—Ah, vaya —replicó mi padre—. Lástima. A mí el besugo me gusta bastante. Yo soy Poseidón.

—¿Poseidón? Un nombre interesante.

—Sí, no está mal. He tenido otros nombres, pero prefiero Poseidón.

—Como el dios del mar.

—Justamente, sí.

—¡Bueno! —intervino mi madre—. Humm, nos encanta que hayas podido pasarte. Paul, éste es el padre de Percy.

—Ah. —Paul asintió, aunque no parecía muy complacido—. Ya veo.

Poseidón me sonrió.

—Aquí está mi chico. Y Tyson. ¡Hola, hijo!

—¡Papá! —Tyson cruzó el salón dando saltos y le dio a Poseidón un gran abrazo. A punto estuvo de tirarle la gorra.

Paul se quedó boquiabierto. Miró a mi madre.

—Tyson es...

—No es mío —le aseguró ella—. Es una larga historia.

—No podía perderme el decimoquinto cumpleaños de Percy —dijo Poseidón—. ¡Si esto fuera Esparta, Percy se convertiría hoy en un hombre!

—Cierto —convino Paul—. Yo antes enseñaba historia antigua.

Los ojos de Poseidón centellearon de nuevo.

—Eso es lo que yo soy. Historia antigua. Sally, Paul, Tyson... ¿os importaría si me llevo un momentito a Percy?

Me rodeó con un brazo y me arrastró a la cocina.


Una vez solos, su sonrisa de desvaneció.

—¿Estás bien, muchacho?

—Sí. Perfectamente, supongo.

—He oído muchas cosas —dijo Poseidón—. Pero quería oírlo de tus labios. Cuéntamelo todo.

Así lo hice. Fue un poco desconcertante, porque él me escuchaba atentamente. No me quitaba los ojos de encima. Su expresión no cambió mientras estuve hablando. Cuando concluí, asintió lentamente.

—O sea, que Cronos realmente ha vuelto. No pasará mucho antes de que tengamos una guerra total.

—¿Y Luke? —le pregunté—. ¿Realmente ya no existe?

—No lo sé, Percy. Es algo de verdad inquietante.

—Pero su cuerpo es mortal. ¿No podrías destruirlo?

Poseidón parecía agitado.

—Mortal, tal vez. Pero hay algo distinto en Luke, muchacho. No sé cómo habrá sido preparado para albergar el alma del titán, pero matarlo no va a ser fácil. Y no obstante, me temo que debe morir si queremos mandar a Cronos otra vez al abismo. Debo pensar en todo ello. Por desgracia, yo también tengo mis propios problemas.

Recordé lo que me había dicho Tyson al empezar el verano.

—¿Los antiguos dioses del mar?

—En efecto. Los combates han empezado antes para mí. De hecho, no puedo quedarme mucho tiempo, Percy. El océano está en guerra consigo mismo. Es lo único que puedo hacer para impedir que los tifones y los huracanes destruyan el mundo en la superficie. La lucha es muy intensa.

—Deja que baje contigo —le pedí—. Déjame echar una mano.

Poseidón sonrió, entornando los ojos.

—Todavía no, muchacho. Intuyo que van a necesitarte aquí. Lo cual me recuerda... —Sacó un dólar de arena (un caparazón plano y redondo de erizo) y me lo puso en la mano—. Tu regalo de cumpleaños. Gástalo con tino.

—Eh... ¿gastarme un dólar de arena?

—Claro. En mis tiempos, podías comprar un montón de cosas con uno de éstos. Creo que descubrirás que aún tiene un gran valor si lo utilizas en la situación adecuada.

—¿Qué situación?

—Cuando llegue el momento lo sabrás.

Apreté el dólar de arena entre mis dedos. Pero aún había algo que me preocupaba.

—Papá, cuando estaba en el laberinto me encontré a Anteo. Y me dijo... bueno, que era tu hijo preferido. Había decorado su pista de combate con calaveras y...

—Me las había dedicado a mí —intervino Poseidón, completando mi pensamiento—. Y te preguntas ahora cómo es posible que alguien pueda hacer algo horrible en mi nombre.

Asentí, incómodo.

Poseidón me puso su mano curtida en el hombro.

—Percy, los seres inferiores hacen muchas cosas horribles en nombre de los dioses. Lo cual no significa que los dioses estén de acuerdo. Lo que nuestros hijos e hijas hacen en nuestro nombre... suele decir más de ellos que de nosotros. Y tú, Percy, eres mi hijo favorito.

Me sonrió y yo sentí en ese momento que estar allí con él, en la cocina, era el mejor regalo de cumpleaños que había recibido nunca. Entonces mi madre me llamó desde el salón.

—¿Percy? ¡Las velas se están derritiendo!

—Será mejor que vayas —dijo Poseidón—. Pero hay una última cosa que debes saber, Percy. Ese incidente en el monte Saint Helens...

Por un instante creí que se refería al beso que Annabeth me había dado y me ruboricé, pero enseguida comprendí que hablaba de algo mucho más importante.

—Las erupciones continúan —prosiguió—. Tifón está despertando. Es muy probable que pronto, en unos meses tal vez, en un año como máximo, logre liberarse de sus ataduras.

—Lo siento —dije—. No pretendía...

Poseidón alzó la mano.

—No es culpa tuya, Percy. Habría ocurrido igual tarde o temprano, ahora que Cronos está reanimando a los monstruos antiguos. Pero mantente alerta. Si Tifón despierta... será algo muy distinto de lo que has afrontado hasta ahora. La primera vez que apareció, todas las fuerzas unidas del Olimpo apenas bastaron para combatirlo. Y cuando despierte de nuevo, vendrá aquí, a Nueva York. Irá directamente al Olimpo.

Ése era el tipo de noticia maravillosa que deseaba recibir el día de mi cumpleaños... Pero Poseidón me dio unas palmaditas en la espalda, como si no hubiera que preocuparse.

—He de irme. Disfruta del pastel.

Y sin más, se convirtió en niebla y una cálida brisa oceánica se lo llevó por la ventana.


Resultó un poco difícil convencer a Paul de que Poseidón había bajado por la escalera de incendios, pero como es imposible que la gente se desvanezca en el aire, no le quedó más remedio que creérselo.

Comimos pastel azul y helado hasta hartarnos. Luego jugamos a un montón de juegos tontorrones, tipo Monopoly, acertijos y tal. Tyson no captaba los juegos de mímica. No paraba de gritar la palabra que debía representar con gestos. En cambio, el Monopoly se le daba muy bien. A mí me tumbó en las primeras cinco vueltas y luego empezó a dejar en bancarrota a mamá y a Paul. Los dejé jugando y me fui a mi habitación.

Puse sobre la cómoda un pedazo de pastel azul intacto. Me saqué mi collar del Campamento Mestizo y lo coloqué en el alféizar de la ventana. Tenía tres cuentas que representaban mis tres veranos en el campamento: un tridente, el Vellocino de Oro y el último, un intrincado laberinto, símbolo de la Batalla del Laberinto, como los campistas habían empezado a llamarla. Me pregunté cuál sería la cuenta del año siguiente, si es que todavía estaba en condiciones de conseguirla. Y si el campamento sobrevivía tanto tiempo.

Miré el teléfono que tenía junto a la cama. Pensé en llamar a Rachel Elizabeth Dare. Mi madre me había preguntado si quería invitar a alguien más aquella tarde y yo había pensado en ella, pero no la había llamado. No sé por qué. La mera idea casi me ponía tan nervioso como pensar en una puerta del laberinto.

Me palpé los bolsillos y los vacié: *Contracorriente*, un pañuelo de papel, la llave del apartamento. Luego me palpé el bolsillo de la camisa y noté un bulto. No me había dado cuenta, pero llevaba la camisa blanca de algodón que me había dado Calipso en Ogigia. Saqué un paquete de tela, lo desenvolví y hallé el ramito de lazo de luna. Era diminuto y se había marchitado después de dos meses, pero todavía percibí el leve aroma del jardín encantado. Aquello me entristeció.

Recordé la última petición que me había hecho Calipso: «Planta por mí un jardín en Manhattan, ¿de acuerdo?» Abrí la ventana y salí a la escalera de incendios.

Mi madre tenía allí una maceta. En primavera sembraba flores, pero ahora sólo contenía tierra. La noche estaba despejada. La luna llena iluminaba la calle Ochenta y dos. Planté la ramita seca de lazo de luna en la tierra y la rocié con un poco de néctar de mi cantimplora.

Al principio, no pasó nada.

Luego, mientras seguía mirando, brotó una plantita plateada: un retoño de lazo de luna que fulguraba en la cálida noche de verano.

—Bonita planta —comentó una voz.

Di un respingo. Nico di Angelo estaba a mi lado, en la escalera de incendios, como salido de la nada.

—Perdona —se disculpó—. No pretendía asustarte.

—No... está bien. O sea... ¿qué haces aquí?

Había crecido un par de centímetros en los dos últimos meses y llevaba el pelo oscuro completamente desgreñado. Iba con una camiseta negra, vaqueros negros y se había puesto un anillo de plata nuevo en forma de calavera. La espada de hierro estigio le colgaba del cinto.

—He estado investigando un poco —dijo— y he pensado que te gustaría saberlo: Dédalo ha recibido su castigo.

—¿Lo has visto?

Nico asintió.

—Minos quería hervirlo durante toda la eternidad en una olla de queso fundido, pero mi padre tenía una idea distinta. Dédalo se dedicará hasta el fin de los tiempos a construir pasos elevados y rampas de salida en los Campos de Asfódelos. Servirá para descongestionar un poco el tráfico. En realidad, me parece que el viejo se ha quedado bastante contento. Podrá seguir construyendo y creando. Y puede ver a su hijo y a Perdix durante los fines de semana.

—Está muy bien.

Nico dio unos golpecitos a su anillo de plata.

—Pero no he venido por eso, a decir verdad. He descubierto algunas cosas. Quiero hacerte una oferta.

—¿Cuál?

—El método para derrotar a Luke —me dijo—. Si no me equivoco, es la única manera de que tengas alguna posibilidad.

Inspiré hondo.

—Vale. Te escucho.

Nico echó un vistazo al interior de mi habitación y frunció el ceño.

—¿Eso no es... pastel azul de cumpleaños?

Parecía hambriento, tal vez algo triste. Me pregunté si el pobre chico habría celebrado alguna vez una fiesta de cumpleaños, o si lo habrían invitado a alguna.

—Entra. Hay pastel y helado —le invité—. Me parece que tenemos mucho de que hablar.

# Percy Jackson
## y los dioses del Olimpo

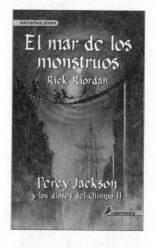

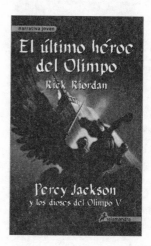